普通高等院校航空服务类专业重点教材

航空服务播音实务

主　编◎杨　静　李广春
副主编◎罗　洁　时燕子　尤文静　金　沐　楚　喆

清华大学出版社
北京

内容简介

随着我国国际化交流越来越频繁，航空服务业日益蓬勃发展，各大航空公司竞争日趋激烈，它们在加强硬件建设的同时，越来越注重更新服务理念，提升服务品质。航空播音与表达是航空服务人员必备的职业素养，规范的语音发声、良好的语言表达和沟通技巧能有效提升服务质量，提升航空公司的信誉和行业竞争力。

当前，国内开设航空服务艺术与管理专业的高校日益增多，如何创新人才培养模式、提高人才培养质量、拓展人才培养内涵，以满足未来航空服务国际化对高素质人才的需求，是当前各大院校探索的重点。本教材紧跟行业发展趋势，深入阐述民航服务有声语言表达的内涵和原则，侧重于航空播音语音发声基础、语言表达技巧、中英文播音、主持沟通艺术、跨文化传播和综合素养的提升；在注重理论的基础上，结合大量实例和训练材料，对民航服务有声语言表达必备的普通话语音发声基础、语言表达技巧等内容进行专项训练；同时进行场景化模拟训练，具有很强的专业性和实用性。

本书可以作为高等院校、职业学校航空专业播音训练的教材，也可供社会人士职场学习使用。

本书封面贴有清华大学出版社防伪标签，无标签者不得销售。
版权所有，侵权必究。举报：010-62782989，beiqinquan@tup.tsinghua.edu.cn。

图书在版编目（CIP）数据

航空服务播音实务 / 杨静，李广春主编. —北京：清华大学出版社，2023.10（2025.3重印）
普通高等院校航空服务类专业重点教材
ISBN 978-7-302-64813-0

Ⅰ.①航… Ⅱ.①杨… ②李… Ⅲ.①民用航空—乘务人员—商业服务—播音—语言艺术—高等学校—教材 Ⅳ.①F560.9

中国国家版本馆 CIP 数据核字（2023）第 206114 号

责任编辑：杜春杰
封面设计：刘　超
版式设计：文森时代
责任校对：马军令
责任印制：曹婉颖

出版发行：清华大学出版社
　　　　　网　　址：https://www.tup.com.cn，https://www.wqxuetang.com
　　　　　地　　址：北京清华大学学研大厦 A 座　　　　邮　　编：100084
　　　　　社 总 机：010-83470000　　　　　　　　　　邮　　购：010-62786544
　　　　　投稿与读者服务：010-62776969，c-service@tup.tsinghua.edu.cn
　　　　　质量反馈：010-62772015，zhiliang@tup.tsinghua.edu.cn
印 装 者：大厂回族自治县彩虹印刷有限公司
经　　销：全国新华书店
开　　本：185mm×260mm　　　　　印　张：15.5　　　　字　数：376 千字
版　　次：2023 年 11 月第 1 版　　　　　　　　　　　印　次：2025 年 3 月第 3 次印刷
定　　价：59.80 元

产品编号：096052-01

普通高等院校航空服务类专业重点教材编委会

顾　问　刘　永（北京中航未来科技集团有限公司　董事长）

主　任　高　宏（沈航航空航天大学　教授）　　　　　杨　静（中原工学院　教授）
　　　　李广春（郑州航空工业管理学院　教授）　　　李　勤（南昌航空大学　教授）
　　　　安　萍（沈阳师范大学　副教授）　　　　　　郑大莉（郑州经贸学院　副教授）

副主任　刘岩松（沈阳航空航天大学）　　　　　　　　迟　岩（新疆工程学院）
　　　　王焱源（郑州航空工业管理学院）　　　　　　王昌沛（曲阜师范大学）
　　　　姚晓鸣（中原工学院）　　　　　　　　　　　李　姝（沈阳师范大学）
　　　　何蔓莉（常德学院）　　　　　　　　　　　　李艳伟（沈阳航空航天大学）
　　　　陈文华（上海民航职业技术学院）　　　　　　陈　卓（长沙航空职业技术学院）
　　　　黄　晨（天津交通职业学院）　　　　　　　　兰　琳（长沙商贸旅游职业技术学院）

委　员（按姓氏笔画排序）
　　　　于海亮（沈阳师范大学）　　　　　　　　　　王　帅（北京华航航空服务有限公司）
　　　　王丽虹（张家口职业技术学院）　　　　　　　王爱娥（长沙航空职业技术学院）
　　　　王晨宇（郑州航空工业管理学院）　　　　　　王清琦（郑州航空工业管理学院）
　　　　王　静（郑州经贸学院）　　　　　　　　　　王鑫豪（郑州经贸学院）
　　　　尤文静（浙江传媒学院）　　　　　　　　　　卢俊兵（广州新华学院）
　　　　朱茫茫（潍坊职业学院）　　　　　　　　　　刘　舒（江西青年职业学院）
　　　　闫法威（北京大兴国际机场）　　　　　　　　祁文文（郑州航空工业管理学院）
　　　　李巧娜（郑州经贸学院）　　　　　　　　　　李向民（中原工学院）
　　　　李雪琪（郑州丽水外国语学校）　　　　　　　李琴凤（郑州航空工业管理学院）
　　　　李璇璇（中国南方航空公司）　　　　　　　　杨志慧（长沙航空职业技术学院）
　　　　杨　柳（南昌航空大学）　　　　　　　　　　时燕子（中原工学院）
　　　　吴立杰（沈阳航空航天大学）　　　　　　　　吴隆基（郑州航空工业管理学院）
　　　　邹　昊（江西师范大学）　　　　　　　　　　宋晓晨（沈阳航空航天大学）
　　　　张　驰（沈阳航空航天大学）　　　　　　　　张　利（北京中航未来科技集团有限公司）
　　　　张　晓（西安航空职业技术学院）　　　　　　张　硕（沈阳航空航天大学）
　　　　张婉玥（深圳市龙岗区横岗街道梧桐学校）　　张　喆（辽宁省机场管理集团）
　　　　张　晶（郑州航空工业管理学院）　　　　　　张程垚（湖南石油化工职业技术学院）
　　　　陈　妍（沈阳师范大学）　　　　　　　　　　陈烜华（上海民航职业技术学院）
　　　　陈端峰（郑州航空工业管理学院）　　　　　　罗文斌（湖南应用技术学院）
　　　　罗　洁（南昌航空大学）　　　　　　　　　　罗娅晴（长沙航空职业技术学院）
　　　　金　沐（沈阳师范大学）　　　　　　　　　　周茗慧（山东外事职业大学）
　　　　庞　敏（上海民航职业技术学院）　　　　　　郑　绚（南昌航空大学）
　　　　郑菲菲（南京旅游职业学院）　　　　　　　　贺红艳（中原工学院）
　　　　秦　洪（中原工学院）　　　　　　　　　　　高　婷（沈阳航空航天大学）
　　　　郭雅萌（江西青年职业学院）　　　　　　　　唐　珉（桂林航天工业学院）
　　　　黄春新（沈阳航空航天大学）　　　　　　　　黄　婧（江西工业贸易职业技术学院）
　　　　焦于歌（郑州经贸学院）　　　　　　　　　　游婷婷（广州民航职业技术学院）
　　　　楚　喆（郑州航空工业管理学院）　　　　　　路　鹏（郑州航空工业管理学院）
　　　　路　攀（郑州航空工业管理学院）　　　　　　熊慧茹（重庆公共运输职业学院）
　　　　潘万东（河南交通职业技术学院）　　　　　　魏丽娜（沈阳航空航天大学）

序　言

  我国航空运输业高速持续发展，民航强国的战略意义不言而喻。特别是国产大飞机C919投入商业运营，必将推动我国民航业步入新的历史发展时期，也必将对高质量人才培养提出新的标准。现阶段，我国航空服务类专业发展呈现良好态势，专业开发水平得到迅猛提升，而人才培养过程不仅需要科学化、精细化的人才培养目标，更需要贯穿始终且不断创新的教育教学改革。教材作为人才培养的基础，不仅仅是体现教学内容和教学方法的知识载体，是开展教学活动不可缺少的基本工具，还是深化教育教学改革，全面推进素质教育，培养创新人才的重要保证。简言之，高质量的人才培养需要高水平的教材支撑，开发高质量的教材是新时代专业教育及人才培养之所需，是推动教育模式转变与创新的助力器，更是高等学校教师、行业人士，乃至出版社应有的责任担当。

  优秀的教材至少需要具备传承、引领及可读性三个特征。传承就是把学科与专业建设中的优秀成果保留下来；引领就是密切结合专业的发展趋势，通过创新，对专业的发展具有导向作用；可读性就是教材易于学习，能更好地为教师服务、为学生服务、为教学服务。不可否认的是，教材往往滞后于专业与行业发展，因此，需要业界共同努力来改变这种状况，顺势而上，不断为教材增添新的内涵。为此，清华大学出版社经过精心准备，在充分调研、论证的基础上，力求打造出更具特色的航空服务类专业重点教材，发挥清华大学出版社在航空服务类专业教材建设方面的引领作用，为航空服务类专业建设与人才培养贡献力量。

  为突出本系列教材的特色，我们着力于重点教材的深度开发，挖掘其潜力，在细节上做足功课，也在呈现形式上下足功夫，其开发思想体现在以下几方面：

  第一，回归专业的本质属性。2018年教育部把本科层次的航空服务类专业规范为"航空服务艺术与管理"，学科归属为艺术类，但其内涵并非属于艺术。航空服务与管理是一种高端服务和管理，是一项系统的人与人接触的具有管理属性的技能型工作，在服务品质上

有服务的艺术性体现，但不是表演性质的艺术。在之前的专业沿革中，表演艺术属性偏重，影响了人们对航空服务类专业的正确认知。为此，本次重点教材开发试图在此方面做努力。

第二，重视服务的自然属性。服务是社会文明程度的重要标志，特别是在满足人们对幸福生活追求的过程中，服务意识或行为发挥着不可替代的作用。培养航空服务人才，一方面是满足行业的需要，另一方面，航空服务人员作为具有青春活力的群体，既代表着个人形象，更代表着航空公司形象，在一定意义上、一定环境中还代表着国家形象，体现着整个社会的服务水平。因此，不能把航空服务类专业的人才培养狭义地理解为航空运输发展的要求，其实也是社会文明与进步不可缺少的要素。

第三，突出多学科交叉融合。航空服务艺术与管理专业属高等教育本科层次，隶属于新文科。结合新文科的发展需求，本专业更需要学科支撑，即多学科交叉融合促其发展，努力架构航空服务专业的学科体系，使服务技能建立在扎实的理论基础上，使所培养的人才更具职业发展潜质、更具开放性，不仅具有航空服务类专业技能的功底，更需要把技能掌握建立在更宽广的知识沃土上，知其然，更知其所以然。

第四，加强课程思政的植入。牢记"为党育人，为国育才"的初心使命，落实立德树人的根本任务，培养学生的爱国情怀与高尚人格，强化"民航人"品质的塑造，突出教材不但传授文化知识，更是塑造民族精神，增强文化自信的载体。

我们力求本次航空服务类专业重点教材的开发具备以下特色：

第一，充分体现专业属性，强化服务意识和国际化能力。实现本土人才国际化将极大地增强国际竞争力，航空服务人才国际化是一种过程。这种过程是各种文化交流碰撞的过程，是相互学习，相互渗透，互通有无。基于此，本系列教材注重思政育人，把思想政治教育贯穿在教材编写和人才培养的全过程。

第二，创新教材结构，打破传统教材壁垒。本系列教材均为新形态教材，根据教材内容，增加二维码（形式多样：文字、图片、录音、录像、自测客观题等）。

第三，重视学科交叉，突出学科归属与体现。尝试走出过度强调技能而忽视理论的倾向，使专业建设能更好地建立在学科发展的基础上。

第四，加强顶层系统定位，建立科学的课程门类。避免过度交叉与重叠，使教材简洁、清晰，既体现教材各自的功能，又体现教材之间的有机联系。

优秀教材的诞生需要编写团队千辛万苦的不懈努力和编辑人员一丝不苟的工作态度，我们相信，此次的付出定会开拓航空服务类专业教材的新局面。

普通高等院校航空服务类专业重点教材编委会

2023 年 6 月

前　言

  有声语言是航空服务人员与旅客沟通交流的重要工具，使用规范清晰的普通话、用富有魅力的声音表情达意，能够打破地域方言壁垒，达到有效服务的目的，有助于促进人类文明交流互鉴、扩大中华文化的影响力。党的二十大报告指出，加快构建中国话语和中国叙事体系，讲好中国故事、传播好中国声音，展现可信、可爱、可敬的中国形象。讲好中国故事，讲好中国式现代化的故事，围绕中国式现代化进行话语阐释和叙事传播，既是我们全社会坚定道路自信、理论自信、制度自信和文化自信的重要途径，也是我们推动形成客观公正积极健康的全球舆论生态的必然选择。一名优秀的航空播音员不仅要有扎实的专业知识，强烈的服务意识，还要有规范的语音发声基础，良好的中英文语言表达能力，较强的沟通和应变能力，较高的道德修养和丰富的社会文化知识，更要坚守中华文化立场，在工作中精心提炼中华文明的精神标识和文化精髓，并积极进行传播。

  本书共分六个章节，重点针对高等院校和职业院校航空服务专业学生的特点与需求，在注重理论的基础上，结合大量实例和训练材料，图文并茂，对航空服务中必备的普通话语音发声基础、语言表达技巧等内容进行专项训练；针对航空活动即兴主持沟通互动艺术、各类活动场景主持设计的综合技能进行实践训练；更进一步针对在航空服务过程中所产生的跨语言和跨文化播音进行专项训练。

  航空服务人才担负着航空强国的重任，其核心价值观的塑造尤为重要。本书立足航空服务人才培养的特点，挖掘思政元素，以提升语言表达的专业性、沟通服务的有效性和职业理想的引领性为核心，以期实现对人才培养的知识传授、技能训练和价值引领的多维育人目标的有机统一。在教材编写中，注重将企业文化、航空精神、职业道德与修养等相关联的内容渗透在相关知识点中，将思想性、科学性、实用性和美感结合起来，最大限度地满足师生需求，为读者提供帮助。

  本书编写人员均为在高校教学一线工作多年的骨干教师。杨静、李广春任主编，时燕

子、罗洁、尤文静、金沐、楚喆为副主编。各章节的编写执笔情况如下：罗洁编写第一章；时燕子编写第二章、第五章第一节；尤文静编写第三章、第五章第二节；金沐编写第四章第一节、第五章第三节；楚喆编写第四章第二节、第三节、第四节；杨静、李广春编写第六章。

由于时间仓促，水平有限，书中疏漏、错误在所难免，恳请各位专家、同人批评指正。

编者

2023 年 3 月

目　　录

第一章　航空服务与航空播音概述　／ 1

第一节　航空服务概述 2
一、航空服务的职业特点 3
二、航空服务的素质要求 3
三、航空服务人才的培养 5

第二节　航空播音概述 5
一、航空播音语言基础训练 6
二、航空播音语言表达和航空播音实务 7
三、航空活动主持 9

思考题 10
实训题 10
荐读 11

第二章　航空播音语音训练　／ 12

第一节　航空播音普通话语音要求 13
一、普通话的概念 13
二、普通话的规范 14
三、普通话语音 15
四、播音语言与生活语言的区别 18
五、航空播音普通话的要求 19

第二节　航空播音语音基础训练 20
一、字音准确的关键——声母 20

二、字音响亮的保证——韵母 ... 31
　　三、字音表意的灵魂——声调 ... 43
　　四、语流美的体现——音变 ... 46
　第三节　航空播音普通话语音综合训练 ... 56
　　一、词组 ... 56
　　二、贯口 ... 58
　　三、文章片段和新闻句段 ... 59
　　四、诗歌 ... 62
　　五、综合练习 ... 66
　思考题 ... 72
　实训题 ... 72
　荐读 ... 73

第三章　航空播音发声训练　/ 74

　第一节　航空播音发声基础 ... 75
　　一、发声的物理性 ... 75
　　二、发声的生理性 ... 77
　　三、发声的心理性 ... 80
　　四、科学用声及嗓音保护 ... 82
　第二节　航空播音发声训练技巧 ... 84
　　一、气息控制 ... 84
　　二、口腔控制 ... 89
　　三、共鸣控制 ... 95
　　四、声音弹性 ... 98
　第三节　航空播音发声综合训练 ... 104
　　一、词组训练及短句训练 ... 104
　　二、短文训练 ... 107
　　三、新闻训练 ... 111
　　四、广播词训练 ... 112
　思考题 ... 118
　实训题 ... 118
　荐读 ... 119

第四章　航空播音语言表达训练　/ 120

　第一节　航空播音语言表达要求 ... 121
　第二节　航空播音内部技巧训练 ... 126
　　一、具备良好的心理素质 ... 126

二、调动情景再现的能力 128
　　三、准确地把握对象感 131
　　四、说好内在语 136
第三节　航空播音外部技巧训练 138
　　一、善用礼貌用语 138
　　二、恰当的停连和重音 143
　　三、把握语气和节奏 145
第四节　航空播音广播词训练 149
　　一、客舱广播简介 149
　　二、客舱英文广播技巧 149
　　三、训练示例 153
思考题 165
实训题 165
荐读 165

第五章　航空特定场景主持训练　/　166

第一节　航空特定场景主持有声语言 167
　　一、特定场景主持有声语言运用原则 168
　　二、特定场景主持有声语言技巧训练 170
　　三、特定场景主持即兴口语训练 176
第二节　航空特定场景主持体态语 186
　　一、体态语的概念 187
　　二、体态语的分类 187
　　三、体态语的运用原则 194
　　四、体态语运用综合训练 195
第三节　航空特定场景主持设计与训练 204
　　一、创作准备 204
　　二、活动策划 205
　　三、活动场景制作 214
　　四、主持应对 216
思考题 217
实训题 217
荐读 218

第六章　航空跨文化播音及沟通　/　219

第一节　跨文化的相关概念和航空跨文化播音的特点 220
　　一、跨文化的相关概念 221

二、航空跨文化播音的特点 221
第二节　航空跨文化沟通的特点和原则 223
　　一、航空跨文化沟通的特点 223
　　二、航空跨文化沟通的原则 225
第三节　航空跨文化播音与沟通的影响因素 225
　　一、特定情境交流 226
　　二、价值观差异 226
　　三、沟通风格差异 227
　　四、语言认知差异 227
　　五、跨文化表达中的非语言符号 228
思考题 232
实训题 233
荐读 233

参考文献　/ 234

第一章　航空服务与航空播音概述

【学习目标】

知识目标：了解航空服务的职业特点和素质要求；理解航空服务人才语言能力培养的重要性；了解航空播音的知识体系。

能力目标：具备航空服务的专业素质，提升航空公司的品牌效应；能够交互运用中英文两种语言进行表达和交流，提高航空服务质量；能够运用中国播音学的专业理论知识，指导航空播音实践。

素质目标：培养航空服务人员的职业素养，提高中国航空服务质量；培养航空服务人员的中英文语言能力，提升中国在国际社会的整体形象。

思政目标：大力弘扬和认真践行当代民航精神，即以思想政治教育为基础，塑造忠诚负责的政治品质；以职业素质教育为基础，塑造严谨科学的职业精神；以纪律教育为核心，形成团结协作的工作作风；以理想信念教育为主体，坚持敬业的职业道德。

【导引案例】

女士们，先生们：欢迎您乘坐中国××航空公司××航班前往_____（中途降落_____）。由_____至_____的飞行距离是_____千米，预计空中飞行时间是_____小时_____分。飞行高度_____米，飞行速度平均每小时_____千米。为了保障飞机导航及通信系统的正常工作，在飞机起飞和下降过程中请不要使用手提式电脑，在整个航程中请不要使用手提电话、遥控玩具、电子游戏机、激光唱机和电音频接收机等电子设备。飞机很快就要起飞了，现在由客舱乘务员进行安全检查。请您坐好，系好安全带，收起座椅靠背和小桌板。请您确认您的手提物品是否妥善安放在头顶上方的行李架内或座椅下方（本次航班全程禁烟，在飞行途中请不要吸烟）。本次航班的乘务长将协同机上_____名乘务员竭诚为您提供及时、周到的服务。谢谢！

前往上海的旅客请注意：您乘坐的CA2986次航班现在开始办理登机手续，请您到17号柜台办理。谢谢！

乘坐CA2986次航班前往上海的旅客请注意：由于本站天气不够飞行标准，本次航班不能按时办理乘机手续，预计推迟到14:20办理。请您在出发厅休息，等候通知。谢谢！

前往上海的旅客请注意：您乘坐的CA2986次航班将在17:19截止办理乘机手续，没有办理手续的旅客，请马上到29号柜台办理。谢谢！

由上海备降本站前往三亚的旅客请注意：您乘坐的MU7766次航班现在开始登机。请带好您的随身物品，出示登机牌，由4号登机口上17号飞机。祝您旅途愉快。谢谢！

前往三亚的旅客请注意：您乘坐的MU7766次航班很快就要起飞了，还没有登机的旅客请马上由4号登机口登机。这是MU7766次航班最后一次登机广播。谢谢！

案例分析

以上案例是几段机场广播词，包括欢迎词、办理乘机手续通知、推迟办理乘机手续通知、催促办理乘机手续通知、正常登机通知、催促登机通知。这些机场广播词都属于航空播音的范畴，是航空公司与广大乘客交流的重要平台。机场广播词的播音要求普通话发声规范、准确清晰，表达流畅，停连、重音、语气和节奏都要到位。这涉及航空播音的语音发声、语言表达技巧，同时兼具航空服务的行业性特征。

第一节　航空服务概述

航空旅客运输业是近年来发展迅速的行业之一。改革开放以来，我国航空旅客运输业飞速发展，无论是在航空运输、通用航空，还是在航队规模、航线布局等方面，都取得了举世瞩目的成就，中国航空旅客运输年平均总周转量、旅客运输量和货物运输量等指标高速增长。

21世纪前20年是我国航空运输发展的重要时期。我国加入WTO，北京奥运会、上海世博会、广州亚运会的成功举办，全球经济一体化进程的加快，都给我国航空旅客运输业带来了前所未有的发展机遇。中国是全球最大的旅游目的地国家和旅游客源国，未来将有更多的国内游客和国外游客出入国际机场，航空运输业务量将大幅度增加。

目前，我国航空运输总周转量名列世界第二位，发展速度远高于世界航空运输业增长水平，航空运输业成为拉动我国国民经济增长的朝阳产业。经过多年发展，我国基本实现从航空运输大国向航空运输强国的跨越，极大地推动了我国经济和世界航空事业的发展。

但从宏观来看，中国航空旅客运输业同发达国家相比仍存在诸多不足之处。无论是数量上还是质量上都还不能充分适应经济社会发展的需要，与航空运输发达国家相比仍存在一定的差距。随着我国经济的飞速发展和对外交流的日益频繁，我国航空旅客运输业呈蓬勃发展态势，并且迅速走向国际化。

一、航空服务的职业特点

航空旅客运输业属于高科技行业,其安全性能和技术水准的硬性要求必须达标。由于具有国际化和跨地域经营的特点,航空旅客运输行业的用人标准相对于其他行业更加严格。首先是专业技能要求高。航空运输业是一个技术密集型行业,从业人员必须具备操作各类专业设施的技能。其次是安全性能要求高。规范化、标准化是它的灵魂。再次是服务标准要求高。航空服务从业人员需要具有很强的服务意识、服务技巧和专业水准。

航空服务主要包括客舱服务和地面服务,是以旅客的需求为中心,为满足旅客的需要提供的服务。航空服务专业人才应精通国内外航空服务业务,熟练掌握所学专业技能,有较高的英语水平,以及较强的团队协调能力和灵活应变能力。

航空服务具有其自身的职业特点:运行环境特殊;安全责任重大;服务内容繁多;实施难度大;个性化服务明显;人员素质要求高。

航空故事

电影《中国机长》再现"中国民航英雄机组"卓然风范

《中国机长》这部影片改编自2018年5月14日发生的中国川航紧急迫降的真实事件。据悉事发时,川航3U8633航班正由重庆飞往拉萨,机型为空客A319,机龄6.8年,飞行次数达1859次,已超过约87%的中国民航客运机。航班却在成都区域巡航阶段突发意外:驾驶舱右边座位的前挡风玻璃破裂脱落,舱内瞬间失压。副驾驶一度被吸出机外,所幸有安全带护住了他。但飞机内部失压,气温骤降至-40℃,驾驶舱仪器多数失灵,情况十分危急!

机长刘传健凭借过硬的飞行技术和心理素质,在恶劣的条件下,手动做出正确应急操作,于当日上午7时42分成功将飞机迫降到成都双流机场,挽救了一百多条生命。机长刘传健凭借惊人的毅力,把看似的不可能变成了可能,把毁灭将至变成了涅槃重生。川航备降的难度堪称"世界级",而飞机上的全部人员得以保全,从确认备降到安全着陆只用了27分钟,这一切与机组人员临危不乱、正确处置密不可分。他们是当之无愧的"中国民航英雄机组"。机长刘传健正确判断、扎实操作,冷静沉着地将飞机平稳降落,创造了足以载入航空史的奇迹,大家称他是"英雄""中国版萨利机长"。

学习英雄事迹,弘扬英雄精神,就是要把非凡的英雄精神体现在平凡的工作岗位上,体现在对人民生命安全高度负责的责任意识上。

二、航空服务的素质要求

在航空旅客运输业竞争日趋激烈的背景下,各大航空公司在加强硬件建设的同时,越来越注重更新航空服务理念,提升服务品质,以获得顾客青睐,提升航空公司的市场占有率。依据我国的国情,我国的航空服务业重点在需要大批德、智、体、美全面发展的,满足社会主义市场经济建设需要和民航企业发展需要的,能从事国内外航空服务的专业型、技能型人才。

航空服务的素质要求具体如下。

一是爱岗敬业的精神。热爱本职工作，以认真严谨的态度对待自己的工作，是航空服务人员最基本的职业道德规范。

二是良好的心理素质。拥有良好的心理素质，具备良好的情绪控制能力，包括准确地认识、表达自身情绪的能力和有效地调节、管理情绪的能力。遇到突发状况时，航空服务人员必须做到不急不躁，以沉稳冷静的心态面对乘客提出的问题和乘客的不良情绪，从而保证客舱和机场的安全。

三是沟通和协调能力。作为特殊的职业，空中客舱乘务和地勤都对沟通和协调能力要求很高。在紧急情况下，地面和机组应有效地沟通和协调，确保机上乘客和机组人员的人身安全。

四是临场应变能力。工作中遇到突发性特殊情况时，航空服务人员除了能调整好自身的情绪，还得随机应变。既要组织正常飞行，又要妥善处置特情；不因循守旧，特殊情况特殊对待；有变通性、创造性，能在短时间内建立立体思维。

五是积极的团队精神。团队精神是企业文化的核心。航空服务业作为特殊的行业，其成员的团队意识尤为重要。强化竞争意识，营造团队精神，加强各部门的协调合作，才能顺利完成每一次飞行任务。

六是热情周到的服务意识。空中乘务和地勤是民航的窗口，亲切优质的服务可以给人以宾至如归之感。热情周到、耐心细致、文明礼貌待客，能大力提升航空公司的形象。

七是熟练的业务技能。航空服务业的专业技能包括航空服务礼仪、航空服务心理、航空服务形象设计、专业英语、形体和体能训练及航空服务职业技能。只有熟练掌握航空服务理论和基本技能，才能适应民航企业发展需要，成为从事国内外航空服务的复合型、技能型和应用型高级航空人才。

八是良好的中英文语言表达能力。良好的语言能力是航空服务人员必须具备的，是与旅客进行良好沟通的关键，有了良好的沟通才能有更好的服务。所以，语言能力对航空服务人员来说非常重要。

思政拓展

大力弘扬和践行当代民航精神

2017年，中国民用航空局人事科教司发布《关于在民航院校中大力弘扬和践行当代民航精神的通知》，强调要在课堂教学、教材编写的思想上大力弘扬当代民航精神。民航总局对民航院校大力弘扬和认真践行当代民航精神的实施方法、途径和效果提出了明确要求，即以思想政治教育为基础，塑造忠诚负责的政治品质；以职业素质教育为基础，塑造严谨科学的职业精神；以纪律教育为核心，形成团结协作的工作作风；以理想信念教育为主体，坚持敬业的职业道德。

三、航空服务人才的培养

近年来，航空服务创新人才培养模式成为业界关注的热点。当前，我国航空服务业面临新的挑战，急需高素质的复合型人才。从我国航空服务的现状出发，我国航空服务业应加大社会关注、开展高素质教育、完善招聘制度和加强在职人员培训。航空服务人才的培养主要依托社会培养、企业培训和学校教育这三大块进行。

民航业的迅速发展，对各类人才的大量需求，给成人培训机构提供了难得的机遇。如今有很多中高职院校提供针对在校生、社会人士的培训，给有意进入民航业发展的社会人士提供了成才途径，以适应民航业向社会的招聘。

企业培训是航空服务人才选拔的重要实训阶段。无论是从社会招募的航空服务人员，还是由高校培养的航空服务人员，在正式开始从事航空服务的职业之前，必须接受各大航空企业的培训，以适应不同机型、航线的特点。值得注意的是，目前整个航空系统还没有建立较为完善的培训体系，航空旅客运输企业更是如此。民航企业每年推出生产计划、安全目标和效益指标，却往往没有系统的人才培训计划，相关规章、标准和制度也亟待完善。有鉴于此，不少民航企业和高校合作，共同打造适应岗位需求的培训体系，合理布局培训专业领域，整合社会资源，科学构建符合民航发展需求的、培养航空服务职业人才的校企合作和工学合作模式。

学校教育是航空服务人才培养的重要渠道。学校教育对航空服务人才培养的优势非常明显。学校教育具有扎实的知识构建，有助于学生系统、全面地掌握航空服务的理论和实践知识。教育部高校毕业生就业协会负责人建议，航空服务人才培养应坚持校企合作、工学结合，强化教学和实训的融合。各高校要站在保证民航旅客安全、促进航空旅客运输发展的战略高度培养人才，各航空公司在选拔人才时，要注重考查基本素质和专业技能，给优秀的人才提供更宽广的发展空间。

目前，学校教育在航空服务人才的培养中还存在不少问题：本科层次艺术类航空服务人才培养在国内高校中为数不多，高职院校相继开办空乘专业，人才培养模式尚处在研究与摸索实践中，学科建设水平良莠不齐。当前要注重培养航空服务基础知识扎实、综合素质较高和适应能力较强的人才，尤其是兼具创造、创新、创业精神和能力的服务型人才，这是高校航空服务教育必须面对的现实课题。重视本科层次航空服务人才培养的必要性、本科层次空乘专业设置的可行性、高职专科层次航空服务的就业市场需求、校企合作在高校创新发展中的促进作用，以及专科层次航空服务人才培养的完善和提高，对于建立通识教育、专业教育和行业导向下的专业实践相结合的教育体系来说十分重要和紧迫。

第二节　航空播音概述

航空播音是航空公司与乘客沟通交流的重要窗口，航空服务人员具有规范的语音发声、良好的语言表达和沟通能力，能大力提升航空服务质量，提升航空公司的信誉和行业竞争力。而要成为一名优秀的航空播音员，不仅要有扎实的专业知识、强烈的服务意识，更要有规范的语音发声基础，良好的语言表达能力、沟通能力和应变能力，较高的道德修养和丰富的社会文化知识。

语言是人类交际和思维的工具，是人们沟通信息、交流思想、联络感情、增进了解和建立友谊的桥梁。航空服务人员无论是客舱服务人员，还是地勤服务人员，都会涉及航空播音，必须具备良好的中英文语言表达能力。航空服务人员需要和各行业的人进行沟通和交流，所以航空服务人员还应具备良好的谈吐礼仪，通过传递尊重、友善和平等的信息，给人以美好的感受。谈吐礼仪的基本原则是尊重对方和自我谦让，使用规范的词语，让自己的言语文明、礼貌和准确。随着民航业的不断发展，行业竞争日趋激烈，专业、优质的服务成为提升航空公司行业竞争力的重要手段。因此，航空公司在选拔航空服务人员时更应该注重个人的综合素质，良好的中英文表达是交流、沟通和理解的桥梁，体现了航空服务人员的专业素质和个人修养，也是构成优秀航空服务人才学识、涵养的重要一环。

航空播音包括客舱广播、地面广播和活动主持，其将播音学的相关知识融入航空播音，如发音的规范性、语气的准确性、语速的适宜性、重音的科学性等，可更专业而有效地进行航空信息传递工作，加强人际交流，进而提升航空公司整体形象。

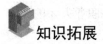 知识拓展

张颂与中国播音学

张颂（1936—2012年），播音名李昌，国家级教学名师，播音界泰斗，创立了中国播音学学科体系。他是中国传媒大学播音主持艺术学院首任院长，是中国第一位播音专业博士生导师，培养了大批优秀的播音员、主持人和教师。1994年，由张颂编写的中国播音界第一本理论书《中国播音学》问世，此书的问世标志着一个新学科的诞生，打破了我国"播音无学"的说法，为具有中国气派的中国播音传统的形成奠定了理论基石。

中国播音学是一门系统而独立的学科，播音既包括新闻性，又具备有声语言传播的艺术属性。以中国播音学指导航空播音实践，将科学的理论和航空播音的实践相结合，是学科融合、培养复合型人才的有益尝试。

一、航空播音语言基础训练

航空播音具有鲜明的行业特点，以中国播音学的相关理论指导航空播音，可以使其不断地向科学化、规范化和专业化方向发展。航空播音语言基础训练包括普通话语音和播音发声学理论在航空播音中的运用。

航空播音对普通话语音有严格的要求。因为航空服务人员每天接待来自国内外的旅客，所以要求他们的普通话语音纯正、熟练、流畅和清晰。普通话以北京语音为标准音，具有简单、清晰和表达力强的特点。航空播音要求人员的普通话发音标准，即声母、韵母发音和声调等都要达到规范化的标准。

航空播音应借鉴中国播音学的科学发声法。播音需要的声音是源于生活、高于生活的，

与生活中说话时的发音状态有明显的区别。通过学习和训练,航空服务人员可以掌握科学、正确的用气发声方法,以达到气息通畅、均匀和持久的目的,使声音清晰、集中、圆润、明朗,适应航空播音的需要。

航空播音的声音应具备如下特点。

第一,准确清晰。准确是指吐字规范,声、韵、调标准;清晰是指语音具有较高的分辨率,即使在机场这样嘈杂的环境中也能让人听清楚。

第二,圆润动听。圆润动听是指航空播音需要较好的音色和较高的吐字技巧。音色与音质有直接的关系,音质的先天条件起着很大作用,但后天训练也有不容忽视的影响。实践证明,运用科学的发声法能有效地改善嗓音条件,纠正不正确的发音方式,学会用气发声,不仅能保护嗓子,更能美化声音,改善播音的语言状态。

第三,朴实大方。航空播音的发音接近生活中讲述时的发音,不同于朗诵和表演的台词发音。航空播音要求语言表达朴实大方,不能过分夸张和有过多修饰,不能片面追求艺术效果。在声音的音高和音色上,航空播音的用声与口语接近。

第四,富于变化。航空播音的发音要避免单调,应力求变化。为了有效吸引乘客的注意,航空播音的发音应高低起伏、抑扬顿挫,吐字力度、音高、音色和节奏都应随着语境的不同而相应地变化。

知识拓展

普通话语音学和播音发声学

普通话语音学和播音发声学是中国播音学的重要组成部分。语言是人类重要的交际工具和信息载体,普通话是以北京语音为标准音,以北方话为基础方言,以典范的现代白话文著作为语法规范的现代汉民族共同语,也是广大教师和播音员主持人的职业语言。所以普通话规范、标准,语音面貌良好,是对播音与主持专业从业人员的首要、基本要求。

播音发声是播音员在播音时的发音和用声方式,包括播音的吐字方式、播音的呼吸状态、声音色彩的使用等。它是播音技能的基本组成部分。播音发声是对生活语言发音和用声方法的纠正和提升,播音发声力求吐字准确、清晰、圆润、集中、流畅。播音发声的最终目的是获得声音弹性,即声音形式对人们变化着的思想感情的适应能力。在播音用声中应学习增强对声音的控制能力,表达出要求表现的弹性和色彩变化。

中国播音学的普通话语音学和播音发声学对航空播音有着重要的指导作用。以科学系统的方法指导航空播音教学,不仅能及时纠正学生语音发声的不良习惯,提升课堂教学的质量,还能大力拓展航空播音行业化、规范化、科学化不断发展的空间。

二、航空播音语言表达和航空播音实务

中国播音学的播音创作基础科学而全面地阐述了有声语言再创作的理论依据,对航空播音具有重要的指导意义。传统的航空播音多为见字出声式的表达,缺乏专业的训练,为使航空服务人员的语言表达能力达到专业水准,航空播音的语言表达训练借鉴了播音中调

动思想感情的技巧（情景再现、内在语、对象感）和表达思想感情的技巧（停连、重音、语气、节奏），注重内在的理解和感受与外部的表达相结合，内外部技巧相辅相成，合二为一。熟练地运用有声语言表达的内外部技巧，将有助于科学地训练航空服务人员的即兴口语表达能力。

 微课　　　　　　　　航空播音语言表达和航空播音实务　　　　　　　

播音创作基础

播音创作基础是中国播音学的重要组成部分，其针对语言表达的技巧提出著名的"内三外四"，即内部技巧——情景再现、内在语、对象感；外部技巧——停连、重音、语气、节奏。

语言表达的技巧对于航空播音具有重要的借鉴意义。通过系统学习语言表达的内外部技巧，结合航空播音的语言实践，航空服务人员能有效提升语言表达能力和提高对外沟通交流的水平，进而提升航空服务业的行业形象。

航空播音包括中文广播播音和英文广播播音，主要分为客舱广播和地面广播。航空服务人员有效而精准地传递信息是航空播音的首要任务。中国播音学的相关原理可用于指导航空播音实践。中国播音学中的文体播音理论是普通话语音发声、播音创作基础的一种延续和提升，对进行语言综合训练具有重要意义。

文体播音理论

关于广播电视各类节目中的不同文体的播音方法及其特点的理论称为文体播音理论。所谓文体播音，是指不同节目中，稿件的不同体裁、语言的不同样式造成的不同表达方法的播音。文体播音理论是中国播音学的组成部分。它研究的对象是以新闻节目、文艺节目、知识性节目、服务性节目等为内容的广播电视播音以及主持人节目播音中的各类文体的播音，着重解决各类文体在不同形式中的个性播音特点和不同的播音样式。

其中，广播新闻播音对航空播音具有直接的指导作用。航空播音的中英文广播是航空播音实务的重要组成部分，主要是在民航机场候机楼和客舱中对旅客的广播服务。民航广播词是指在航空服务过程中，航空服务人员借助一定的词汇、语气、语调，与旅客进行交流的一种比较规范的沟通方式。航空系统对民航机场候机楼广播用语的一般规定、类型划分和主要格式都做出了严格的规范。

由于航空服务具有国际性特征，航空服务人员的中英文交互使用能力对于推动航空公司管理服务水平、提高航空服务质量，乃至提升中国在国际社会的整体形象具有不可忽视的作用。

航空广播用语必须准确、规范，采用统一的专业术语，语句通顺易懂，避免发生混淆。各类广播用语应准确表达主题，使用格式规范。广播用语以汉语和英语为主，同一内容应使用汉语普通话和英语对应播音。在需要使用其他外语语种播音的特殊情况下，应根据广播用语的汉语部分规范化地进行编译。

航空播音水平是航空公司展示航空服务人员形象的载体，是旅客衡量航空公司服务品质的重要标准。随着民航业的飞速发展，机场候机楼和客舱广播员的中英文广播水平越来越受到重视，播音质量的优劣是体现航空公司地勤服务和客舱服务水平高低的重要组成部分，直接影响旅客乘机感受。

航空中英文广播播音的语言特点是语音标准规范、声音悦耳清晰和语言通俗流畅。目前，我国很多航班的航空服务人员尚未达到全程用英语自如地交流的水平，要带给旅客宾至如归的体验，并让旅客，特别是非本土的商务旅客对航空公司产生由衷的信任感，绝不是会几句英语日常用语就能做到的。这需要针对空乘英语口语交流的内容创设不同的训练情境，如机场柜台值机服务、登机口服务、不正常航班现场管理、贵宾厅服务、航空售票服务和航空问询服务，以及客舱服务情境，只有对可能产生的歧义、交流困难及突发情况进行合理的解释和变通的处理，才能赢得旅客的理解、支持和信赖。

知识拓展

广播新闻播音与航空中英文广播播音

广播新闻播音对航空中文广播播音具有指导性作用。广播新闻播音是有声语言的内外部技巧在广播文体之一的广播新闻中的运用。

广播新闻播音是指经过广播电台、电视台把新闻稿件用有声语言传送出来的播音创作，特指消息的播音。语言必须具有庄重、朴实、清新、明快的特点。播音员应具有一定的新闻敏感性，能迅速抓住各条消息的新鲜点，播音时要做到叙事准确、清楚，态度得体，分寸掌握恰当，字正腔圆，富有朝气，语句力求紧凑规整。

航空中文广播播音是广播新闻播音的行业化分支。航空中文广播一般包括机场大厅广播和客舱广播，其稿件内容相对固定，短小精炼，层次清晰。标准、规范、得体的机场和客舱播音是每一位航空服务人员的必备素质，也是普及民航知识和客舱安全管理的一种有效手段。学习广播新闻播音的知识和技巧，能更有效和更专业地掌握民航中文播音的基本技能，进一步提高综合素质，为成为航空服务专业综合型、技能型人才打下良好的基础。

航空英文广播播音应以英语播音技巧为基础，规范练习发音、重读、连读、停顿等语音语调技巧，注重情感投入，以乘客为中心，恰当运用语言进行跨文化交际，并进行创造性语言交际活动，达到交流目的，提高客舱服务与安全管理工作质量。

三、航空活动主持

航空活动主持语言应存在于规范空间和审美空间。在航空广播播音主持的基础上，航空活动主持要求主持人不仅要有良好的语言能力，还要具备良好的副语言，达到声形俱佳、赏心悦目的境界。

即兴主持广泛应用于各大航空公司的重要活动,如重要节日活动、公司新航线或新航班开通运行纪念活动等,活动主持人的语言应具有即兴、亲切、欢乐和互动等特点,能够拉近与乘客的距离,提升服务质量,扩大航空公司的行业影响。

行业信息

电视节目主持人

电视节目主持人是在电视节目传播过程中,传播者与接受者之间进行联系的"人物化"桥梁,即在电视节目规定时、空、人、事的规定中进行工作的"非角色"表演者。电视节目主持人大体可分为两类:一类是集采、编、审、播于一身,既是节目主持人,又是节目负责人;一类是以出场主持节目为主,兼做或完全不做采编、撰稿工作。

思考题

1. 航空服务的职业特点与素质要求是什么?
2. 为什么航空服务人才中英文交互使用能力的培养具有越来越重要的作用?
3. 航空服务人员应具备怎样的素质?
4. 为什么说准确的播音发声和良好的中英文表达能有效传递信息,提高服务质量,提升航空公司的行业竞争力?

实训题

1. 观摩电影《中国机长》,分组讨论"中国民航英雄机组"特情之中临危不乱的优秀品质和专业素养,并进行模拟演练。航空服务人员在特情之下应具备过人的心理素质和专业素养。

影片《中国机长》根据 2018 年 5 月 14 日四川航空 3U8633 航班机组成功处置特情的真实事件改编。机组执行航班任务时,在万米高空突遇驾驶舱风挡玻璃爆裂脱落、座舱释压的极端罕见险情,生死关头,他们临危不乱、果断应对、正确处置,确保了机上全部人员的生命安全,创造了世界民航史上的奇迹。作为国内首部真实事件改编的民航题材影片,《中国机长》是一部展现中国民航奇迹的超级大片!

电影《中国机长》海报

2. 根据下面的材料讨论航空服务人员在自媒体时代直播带货应具备的云销售能力有哪些,并进行分组演练,详细介绍所销售商品的性能、性价比等。

受新冠疫情的影响,全球的航空业形势非常严峻。虽然全行业客运需求逐步恢复,货运需求持续旺盛,航空业绩与 2020 年相比有了改善,但是与疫情前相比差距仍然很大。国际客运需求因为跨境旅行继续受到疫情的影响,恢复缓慢,2021 年国际需求仅恢复到疫情前的 22%。

南方航空搞副业"空姐"成为带货主播

近期有一些行业跨界参与了直播带货，其中就有我们熟悉的南方航空。

南航直播销售的护肤品官方单价多集中在 200 元以上。但是，在南航的商品推荐销售量前十的商品中，有九件商品的单价都没有超过 100 元，而且大部分商品销售量都已上千。从这也可以看出南航所售卖的商品价格都比较合理，能够满足大众的要求。

南航通过直播带货为自己创造了一个新的出路，在不同的方向上寻找合适的发展动力。虽然不能用这种方式让公司实现盈利，但是能解决部分资金问题。

荐读

1．张颂．中国播音学：修订版[M]．北京：中国传媒大学出版社，2003．
2．柴璠．播音语言表达技巧：修订版[M]．北京：中国广播电视出版社，2012．
3．公众号：中播网、播音中国。

第二章　航空播音语音训练

【学习目标】

知识目标：了解普通话的基本知识和原理；掌握汉语普通话字音的正确发声要求和技巧。

能力目标：能够使用准确、规范的普通话进行航空广播和民航服务；克服交流中的语言隔阂，运用准确、清晰的服务语言进行有效沟通和交流。

素质目标：肩负起推广普及普通话的责任，明确从事有声语言工作的角色特征，进行信息传播的公众形象塑造，提升航空服务质量。

思政目标：增进各民族各地区的交流沟通，促进社会交往，维护国家统一，增强中华民族凝聚力。

【导引案例】

亲爱的旅客朋友们：

新年好！

我是本次航班的乘务长。今天是大年初一，是中华民族传统的新春佳节。新年伊始，万象更新，在这个喜庆祥和、阖家团圆的节日里，请允许我代表中国南方航空公司及机组全体人员向您致以最真诚的问候！祝您＿＿＿年吉祥，万事如意，身体健康！

案例分析

案例是一段飞机起飞后的广播词，在新春佳节之际，为旅客送上节日祝福。广播词的播音是航空播音的主要内容，是航空服务的重要组成部分，是航空公司与乘客沟通交流的重要窗口。播音时，要求航空播音员使用标准、清晰、规范的普通话。不仅是广播播音，航空服务人员每天需要和来自天南海北的乘客打交道，有声语言是沟通交流的重要工具，使用规范、清晰的普通话能够打破地域方言壁垒，达到有效服务的目的。

第一节　航空播音普通话语音要求

标准、规范、优美动听的普通话是航空服务人员开展服务沟通的重要工具，也是航空广播播音的基本要求。要说一口标准、规范、清晰的普通话，就要了解普通话的概念、普通话的规范和普通话语音的特点，能够掌握播音语言和生活语言的区别，明确航空服务人员学习普通话的要求。

一、普通话的概念

普通话是我国的通用语言，是以北京语音为标准音，以北方话为基础方言，以典范的现代白话文著作为语法规范的现代汉语标准。

这个定义既是普通话的标准，也是普通话的规范。

普通话是我国各民族、各地区的通用语；是我国政府机构、各种社会团体和企事业单位工作人员在工作中必须使用的公务用语；是使用汉语的各级广播电台、电视台和汉语电影、电视剧、话剧的规范用语；是以汉语授课的大、中、小学的教学用语。对于世界而言，汉语是代表中国的语言，是联合国六种法定工作语言之一，其他五种语言分别是英语、法语、俄语、西班牙语和阿拉伯语。

知识拓展

汉民族共同语——普通话的形成过程

早在上古的夏、商、周时期，我国汉民族的共同语就产生了。在古代，上层贵族、官吏、知识分子都用雅言交流、沟通、教书，在一些外交重要场合讨论问题时，也使用雅言。雅言是当时的民族共同语，主要流行于我国北方的黄河流域一带。我国第一部诗歌总集《诗经》的语言就是雅言，《论语》里就曾提到过，孔子"《诗》《书》执《礼》，皆雅言也"。这是上古时期汉民族的共同语"雅言"的形成过程。

"汉语"又是怎么来的呢？汉高祖刘邦最早在陕西汉中建都，将国号称为汉。后来，中原地区以外的人称中原人为汉人，中原人所说的语言便被称为汉语，这一称呼一直沿用下来，这就是汉语的由来。汉语的称谓产生于汉朝以后，但汉民族的共同语则形成于上古时期。明清时期，汉民族的共同语叫"官话"。民国时期，汉民族的共同语叫"国语"。新中国成立后，汉民族的共同语叫"普通话"。

1955年10月，全国文字改革会议和现代汉语规范问题学术会议将汉民族共同语的名称正式定为普通话，并同时确定了它的定义，即以北京话音为标准音，以北京方言为基础方言。

1956年2月6日，国务院发出关于推广普通话的指示，把普通话的定义增补为："以

北京语音为标准音,以北方方言为基础方言,以典范的现代白话文著作为语法规范。"这个定义从语音、词汇和语法三个方面明确规定了普通话的标准,使得普通话的定义更为科学、严谨。其中,"普通"二字的含义是"普遍"和"共通"的意思。

如今,普通话已经得到了明确的规范,取得了官方共同语言的法定地位。《中华人民共和国宪法》第十九条规定:"国家推广全国通用的普通话。"《中华人民共和国通用语言文字法》规定普通话是国家通用语言。

经国务院批准,每年9月第三周是全国推广普通话的宣传周。从1998年第一届"推普周"开始推行。

二、普通话的规范

普通话是我国的通用语言。对一个国家的共同语或通用语进行规范,才能做到真正意义上的共通。普通话的规范包括语音的规范、词汇的规范和语法的规范三个部分。

1. 语音的规范

普通话以北京语音为标准音,是符合人们使用汉语的客观情况的。一个国家的共同语需要把一个地区方言的语音作为标准音,而不能把不同地方的语音拼凑成一种标准音,更不能有多个标准音。世界上大多数国家都如此,如俄语的标准音是莫斯科音,法语的标准音是巴黎音,英语的标准音是伦敦音,日语的标准音是东京音等。汉民族共同语也是这样。

需要注意的是,"以北京语音为标准音"是指以北京语音系统作为普通话的语音标准,并不包括北京人口语中的土音及过多的轻声、儿化音等,也就是说,并不是每一个字、每一个词都以北京的语音为标准,一些土音成分,一些轻声、儿化音就不是标准音。

2. 词汇的规范

普通话以北方话为基础方言,这也意味着普通话的词汇标准以北方话词汇为基础。普通话词汇来源于北方话,但并不是北方话中所有的词都可以进入普通话,那些不具有普遍意义、地方性很强的土俗词语就不宜吸收到普通话中。另外,为了使用的需要,普通话也适当吸收非基础方言中的有用成分,如方言词、古语词、外来词等,来丰富普通话词汇。例如,来自吴方言的"尴尬""名堂";来自粤方言的"煲汤""看好";来自古汉语的"华诞";外来语的"摩托"(motor)、"沙发"(sofa)、"咖啡"(coffee);等等。

3. 语法的规范

普通话以典范的现代白话文著作为语法规范是有其科学性的。由于经过作者加工的书面语语法比口语语法更具规范性、概括性和稳定性,因此适宜以书面语著作作为语法标准的依据。但并非所有的现代白话文著作都可作为规范,只有大家公认的那些典范的现代白话文著作才可作为规范。例如,鲁迅、茅盾、巴金、老舍、丁玲和冰心等在我国现代文学史上占有重要地位的现代语言文学大师的经典作品。

学习普通话必须兼顾语音、词汇和语法三个方面。词汇、语法的学习和规范可以通过书面进行,而语音的学习和规范必须通过实践和口耳的训练才能实现。

知识拓展

我国汉语方言区的分布以及方言与普通话的区别

方言是共同语的地域分支或地方变体,是某个社会内某一地区的人们所使用的语言。共同语则是方言的高级形式,是一个社会的全体成员通用的语言。方言与共同语是互相依存的,它们并不相互排斥。共同语作为全民族共同使用的语言,不仅对方言的语音、词汇和语法有一定的影响,而且在一定程度上影响方言的发展。

我国使用汉语的地区分为七大方言区,即北方方言区(以黄河流域为中心,分布于东北地区和长江流域中部及西南各省)、吴方言区(分布在上海市、江苏省东南部及浙江省大部分地区)、湘方言区(分布在湖南省大部分地区)、赣方言区(分布在江西省大部分地区及湖北省东南部地区)、客家方言区(分布在广东省、广西壮族自治区、福建省和江西省部分地区)、闽方言区(分布在福建省、台湾地区、广东省潮汕一带及海南省部分地区)、粤方言区(分布在广东省中部及西南部地区、广西壮族自治区东南部地区)。

由于历史和地理的原因,各地方言与方言之间、各地方言与普通话之间在语音、词汇和语法等方面存在一定的差异,特别是在语音方面差异较大。学习普通话,应该首先明确自己所属的方言区,弄清方言与普通话之间的差异,特别是要明白各方言与普通话之间的语音差异,以便有针对性地纠正发音,提高普通话水平。经过语言学家的调查和科学论证,我国各方言与普通话之间的差异大小顺序为:北方方言与普通话之间的差异最小;湘、赣、客家方言次之;吴方言再次之;闽、粤方言与普通话之间的差异最大。

三、普通话语音

在日常生活和工作中,绝大多数人不会有意识地思考一个音究竟是怎么发出来的;怎么发音才准确、规范;在发音的时候哪些器官需要发挥作用,心理过程又是怎样的;等等。而若想说一口纯正、好听的普通话,就必须对普通话的语音有准确、清晰的认识和了解。需要说明的是,对语音的深度剖析和研究不是我们学习的主要任务,对汉语普通话语音知识的掌握和应用才是主要目的。

1. 语音的概念

语言是人类交际的工具。语音是语言的本质,是语言的声音形式。词汇、概念均以语音形式储存在大脑中,人类大脑的语言区只承担语音信息的处理工作。人们用语言表达思想,进行交流,必须凭借语音。我们说话时要凭借发音器官发出的语音表达自己的思想、信息、情感,倾听时需要凭借听觉器官听到的语音来明白对方话语的意思。无论是说还是听,都依赖于语音。

在普通话的语音系统中,语音的最小单位是音素,一个或几个音素构成一个音节。例如,啊(ā)是由一个音素构成的,安(ān)是由两个音素构成的,烟(yān)是由 3 个音素构成的,坚(jiān)是由 4 个音素构成的。音节在听感中有头有尾,有始有终,有起有止,是可以用听觉区分的语音结构基本单位。在汉语里,一个汉字就是一个音节,如"汉"这个字就是一个音节,"汉语"这两个字就是两个音节,"普通话"这三个字就是三个音节。

音素可以根据发音特征分为两类：一类是元音，也称作母音；另一类是辅音，也称作子音。普通话语音有 32 个音素，其中有 10 个元音音素、22 个辅音音素，它们在音节中担任着不同的角色，发挥着不同的作用。发好元音和辅音是我们说好普通话的基础。

我国的语言学家根据传统的分析方法，把汉语字音（即音节）分成声母、韵母和声调三个部分。一个汉字起头的音称作声母，后面的部分称作韵母，汉字的音高称作声调。普通话常用音节约 1700 个，其中有调音节约 1300 个，无调音节约 400 个。

在普通话的学习和实践中，人们常常把辅音和声母相混淆，把元音和韵母相混淆。实际上，辅音、元音和声母、韵母是不同的概念。辅音和元音属于通用语音学的范畴，它们都是音素的一种。辅音和元音不仅用于汉语普通话的发音中，也用于世界上大多数语言的发音中。而声母和韵母是我国的语言学家根据汉语音节的构成和发音特点，分析归纳出的一种传统的汉语音节的构成方法。辅音在汉语普通话音节中既可以做声母，也可以和其他元音组合构成韵母（如 ng），元音在汉语普通话音节中只能充当韵母（零声母除外）。

2. 普通话语音的特点

每一种语言的语音都有其自身的特点，普通话也不例外。汉语普通话以北京语音为标准音，特点是简单、清楚、响亮、高扬和表现力强，主要表现在以下几方面。

（1）简单、清楚，音节结构形式较少。

（2）音节中元音占优势，清声母多，听觉感觉清脆、响亮。

（3）声调系统比较简单，但变化鲜明，有区别词义的作用。4 个声调的调值高音成分多，低音成分少，语音清亮、高扬，且具有高低抑扬的音乐色彩。

（4）音节之间区分鲜明，语音具有节奏感。

（5）词汇的双音节化、词的轻重格式的区分及轻声、儿化的使用，使语言的表达作用更加准确、丰富。

3. 普通话语音的基本概念

下面介绍普通话语音中的基本概念。

（1）音节。可以用听觉区分的语音结构基本单位。在汉语中，一般来说，一个汉字的读音即为一个音节，如"汉语"（hàn yǔ）代表两个音节。但是，儿化音节除外，如"花儿"（huār）用两个汉字代表一个音节。

（2）音素。语音的最小单位。普通话中有 32 个音素，其中元音音素 10 个，辅音音素 22 个。

（3）音系。语音系统的简称。普通话语音系统主要包括声母、韵母、声调、音节以及轻声儿化、语流音变等。

（4）音位。把语音归纳为数目有限的具有辨义作用的语音单位，叫作音位。普通话共有 33 个音位，其中元音音位 7 个，辅音音位 22 个，声调音位 4 个。

（5）元音。音素的一种。发音时，气流在口腔中不受明显阻碍，呼出气流较弱，发音器官肌肉均衡紧张，声带颤动，声音响亮、清晰，都是乐音。元音可以分为以下几类。

① 单元音。在发音过程中音质始终不变的元音。包括一般单纯元音（舌面元音）和特殊元音。

② 一般单纯元音。又叫舌面元音，发音过程中舌位的活动在舌面。包括 a、o、e、ê、

i、u、ü。

（6）舌位。发元音时，舌面隆起的最高点就是最接近上腭的一点，即近腭点。

（7）舌面元音舌位图（见图2-1）。是一种示意图。四个端点分别表示发音时舌头在口腔中上下前后的四个极端位置。用直线将四个端点连接起来形成一个四边形。四边形横面分为前、央、后，用以表示舌位的前后；竖面分为低、半低、半高、高，用以表示舌位的高低（口腔的开闭）。竖线的左侧标记不圆唇音，右侧标记圆唇音。这种示意方式是世界通用的。

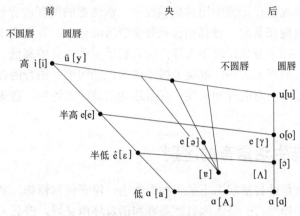

图2-1 普通话舌面元音舌位图

（8）特殊元音。普通话语音中所包括的汉语特有的以舌尖运动或卷舌动作形成的元音音素，包括舌尖元音（与z、c、s拼合的舌尖前元音和与zh、ch、sh拼合的舌尖后元音）和卷舌元音（普通话中卷舌元音只有一个音素er）。

（9）复合音。两个或三个元音音素组成的音组，或单元音、复合元音后面附带鼻尾音n、ng组成的音组。

（10）舌位动程。复合元音的发声过程是几个元音音素的舌位的连续移动形成的，这种舌位移动的过程叫作舌位动程。

（11）辅音。音素的一种。发音时，气流在口腔中明显受到阻碍，呼出气流较强，发音器官对气流构成阻碍的部分肌肉紧张，大部分辅音发音时声带不颤动。普通话辅音音素有22个。

（12）声母。按汉语语音学的传统分析方法，把一个汉语音节起头的辅音叫作声母。普通话中有21个辅音声母。按汉语语音学的传统分析方法，把汉语音节中没有辅音的声母叫作零声母。

（13）韵母。按汉语语音学的传统分析方法，把汉语音节中声母以后的部分叫作韵母。普通话中有39个韵母。

（14）四呼。按汉语语音学的传统分析方法，根据韵母起头元音的唇形特点，将韵母分为开口呼、齐齿呼、合口呼和撮口呼四类。

（15）声调。是汉语音节所固有的，可区别意义的声音的高低和升降。

（16）调类。声调的种类。普通话有四个声调，即阴平、阳平、上声和去声。

（17）调值。声调的时值，也叫调形。指声音高低、升降、曲直和长短的形式。

（18）语流音变。在语流中由于受到相邻音节音素的影响，一些音节中的声母、韵母、声调会发生语音的变化，称之为语流音变。普通话中最典型的语流音变是轻声、儿化、变调和语气词"啊"的变化。

（19）轻声。普通话中，每个音节都有其声调，可是在句子里，有些音节常常失去了原有的声调而成为较轻、较短的调子。

（20）儿化。普通话和某些汉语方言中的一种语音现象，即词的后缀"儿"字不自成音节，而同前面的音节合在一起，使前一音节的韵母成为卷舌韵母。

（21）语调。是人们在语流中用抑扬顿挫来表情达意的所有语音形式的总和。语调构成的语音形式主要表现在音高、音强和音长等非音质成分上。音高是指声音的高低，取决于物体的振动频率，频率变化作用于人耳，使人们感觉到声音的高低。音强是指声音的强弱，即我们平时所讲的声音大小，取决于振动体的振动幅度，语音的强弱主要与声带的振动幅度有关。音长是指声音的时间长度。在普通话语调的训练中，首先应注重音高，其次应注重音长的变化。

四、播音语言与生活语言的区别

生活语言的表达是纯自然状态下的一种原生态，没有任何修饰。共鸣的运用及声音的使用纯粹自然形成，当然有一些人因自然条件和语言环境良好，或后天自学能力强，自身语言表达较准确流畅。但是，如果发音不准确，或养成了说话时挤压喉头等不良习惯，势必影响语言传播的审美性。有些人认为，语言是生活中人际交流的工具，生活中怎样说在广播电视中就怎样说，无须着意加工，一味强调规范和艺术，就会失去自然和亲切感，拉大同受众的距离。这种观点显然是受了自然主义语言观的影响，忘记了语言传播的特性、任务和不可估量的社会价值。

播音语言固然要亲切、自然和生活化，给人以真实感，但播音语言把握的自然与生活的自然截然不同。播音中生活化的语言对随意性的口语有较大的加工，有雕琢而不露痕迹，既是通俗平易的口语，又是十分讲究得体性、匀称性和集中性的精粹口语。航空播音员在话筒前，不论在呼吸共鸣上、吐字发音上，还是在心理状态上，与生活中的语言表达都有本质的区别。尽管听起来播音语言与生活中的语言一样自然，但这种自然是艺术创作所表现出来的自然，是融合了播音语言艺术技巧的自然，因而也是更高层次上的自然。

思政拓展

航空从业人员学习普通话的意义

普通话是我国各民族通用的语言。我国民族众多，造成了我国多种语言并存的局面。据有关部门调查，我国的56个民族有100多种语言。语言是交际的工具，语言不通必定会妨碍人们的正常交往，也就必然会限制经济、科技和文化事业的发展。

航空服务人员要跟五湖四海的乘客打交道，因此必须使用规范的普通话才能达到良好的沟通、交流和服务目的。航空播音是航空服务的重要组成部分，其有声语言要通过电波才能传送出去，虽然面对的受众是相对有限的，但是其语言传播也具有示范性。普通话是媒体播音员、主持人的工作语言，航空播音员也是有声语言工作者。因此，坚持使用标准的普通话进行播音是最基本的要求，其语言必须严格遵守普通话所规定的标准，应该在普通话推广方面发挥示范作用，在工作中规范使用通用语言文字，维护祖国语言和文字的纯洁。

五、航空播音普通话的要求

学习普通话的最基本要求就是规范，具体可概括为如下几点。

（1）准确——字音准确、规范，即"字正"。这是播音员必须做到的。播音员必须按照普通话语音规律吐字发声，要在符合语音规律的前提下，把字音发得比一般人更完美、更悦耳，而不能违反语音规律。当然，更不应该念错别字。

（2）清晰——字音清晰。这是播音员发音的一大特点，也是做一名播音员的必备条件。一个人无论声音多么好听，如果吐字不清晰，也是不能做播音员的。准确与清晰是对播音员吐字的最基本的要求。

（3）圆润——有比较丰富的泛音共鸣，声音悦耳动听，即"腔圆"，这是吐字的审美要求。圆润的对立面是扁涩，吐字扁而干，缺乏润泽，声音不悦耳，显然不符合审美要求。

（4）集中——声音集中，更易于传入人耳、打动人心。

（5）流畅——字不是单个存在的，而是连接在语流中。播音员的吐字必须轻快流畅，使语流顺畅无阻。

综合而论，航空服务人员，尤其是播音员，说话时吐字要轻快连贯，如珠如流；字字皆入于听众之耳，字字皆入于听众之心；说者不费力，听者有美感。

 行业信息

各行业从业人员普通话水平达标要求

根据各行业的规定，有关从业人员的普通话水平达标要求如下。

中小学及幼儿园、校外教育单位的教师，普通话水平不低于二级，其中语文教师不低于二级甲等，普通话语音教师不低于一级；高等学校的教师，普通话水平不低于三级甲等，其中现代汉语教师不低于二级甲等，普通话语音教师不低于一级；对外汉语教学教师，普通话水平不低于二级甲等。

国家级和省级广播电台、电视台的播音员、节目主持人，普通话水平应达到一级甲等，其他广播电台、电视台的播音员、节目主持人的普通话达标要求按国家广播电视总局的规定执行。

话剧、电影、电视剧、广播剧等表演、配音演员，播音、主持专业和影视表演专业的教师、学生，普通话水平不低于一级。

公共服务业以普通话为工作语言，直接面向公众服务，从事播音、解说、话务、导游等特定工作的人员，普通话水平应达到二级。

航空服务人员从事的是公共服务，一般要求具备普通话二级水平。

第二节　航空播音语音基础训练

使用标准规范、准确清晰、圆润动听的普通话进行表达和交流，是航空服务人员应具备的语言素质，更是开展航空播音，进行语言传播的基本要求。如何达到这个要求呢？这就要从发准字音入手，说一口标准的普通话。本节围绕如何说一口标准的普通话，从声母、韵母、声调、语流音变、词的轻重格式五个方面，就语音基础理论进行概述，同时通过大量练习引导大家了解并掌握汉语普通话字音的正确发音技能。

一、字音准确的关键——声母

汉语普通话的音节由声母、韵母和声调三部分组成。

声母是音节的开头部分，被称为"字头"。声母由辅音充当，由于辅音发声时动程短（擦音除外）、音势弱，容易受到干扰等，因此很容易"吃字"，影响语音的清晰度和准确度。因此，要发准字音，说好普通话，首先要认真练习声母的发音，掌握声母发音的正确方法和要领，做到"咬得准、发得清"。

普通话中 400 多个无调音节里，声韵的配合超过 90%。但辅音不都是声母，没有辅音声母的音节叫作零声母音节，没有辅音的声母叫作零声母。

声母主要起到区分词义、区别音节清晰度及增强音节力度和亮度的作用。

为什么要练好声母发音？

万事开头难，"起头"对于做任何事情来说都是至关重要的一步，好的开头给人以成功的信心。声母发音是学习普通话语音的关键。

声母分为两大类：辅音声母和零声母。普通话中有 21 个辅音声母，不同的声母，其发音是由不同的发音部位和发音方法决定的。

要发好声母，就要了解声母的发音要领：发声时发音部位肌肉相对紧张，成阻部位呈点状接触，声带不颤动，声音不如元音响亮，气流冲击成阻部位后发音成声。学习者一方面要仔细揣摩声母的发声机理，熟练掌握声母发音时的气息流动走势和口腔内器官的协调控制，另一方面要通过练习来巩固、加强和提升声母发音的准确性。

（一）辅音声母

发音部位是声母发音时，发音器官对呼出气流构成阻碍的位置，如图 2-2 所示。

　　　　　　　　声母的分类及发音要领

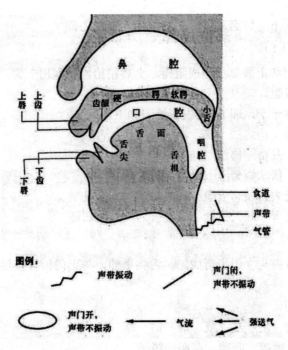

图 2-2 发音器官示意图

普通话声母发音有七类成阻方式：双唇阻、唇齿阻、舌尖前阻、舌尖中阻、舌尖后阻、舌面阻和舌根阻。相应地把声母分为七类。

1. 双唇阻声母（b、p、m）

双唇阻是指上唇和下唇闭合构成阻碍。下唇向上运动与上唇接触，双唇闭拢成阻。

（1）b 发音练习。

单音节：八 播 班 北 爆 别 本 绑 绷 笔

双音节：八宝 摆布 病变 帮办 臂膀
　　　　蚌埠 背包 辨别 表白 褒贬

四音节：百发百中 兵不厌诈 杯水车薪 饱经风霜
　　　　半壁江山 毕恭毕敬 八拜之交 不卑不亢

（2）p 发音练习。

单音节：爬 剖 盼 喷 泼 派 沛 跑 捧 偏

双音节：爬坡 攀爬 澎湃 抛盘 排炮
　　　　偏颇 飘萍 频谱 批判 评判

四音节：旁敲侧击 披荆斩棘 平起平坐 平铺直叙
　　　　评头品足 攀龙附凤 偏听偏信 破釜沉舟

（3）m 发音练习。

单音节：梅 猫 某 瞒 门 忙 马 墨 麦 灭

双音节：曼妙 盲目 貌美 麻木 麦芒
　　　　密谋 棉麻 描摹 灭门 泯灭

四音节：默默无闻 莫名其妙 美轮美奂 没齿难忘

名满天下　冒名顶替　茅塞顿开　靡靡之音

2. 唇齿阻声母（f）

唇齿阻是指下唇和上唇靠拢构成阻碍。上唇稍抬，稍露出上齿，下唇向上，唇缘线与上门齿靠拢、接触成阻。

唇齿阻声母只有一个，即 f，其发音练习如下。

单音节：帆　粉　访　法　佛　冯　肤　飞　否　付

双音节：发放　发奋　佛法　肺腑　非凡
　　　　复方　伏法　芳菲　风范　防腐

四音节：发扬光大　反腐倡廉　凡夫俗子　非同凡响
　　　　肺腑之言　翻天覆地　奋发有为　夫唱妇随

3. 舌尖前阻声母（z、c、s）

舌尖前阻是指舌尖与上门齿背成阻。舌尖平伸，与上门齿背接触或接近成阻。舌尖前阻音也称为平舌音。

（1）z 发音练习。

单音节：怎　增　足　左　藏　最　钻　尊　早　奏

双音节：自尊　咂嘴　啧啧　在座　贼子
　　　　藏族　曾祖　祖宗　做作　走卒

四音节：自给自足　赞不绝口　自由自在　在所难免
　　　　做贼心虚　作茧自缚　再接再厉　孜孜不倦

（2）c 发音练习。

单音节：岑　舱　层　催　词　擦　册　窜　村

双音节：寸草　匆匆　层次　粗糙　措辞
　　　　草丛　残存　此次　猜测　参差

四音节：从容不迫　草木皆兵　层峦叠嶂　沧海桑田
　　　　蹉跎岁月　错落有致　寸草不留　才高八斗

（3）s 发音练习。

单音节：森　桑　僧　素　所　随　酸　搜　伞　撒

双音节：思索　洒扫　诉讼　琐碎　酸涩
　　　　森森　僧俗　色素　缫丝　搜索

四音节：四面楚歌　三从四德　桑榆暮景　私心杂念
　　　　三思而行　丝丝入扣　四通八达　似是而非

4. 舌尖中阻声母（d、t、n、l）

舌尖中阻是指舌尖与上门齿龈成阻。舌尖向前上方抬起，与上门齿龈接触、抵住成阻（注意：n 和 i 拼合时，舌尖向下抵住下齿龈，如年、娘、你；n 不和 i 拼合时，舌尖抵住上齿龈，如难、囊、内等）。

（1）d 发音练习。

单音节：丹　党　灯　笛　蝶　刁　丢　点　丁　读

双音节：大豆　得当　歹毒　导读　抖动

弹道　当代　等待　抵挡　跌宕
四音节：对答如流　大刀阔斧　大名鼎鼎　大动干戈
　　　　单刀直入　大队人马　胆大妄为　东窗事发
（2）t发音练习。
单音节：塔　特　台　涛　透　炭　糖　腾　体　铁
双音节：塔台　特体　抬头　饕餮　头条
　　　　唐突　疼痛　梯田　铁蹄　挑剔
四音节：天方夜谭　体贴入微　脱胎换骨　忐忑不安
　　　　堂堂正正　特立独行　挑肥拣瘦　昙花一现
（3）n发音练习。
单音节：拿　讷　乃　内　闹　努　诺　暖　农　女
双音节：拿捏　讷讷　奶牛　内能　恼怒
　　　　南宁　能耐　泥泞　呢喃　袅娜
四音节：囊空如洗　难能可贵　难解难分　恼羞成怒
　　　　袅袅婷婷　浓墨重彩　牛郎织女　怒发冲冠
（4）l发音练习。
单音节：腊　勒　来　磊　捞　楼　览　浪　冷　梨
双音节：褴褛　勒令　来临　磊落　劳累
　　　　楼兰　拉犁　冷落　历练　猎猎
四音节：老态龙钟　鳞次栉比　力挽狂澜　来历不明
　　　　琳琅满目　流落街头　玲珑剔透　老调重弹

5. 舌尖后阻声母（zh、ch、sh、r）

舌尖后阻是指舌尖与前硬腭成阻。舌体稍向后缩，舌尖向上方翘起，与硬腭前部接触或接近成阻。舌尖后阻音也称为翘舌音。

（1）zh发音练习。
单音节：之　闸　者　债　找　州　占　枕　章　正
双音节：拽住　追逐　专注　谆谆　装置
　　　　指针　榨汁　债主　招展　周折
四音节：真知灼见　众所周知　掌上明珠　只争朝夕
　　　　正中下怀　众志成城　壮志凌云　专心致志
（2）ch发音练习。
单音节：产　沉　常　秤　础　戳　吃　茶　车　柴
双音节：垂成　传唱　春潮　窗纸　充斥
　　　　驰骋　叉车　车窗　拆穿　超常
四音节：插翅难飞　踌躇满志　唇齿相依　绰绰有余
　　　　重重叠叠　晨钟暮鼓　潮涨潮落　超尘出俗
（3）sh发音练习。
单音节：是　沙　蛇　晒　谁　勺　手　闪　深　商

双音节：史诗　沙石　涉水　韶山　手术
　　　　声势　树梢　硕士　甩手　税收
四音节：设身处地　神清气爽　山盟海誓　姗姗来迟
　　　　实事求是　首善之区　审时度势　殊途同归
（4）r发音练习。
单音节：日　惹　娆　柔　染　刃　瓤　扔　入　若
双音节：惹人　扰攘　柔弱　柔韧　冉冉
　　　　荏苒　忍让　攘攘　仍然　濡染
四音节：任劳任怨　如日中天　仁人志士　忍辱负重
　　　　若隐若现　入木三分　弱肉强食　瑞雪丰年

6. 舌面阻声母（j、q、x）

舌面阻是指舌面前部与硬腭前部成阻。舌尖向下前伸，抵住下齿背，舌面向上抬起，接触或接近硬腭前部成阻。

（1）j发音练习。
单音节：机　甲　节　教　九　见　京　局　绝　捐
双音节：基金　岬角　借鉴　交警　救济
　　　　聚焦　倔强　金橘　降价　京剧
四音节：交头接耳　锦囊妙计　斤斤计较　借酒浇愁
　　　　机关用尽　驾轻就熟　饥寒交迫　既往不咎
（2）q发音练习。
单音节：其　恰　且　桥　秋　前　亲　抢　晴　去
双音节：气球　恰巧　窃取　乔迁　求情
　　　　秦腔　强权　清泉　取巧　鹊桥
四音节：七窍生烟　求全责备　气象万千　牵强附会
　　　　琼浆玉液　曲径通幽　乔迁之喜　千秋万代
（3）x发音练习。
单音节：系　霞　写　晓　修　现　新　翔　星　徐
双音节：喜讯　遐想　些许　消息　休学
　　　　信心　象形　星宿　虚心　学校
四音节：欣欣向荣　嬉皮笑脸　心胸广阔　狭路相逢
　　　　虾兵蟹将　相形见绌　孝子贤孙　循序渐进

7. 舌根阻声母（g、k、h）

舌根阻是指舌根与硬腭和软腭交界处成阻。舌体后缩，舌根隆起，与硬腭和软腭交界处接触或接近成阻。

（1）g发音练习。
单音节：个　该　给　高　购　感　杠　耕　谷　瓜
双音节：国歌　广告　改观　高歌　沟谷
　　　　尴尬　亘古　杠杆　梗概　故国

四音节：改弦更张　盖棺定论　高歌猛进　歌功颂德
　　　　革故鼎新　根深蒂固　光怪陆离　孤陋寡闻
（2）k发音练习。
单音节：咖　可　开　考　口　刊　肯　抗　坑　库
双音节：亏空　可口　刻苦　坎坷　开垦
　　　　空旷　苛刻　开矿　困苦　宽阔
四音节：开宗明义　慷慨激昂　可歌可泣　口若悬河
　　　　铿锵悦耳　苦口婆心　脍炙人口　溃不成军
（3）h发音练习。
单音节：和　海　黑　好　后　含　很　杭　衡　户
双音节：火红　和缓　海河　黑海　浩瀚
　　　　憨厚　狠狠　行会　横祸　互惠
四音节：含英咀华　浩如烟海　赫赫有名　鸿鹄之志
　　　　挥汗如雨　谎话连篇　呼风唤雨　好高骛远

（二）零声母

1. 零声母的概念

音韵学上把每一个汉语音节都分为声母和韵母两个部分。有些音节并无开头辅音，声母不发音，只有一个韵母独立成音节，被称为零声母音节。零声母音节不等于没有声母。

语音学研究表明，零声母往往也有特定的、具有某些辅音性质的起始方式。普通话零声母可以分为两类：开口呼零声母和非开口呼（齐齿呼、合口呼、撮口呼）零声母。

2. 零声母的发音

发音提示如下。

（1）零声母音节的开头元音往往带有轻微的摩擦成分，应该读出来，以避免和前一音节的韵尾混淆。

（2）应注意避免开口呼零声母音节受方言影响，不要在前面加舌根鼻辅音 ng 和舌尖鼻辅音 n。

（1）开口呼零声母练习。

阿姨　扼要　皑皑　傲岸　偶尔
恩威　昂扬　偶遇　欧亚　二月

（2）齐齿呼零声母练习。

咽炎　演绎　摇曳　耀眼　阴阳
意义　抑扬　一样　夜莺　夜游

（3）合口呼零声母练习。

窝窝　外文　外务　外网　外围
无误　无畏　无闻　瓦屋　娃娃

（4）撮口呼零声母练习。

渊源　源于　远远　孕育　运用
玉宇　御用　粤语　跃跃　越狱

(三)声母辨读练习

1. 区分不同发音部位的发音练习

(1) f-h。

富丽—互利　防风—黄蜂
房山—黄山　废话—绘画

(2) j-zh、q-ch、x-sh。

j-zh
兼职—专职　加重—庄重
紧张—战章　价值—正直

q-ch
起床—车床　青橙—长城
骑车—叉车　清澈—澄澈

x-sh
消失—山石　现实—赏识
下霜—上霜　学术—数数

(3) j-z、q-c、x-s。

j-z
积攒—赞赞　尽责—再则
聚在—自在　佳作—在座

q-c
切磋—猜错　青瓷—彩瓷
其次—猜词　潜藏—苍苍

x-s
寻思—缫丝　虚岁—三岁
乡俗—三俗　血色—瑟瑟

(4) z-zh、c-ch、s-sh。

z-zh
增光—争光　宗旨—终止
自愿—志愿　赞歌—战歌

c-ch
擦手—插手　擦车—叉车
祠堂—池塘　曾经—成精

s-sh
散光—闪光　私人—诗人
司长—师长　酥油—输油

2. 区分不同发音方法的发音练习

(1) b-p。

被套—配套　宝马—跑马

拜别—派别　白班—排班

（2）z-c。

澡堂—草堂　字符—赐福
棕榈—葱绿　再世—菜市

（3）d-t。

弹头—探头　底线—体现
读书—图书　兑换—退换

（4）zh-ch。

争霸—称霸　招式—超市
摘除—拆除　宅门—柴门

（5）j-q。

监工—谦恭　戒尺—切齿
及时—其实　季节—气节

（6）g-k。

歌谱—科普　米缸—米糠
关心—宽心　天公—天空

（7）f-h。

发挥—防洪　分化—分红
反复—换肤　费话—回话

（8）n-l。

纳凉—奶酪　耐力—能力
年历—年龄　女篮—鸟类

3. r、y、l、sh

（1）r-y。

人烟—人员　热源—肉眼
熔岩—容颜　如意—容易

（2）r-l。

容量—容留　锐利—让利
入列—热烈　人伦—热泪

（3）r-sh。

日食—如实　人身—人生
认识—人士　惹事—如是

（四）声母绕口令练习

在练习绕口令时，声母发音要清晰标准，注意唇舌的配合。以气托声，先缓慢拉长声音练习，再逐渐加快速度。

1. 双唇阻声母绕口令

八百标兵

八百标兵奔北坡，

炮兵并排北边跑。
炮兵怕把标兵碰,
标兵怕碰炮兵炮。

冰棒碰瓶
半盆冰棒半盆瓶,
冰棒碰盆,
盆碰瓶,
盆碰冰棒盆不怕,
冰棒碰瓶瓶必崩。

2. 唇齿阻声母绕口令

一座棚
一座棚傍峭壁旁,
峰边喷泻瀑布长,
不怕暴雨瓢泼冰雹落,
不怕寒风扑面雪飘扬,
并排分班翻山攀坡把宝找,
聚宝盆里松柏飘香百宝藏,
背宝奔跑爆矿炮劈山,
篇篇捷报飞伴金凤凰。

粉凤凰
费家有面粉红墙,
粉红墙上画凤凰。
凤凰画在粉红墙,
红凤凰、黄凤凰,
红凤凰看黄凤凰,
黄凤凰看红凤凰。
粉凤凰、飞凤凰,
粉红凤凰花凤凰,
全都仿佛活凤凰。

3. 舌尖前阻声母绕口令

比粗腿
山前有个崔粗腿,
山后有个崔腿粗。
二人山前来比腿,
看谁的粗腿比谁粗。
不知是崔粗腿比崔腿粗的腿粗,

还是崔腿粗比崔粗腿的腿粗。

桑树和枣树
操场前面有三十三棵桑树，
操场后面有四十四棵枣树。
张三把三十三棵桑树认作枣树，
赵四把四十四棵枣树认作桑树。

4. 舌尖中阻声母绕口令

打特盗
调到敌岛打特盗，
特盗太刁投短刀，
挡推顶打短刀掉，
踏盗得刀盗打倒。

牛郎恋刘娘
牛郎恋刘娘，
刘娘念牛郎。
牛郎年年恋刘娘。
刘娘年年念牛郎。
郎恋娘来娘念郎。
念娘恋娘，
念郎恋郎，
念恋娘郎。

5. 舌尖后阻声母绕口令

学时事
史老师，讲时事，
常学时事长知识。
时事学习看报纸，
报纸登的是时事，
常看报纸要多思，
心里装着天下事。

紫丝线织紫狮子
试将四十七支极细极细的紫丝线，
试织四十七只极细极细的紫狮子。
让细紫丝线试织细紫狮子，
细紫丝线却织成了死紫狮子。
紫狮子织不成，扯断了细紫丝线。

6. 舌面阻声母绕口令

七加一

七加一,七减一,
加完减完等于几?
七加一,七减一,
加完减完还是七。

漆匠和锡匠

西巷有个漆匠,七巷有个锡匠。
西巷漆匠偷了七巷锡匠的锡,
七巷锡匠拿了西巷漆匠的漆。
西巷漆匠气七巷锡匠偷了漆,
七巷锡匠气西巷漆匠拿了锡。
一个生气,一个受刺激,
岂不知你俩都是目无法纪。

7. 舌根阻声母绕口令

哥哥捉鸽

哥哥过河捉个鸽,
回家割鸽来请客,
客人吃鸽称鸽肉,
哥哥请客乐呵呵。

大花活河蛤蟆

一只大红花海碗,
画了个大胖活娃娃。
大红花海碗下,
扣了只大花活河蛤蟆。
画大胖活娃娃的大红花海碗,
扣住了大花活河蛤蟆,
大花活河蛤蟆,
服了大红花海碗上的大胖活娃娃。

(五)声母歌

下面的诗歌包含21个辅音声母,通过朗读练习声母发音。

ch r q m z c s j t n
春 日 起 每 早, 采 桑 惊 啼 鸟。
f g p b x h k l zh d sh
风 过 扑 鼻 香, 花 开 落, 知 多 少。

z y j n m x b d f l
子 夜 久 难 明，喜 报 东 方 亮。
c r sh g s t p zh k q h ch
此 日 笙 歌 颂 太 平，众 口 齐 欢 唱。

二、字音响亮的保证——韵母

声母后面的部分是韵母。

一个音节中的韵母通常可以分为韵头、韵腹和韵尾三部分。韵腹是一个韵母发音的关键，是发音时口腔肌肉最紧张、发音最响亮的部分；韵头是韵腹前面、起前导作用的部分，发音比较模糊，往往迅速带过；韵尾则是韵腹后面、起收尾作用的部分，发音也比较模糊，但务求发音到位。

知识拓展

为什么要练好韵母发音？

音节中要把字说得响亮，关键在韵母，而韵母的主要音素就来源于元音。普通话的悦耳动听离不开元音的作用，元音是构成韵母的必要成分，而元音的发声特点决定了韵母是字音响亮的保证。普通话中韵母共有39个，数目比声母多，系统也比较复杂。因此，理解与掌握韵母的发音方法，对字音的饱满与圆润具有重要的作用。

（一）*韵母的分类*

普通话中韵母按结构成分的特点可以分为以下三类。

1. 单韵母

单韵母是由一个元音构成的韵母，普通话里有10个，包括舌面元音韵母7个：a、o、e、ê、i、u、ü；特殊元音韵母3个：舌尖元音韵母-i（前）、-i（后）和卷舌元音韵母er。

2. 复韵母

复韵母是由两个或三个元音组合而成的韵母，普通话里有13个，依次为ai、ei、ao、ou、ia、ie、ua、uo、üe、iao、iou、uai、uei。根据口腔的开合、舌位的高低和韵腹的位置，又可以把复韵母分为三种类型：前响复韵母、中响复韵母、后响复韵母。

（1）前响复韵母：ai、ei、ao、ou。

（2）中响复韵母：iao、iou、uai、uei。

（3）后响复韵母：ia、ie、ua、uo、üe。

3. 鼻韵母

鼻韵母是由一个或两个元音后面带上鼻辅音-n或-ng构成的韵母，一共有16个，可分为以下两类。

（1）带鼻尾音（-n）韵母（前鼻音韵母）8个：an、ian、uan、üan、en、in、uen、ün。

(2)带鼻尾音(-ng)韵母(前鼻音韵母)8个:ang、eng、ing、iang、ong、iong、uang、ueng。

(二)韵母的发音

普通话韵母主要由元音构成,有的韵母由元音加鼻辅音构成。与辅音相比,元音发音时的主要特点如下。

(1)气流在咽头,口腔不受阻碍(这是元音与辅音最主要的区别)。
(2)发音器官各部位保持均衡的紧张状态。
(3)气流较弱。
(4)声带震动,声音比辅音响亮。

1. 单韵母的发音特点与练习

单韵母发音时有两点需要注意:一是发音时舌位和唇形始终不变,否则就成了复合元音;二是发音时软腭要向上抬起,堵塞鼻腔通道,不能夹带鼻音色彩,否则就会成为鼻化元音。

发音时,舌头较高的部位叫舌位,舌位可抬高、降低,可伸前、缩后;口腔开合的程度叫开口度,开口度可大、可小;双唇的形状叫唇形,唇形可圆、可不圆。尽管单韵母发音时各有舌位、唇形与开口度,然而每个单韵母发音时的舌位、唇形与开口度却始终不变。

表2-1为单韵母发音要领简表。

表2-1 单韵母发音要领简表

舌位高低(口腔开闭)	分类					
	舌面元音			舌尖元音		卷舌元音
	舌位					
	前	央	后	前	后	央
	唇形					
	展	圆	展	圆		
高(闭)	i	ü		u		
半高(半闭)			e	o	-i(前)	-i(后)
中(中)							er
半低(半开)	ê					
低(开)			a			

知识拓展

如何发出优美的元音?

元音是普通话语音的一大基本类别。表面上看,元音的发音与辅音相比,无非就是口形和舌位的变化。其实不然,不少发音者在实践中已经深感元音的发音并非那么容易。一个a音,生活中谁都会发,但倘若要求讲究发音的艺术性,发音又准又亮又美,就不是每个人都能轻而易举地做到的了。这里不光有理论问题,还有技巧上的原因。

元音的发音讲究的是分寸和火候，每个元音的口腔操作，即口腔开合大小、舌位高低前后以及唇形圆展都要恰到好处，方能做到合于规范。这里提出以下几点建议。

（1）鼻腔通路关闭，让气流完全从口腔流出，不可口、鼻同时呼出气流。声带要颤动。

（2）务必注意舌位的高低前后、开口度的大小和唇形。低元音、半低元音的开口度较大，要避免开口度不够；发圆唇元音时，要注意嘴角的收敛。

（3）单元音是单一元音音素，发音过程中要保持舌位、口形的稳定，不要中途变动，以免造成音值不纯。

（4）适当增大开口度，艺术语言一般要求声音有响度，即有"亮点"。

（5）前音后发、后音前发。

（6）窄音宽发、宽音窄发。

单韵母发音练习如下。

（1）a——央低不圆唇元音。

发音时，口腔打开，舌位央低，舌自然放平，舌尖接触下齿龈，舌面中部偏后微微隆起，双唇自然展开，声带振动，打开后声腔，软腭抬起，关闭鼻腔通路。

认读练习：打靶　大厦　发达　马达　喇叭　哪怕

（2）o——后半高圆唇元音。

发音时，口腔半闭，舌位后半高，舌后缩，舌面后部隆起，舌面两边微卷，舌面中部稍凹，声带颤动，上下唇自然拢圆，软腭抬起，关闭鼻腔通路。

认读练习：伯伯　婆婆　默默　泼墨　薄膜　馍馍

（3）e——后半高不圆唇元音。

发音时，口腔半闭，舌位后半高，舌后缩，舌面后部隆起，舌面两边微卷，舌面中部稍凹，声带颤动，嘴角两边微展，软腭抬起，关闭鼻腔通路。

认读练习：隔阂　合格　客车　特色　折射　这个

（4）ê——前半低不圆唇元音。

发音时，口腔半开，舌位前半低，舌头微触下齿背，舌面前部隆起，嘴角两边微展，声带颤动，软腭抬起，关闭鼻腔通路。

认读练习：欸

（5）i——前高不圆唇元音。

发音时，口腔开度小，舌位前高，双唇呈扁平型，嘴角向两边展开，舌尖轻触下齿背，舌面前部隆起，声带颤动，软腭上升，关闭鼻腔通路。

认读练习：笔记　激励　基地　记忆　霹雳　习题

（6）u——后高圆唇元音。

发音时，口腔开度小，舌位后高，双唇收缩成圆形，稍向前突，中间留一小孔，舌后缩，舌面后部高度隆起，声带颤动，软腭上升，关闭鼻腔通路。

认读练习：补助　读物　辜负　瀑布　入伍　疏忽

（7）ü——前高圆唇元音。

发音时，口腔开度小，舌位前高，双唇撮圆，略向前突，中部留一扁圆小孔，舌尖抵下齿背，舌面前部隆起，声带颤动，软腭上升，关闭鼻腔通路。

认读练习：聚居　区域　屈居　须臾　序曲　语序

（8）er——卷舌元音。

发音时，口腔自然打开，舌位不前不后，不高不低，舌前部上抬，舌尖向后卷向硬腭，但不接触，声带振动，软腭上升，关闭鼻腔通路。

认读练习：而且　儿歌　耳朵　二胡　二十　儿童

（9）-i（前）——舌尖前不圆唇元音。

发音时，口微开，扁唇，嘴角向两边展开，舌尖接触下齿背，舌尖前部和上齿背保持适当距离，声带颤动，软腭上升，关闭鼻腔通路。普通话中，这个韵母只和声母 z、c、s 有拼合关系。

认读练习：私自　此次　次子　字词　自私　孜孜

（10）-i（后）——舌尖后不圆唇元音。

发音时，口微开，嘴角向两边展开，舌前端抬起，与硬腭前部保持适当距离，声带颤动，软腭上升，关闭鼻腔通路。普通话中，这个韵母只和声母 zh、ch、sh 有拼合关系。

认读练习：实施　支持　知识　制止　值日　试制

2. 复韵母的发音特点与练习

和单韵母比较，复韵母的发音有以下几个特点。

（1）发音时从前一元音的形位向后一元音的形位自然过渡，其复合过程是由前音滑向后音，不是跳动发音，这一过程称为舌位动程。复韵母的发音方法是由甲元音的发音状态（舌位、开口度、唇形）快速滑向乙元音（甚至再滑向丙元音）。其间，舌位的高低前后、口腔的开闭、唇形的圆展都是逐渐过渡、变动的，不是突变的、跳跃的。

（2）复韵母中各元音音素的发音不是同等程度的清晰、响亮。韵头的发音不太响亮，也较短促。韵尾的发音较短、模糊。最清晰、响亮的是韵腹。因此，随着韵腹在韵母中位置前后的不同，复韵母有前响、中响、后响的区别。

（3）韵母中的某些音素，由于音素间的相互影响和制约，其音值与单独发音时不完全一样，要细心体察。发音时舌位、唇形都有变化，同时气流不中断，中间没有明显的界线，发出的音要形成一个整体。

复韵母发音练习如下。

（1）前响复韵母。前响复韵母是指主要元音处在前面的复韵母，普通话中的前响复韵母有 4 个：ai、ao、ei、ou。发音时，开头的元音清晰响亮、持续时间较长，后头的元音含混模糊，音值不太固定，只表示舌位滑动的方向。

① ai 发音要领：ai 属于前元音音素的复合，舌位动程较长。发音时，起点元音是比央位的单元音 a[A]偏前的前 a[a]，舌位向 i 的方向滑动升高，在接近高元音 i[i]的区域时停止发音，终点元音实际是舌位比高元音 i 略低的[I]。

认读练习：爱戴　采摘　海带　开采　拍卖

② ao 发音要领：ao 是后元音音素的复合。起点元音比单元音 a[A]偏后，是后 a[ɑ]，舌位由[ɑ]开始向 o 滑动升高，唇形逐渐自然拢圆。终止位置是比单元音 o[o]偏高，接近单元音 u 的[U]。

认读练习：懊恼　操劳　骚扰　逃跑　早操

③ei 发音要领：起点是前半高不圆唇元音 e[e]。实际发音舌位比[e]略偏后偏低，接近央元音[ə]。起音后，舌位向前高滑动，终止位置是接近比高元音 i 略低的[I]，但由于受 e[e]的影响，舌位比[I]略高而且稍偏后。ei 是普通话中动程较短的复合元音。

认读练习：肥美　妹妹　配备　蓓蕾　非得

④ou 发音要领：起点元音比单元音 o 的舌位略高偏前，接近央元音[ə]。起音后，舌位向 u 的位置滑动，唇形逐渐收缩成圆形。终止位置是比 u 略低的[U]，但由于受 o 的影响，收尾的舌位位置比复合元音 ao 的收尾位置略高。ou 是普通话中舌位动程最短的复合元音。

认读练习：丑陋　兜售　口头　漏斗　收购

（2）后响复韵母。后响复韵母是指主要元音处在后面的复韵母。普通话中的后响复韵母有 5 个：ia、ie、ua、uo、üe。它们发音的特点是舌位由高向低滑动，收尾的元音响亮清晰，在韵母中处在韵腹的位置。而开头的元音是高元音 i-、u-、ü-，由于它们处于韵母的韵头位置，发音轻短，只表示舌位滑动的方向。

①ia 发音要领：起点元音是前高元音 i[i]，舌位滑向央低元音 a[A]。由于受 i 的影响，终止位置往往比[A]稍偏前。

认读练习：假牙　恰恰　压价　下家　加价

②ie 发音要领：起点元音是前高元音 i[i]，舌位向下滑向前半低元音 ê[ɛ]。实际终止位置是比[ɛ]略高的[E]。ie 舌位动程较短。

认读练习：结业　贴切　铁屑　谢谢　趔趄

③ua 发音要领：起点元音是后高圆唇元音 u，舌位滑向央低元音 a[A]，唇形由圆变展。由于受 u 的影响，终止位置往往比央 a 稍偏后。

认读练习：挂花　耍滑　娃娃　画画　挂瓦

④ uo 的发音要领：起点元音是后高元音 u，舌位下滑到后半高元音 o。唇形始终为圆唇，开始时唇形收缩稍紧，收尾时唇形开度稍加大。uo 舌位动程很短，发音时一定注意要有舌位动程，口腔开度由闭到半闭，不能处理成一个单元音的发音过程。

认读练习：错落　硕果　脱落　阔绰　骆驼

⑤ üe 的发音要领：üe 是由两个前元音复合而成的。起点元音是圆唇前高元音 ü，舌位下滑到接近前半低元音 ê 的位置，唇形由圆唇逐渐展开。实际发音是比 ê 略高的[E]。这是一个舌位动程较短的复合元音，发音时要注意唇形的变化和舌位的动程。

认读练习：雀跃　约略　雪月　略略　绝学

（3）中响复韵母。中响复韵母是指主要元音处在中间的复韵母。普通话中的中响复韵母有 4 个：iao、iou、uai、uei。这些韵母发音的特点是舌位由高向低滑动，再从低向高滑动。开头的元音发音不响亮、较短促，只表示舌位滑动的开始，中间的元音清晰响亮，收尾的元音轻短模糊，音值不太固定，只表示舌位滑动的方向。

①iao 发音要领：舌位由起点元音前高元音 i 开始，向下向后，滑向后 a[a]，然后由低升高到后半高元音 o。终止元音实际位置是比 o 偏高，接近后高元音 u 的[U]。唇形从折点元音 a 开始由不圆唇变为圆唇。这是普通话中舌位动程最长的复合元音。

认读练习：吊销　疗效　巧妙　调料　逍遥

②iou 发音要领：舌位由前高元音 i 开始，降至比央元音[ə]稍偏后的位置，再向后向上

滑升，终止位置是比后高元音 u 稍低的[U]。唇形由折点元音[ə]开始逐渐拢圆。

认读练习：久留　求救　绣球　优秀　悠久

③ uai 发音要领：由后高元音 u 开始，舌位向前向下滑动到前 a[a]，然后折向前高元音 i 的方向滑升，终止元音是比前高元音 i 偏低的[I]。唇形由圆唇开始到折点元音 a 逐渐变为展唇，舌位由后到前，由高到低再到高，曲折幅度大。

认读练习：外快　怀揣　乖乖　摔坏　外踝

④ uei 发音要领：由后高元音 u 开始，舌位向前向下滑到前半高元音[e]的位置，然后向前高元音 i 的方向滑升。发音过程中，舌位先降后升，由后到前。唇形从拢圆到展开。

认读练习：垂危　归队　悔罪　追悔　荟萃

3. 鼻韵母的发音特点与练习

鼻韵母由元音和鼻辅音韵尾（舌尖鼻辅音 n、舌根鼻辅音 ng）构成，所以又叫鼻音尾韵母。鼻韵母的发音特点、方法与复韵母一样：发音时舌位、唇形都有变化，都是由元音的发音状态自然而快速地滑向鼻辅音韵尾。

鼻韵母发音时需要注意两点问题：一是由元音过渡到鼻辅音是逐渐滑动的；鼻音色彩逐渐加重。二是鼻辅音韵尾阻塞部分要落实，发音完毕才能解除阻塞，否则将发成鼻化元音。

 微课　　　　　　　　前后鼻韵母的辩读　　　　　　　　

鼻韵母发音练习如下。

（1）前鼻音尾韵母。前鼻音尾韵母指的是鼻韵母中以-n 为韵尾的韵母。普通话中的前鼻音尾韵母有 8 个：an、en、in、un、ian、uan、üan、uen。韵尾-n 的发音部位比声母 n-的位置略微靠后，一般是舌面前部向硬腭接触。前鼻音尾韵母的发音中，韵头的发音比较轻短，韵腹的发音清晰响亮，韵尾的发音只做出发音状态。

① an 发音时，起点元音是前 a[a]，舌面升高，舌面前部抵住硬腭前部，当两者将要接触时，软腭下降，打开鼻腔通路，紧接着舌面前部与硬腭前部闭合，使在口腔受到阻碍的气流从鼻腔里透出。口腔开度由开到闭，舌位动程较大。

认读练习：参战　反感　烂漫　谈判　坦然

② en 发音时，起点元音是央元音[ə]，舌面升高，舌面前部贴向硬腭前部，当两者将要接触时，软腭下降，打开鼻腔通路，紧接着舌面前部与硬腭前部闭合，使在口腔受到阻碍的气流从鼻腔里透出。口腔开度由开到闭，舌位动程较小。

认读练习：根本　门诊　人参　认真　深沉

③ in 发音时，起点元音是前高不圆唇元音 i，舌面升高，舌面前部贴向硬腭前部，当两者将要接触时，软腭下降，打开鼻腔通路，紧接着舌面前部与硬腭前部闭合，使在口腔受到阻碍的气流从鼻腔透出。口腔开度几乎没有变化，舌位动程很小。

认读练习：近邻　拼音　信心　辛勤　引进

④ ün 发音时，起点元音是前高圆唇元音 ü。与 in 的发音过程相似，只是唇形变化不同：从前高元音 ü 开始，唇形稍展开，而 in 的唇形始终是展唇。

认读练习：军训　均匀　芸芸　群众　循环

⑤ ian 发音时，起点元音为前高元音 i，舌位降低向前 a[a]方向滑动，但没有完全降到[a]，只降到前元音[æ]的位置就开始升高，直到舌面前部贴向硬腭前部形成鼻音 n。

认读练习：艰险　简便　连篇　前天　浅显

⑥ uan 发音时，起点元音为后高元音 u，舌位向前向下滑向前 a[a]，过程中，口腔开度由合渐开，唇形由圆渐展，舌位到前 a[a]后紧接着升高，接续鼻尾音 n。

认读练习：贯穿　软缎　酸软　婉转　专款

⑦ üan 发音时，起点元音为前高圆唇元音 ü，舌位向前 a[a]方向滑动，过程中唇形由圆渐展，舌位只降到前元音[æ]就开始升高，接续鼻尾音 n。

认读练习：源泉　轩辕　涓涓　圆圈　渊源

⑧ uen 发音时，起点元音为后高元音 u，舌位向央元音[ə]滑动，其间唇形由圆渐展，然后舌位升高，接续鼻尾音 n。

认读练习：昆仑　温存　温顺　论文　馄饨

《汉语拼音方案》中规定，韵母 uen 和辅音声母相拼时，受声母和声调的影响，中间的元音（韵腹）产生弱化，写作 un。例如，"论"的拼音写作 lùn，不作 luèn。

（2）后鼻音尾韵母。后鼻音尾韵母指的是鼻韵母中以-ng 为韵尾的韵母。普通话中的后鼻音尾韵母有 8 个：ang、eng、ing、ong、iang、uang、ueng、iong。ng[ŋ]是舌面后浊鼻音，在普通话中只做韵尾，不做声母。发音时，软腭下降，关闭口腔，打开鼻腔通道，舌面后部后缩，并抵住软腭，气流颤动声带，从鼻腔通过。在鼻韵母中，同-n 的发音一样，-ng 除阻阶段也不发音。后鼻音尾韵母的发音中，韵头的发音比较轻短，韵腹的发音清晰响亮，韵尾的发音只做出发音状态。

① ang 发音时，起点元音是后 a[a]，舌根抬起，贴近软腭时，软腭下降，打开鼻腔通路，紧接着舌根与软腭接触，关闭口腔通路，气流从鼻腔里透出。

认读练习：帮忙　苍茫　当场　刚刚　商场

② eng 发音时，起点元音是后半高不圆唇元音 e[ɣ]，舌根抬起，贴向软腭，当两者将要接触时，软腭下降，打开鼻腔通路，紧接着舌根与软腭接触，关闭口腔通路，受阻气流从鼻腔透出。

认读练习：承蒙　丰盛　更正　萌生　声称

③ ing 发音时，起点元音是前高不圆唇元音 i[i]，从 i[i]开始舌位不降低，一直后移，同时舌尖离开下齿背，舌根微微抬起，贴向软腭，当两者将要接触时，软腭下降，打开鼻腔通路，紧接着舌根与软腭接触，关闭口腔通路，气流从鼻腔里透出。

认读练习：叮咛　经营　命令　评定　清静

④ ong 发音时，起点元音是比后高圆唇元音 u 舌位略低的[U]，舌尖离开下齿背，舌后缩，舌根稍隆起，贴向软腭，当两者将要接触时，软腭下降，打开鼻腔通路，紧接着舌根与软腭接触，关闭口腔通路，气流从鼻腔里透出。

认读练习：共同　轰动　空洞　隆重　通融

⑤ iang 发音时，起点元音为前高元音 i[i]，舌位向后向下滑向后 a[a]，接着舌位升高，接续鼻尾音 ng。

认读练习：两样　洋相　响亮　长江　踉跄

⑥ uang 发音时，起点元音为后高圆唇元音 u，舌位下降到后 a[a]，其间唇形由圆渐展，

接着舌位升高，接续鼻尾音 ng。

认读练习：狂妄　双簧　状况　装潢　往往

⑦ ueng 发音时，起点元音为后高圆唇元音 u，舌位向下滑动至比后半高元音 e[γ]稍靠前、略低的位置，其间唇形由圆渐展，接着舌位升高，接续鼻尾音 ng。在普通话里，韵母 ueng 只有一种零声母的音节形式——weng。

认读练习：水瓮　主人翁　老翁　嗡嗡

⑧ iong 发音时，起点元音是前高元音 i，但是由于后面圆唇元音的影响，i 也带上圆唇动作。实际发音中与以 ü 开头的韵母没有太大的差别。传统汉语语音学把 iong 归属撮口呼。舌位向后移动，略有下降，到比后高元音 u 略低的[U]的位置，接着舌位升高，接续鼻尾音 ng。

认读练习：炯炯　汹涌　熊熊　穷困　窘境

（三）韵母辨读练习

1. 区分宽窄复韵母的发音练习

复韵母中有宽窄对比关系的一共 6 对：ai-ei、ao-ou、ia-ie、ua-uo、iao-iou、uai-uei。

ai-ei

来电—雷电　分派—分配　卖力—魅力

埋头—眉头　小麦—小妹　摆布—北部

ao-ou

稻子—豆子　考试—口试　病号—病后

告诫—勾结　号手—后手　口哨—口授

ia-ie

对家—对接　出价—出借　红霞—红鞋

大家—大街　家业—假借　夏夜—嫁接

ua-uo

挂着—过着　滑动—活动　抓住—捉住

国画—国货　进化—进货　火花—活化

iao-iou

消息—休息　铁桥—铁球　求教—求救

摇动—游动　药片—诱骗　生效—生锈

uai-uei

怪人—贵人　外来—未来　怀乡—回乡

外国—卫国　外星—卫星　拐子—鬼子

2. 前后鼻韵母辨读练习

前后鼻韵母中有对应关系的一共 7 对：an-ang、en-eng、in-ing、ian-iang、uan-uang、ün-iong、uen-ueng（ong）。

an-ang

反问—访问　赞颂—葬送　开饭—开放

寒天—航天　山口—伤口　烂漫—浪漫

en-eng
人参—人生　纷纭—风云　沉积—乘机
瓜分—刮风　陈旧—成就　绅士—声势

in-ing
辛勤—心情　信服—幸福　亲生—轻生
金银—经营　贫民—平民　弹琴—谈情

ian-iang
沿线—洋相　钳制—强制　大连—大梁
坚硬—僵硬　廉价—粮价　鲜花—香花

uan-uang
新欢—心慌　栓剂—双季　机关—激光
专车—装车　晚年—往年　管饭—广泛

ün-iong
晕车—用车　音讯—英雄　运费—用费
人群—人穷　勋章—胸章　韵脚—用脚

uen-ueng（ong）
炖肉—冻肉　吞并—通病　存钱—从前
余温—渔翁　乡村—香葱　春分—冲锋

3. 齐齿呼、撮口呼韵母辨读练习

齐齿呼和撮口呼韵母是发音时唇形展、撮对比最为明显的两类韵母，需要双唇展撮运动灵活，以提高发音质量，并避免误读，引发歧义。

i-ü
比翼—比喻　裨益—碧玉　经济—京剧
分期—分区　名义—名誉　容易—荣誉

ie-üe
夜色—月色　夜夜—月月　协会—学会
切实—确实　茄子—瘸子　大写—大雪

in-ün
金人—军人　心机—熏鸡　信誉—熏鱼

ing-iong（ong）
英才—庸才　情人—穷人　大型—大熊

ian-üan
前场—全场　前部—全部　闲心—全新
大雁—大院　有钱—有权　先进—圈禁

（四）韵母绕口令练习

1. a 的练习

华华和花花刷牙

牙刷能刷牙，刷牙用牙刷。

华华有牙刷不刷牙，花花用牙刷会刷牙。
华华和花花，谁是好娃娃？

2. o 的练习

波波和郭郭

波波和郭郭跟着婆婆做饽饽。
郭郭磨破了婆婆的箩，
波波打破了婆婆的锅，
急得波波和郭郭上街去补箩和锅。

3. e 的练习

小娥拾螺壳

小娥拿小盒，在小河里拾螺壳，
不一会儿，就拾一盒小螺壳。
这时来了一群鹅咯咯咯跳小河，
踩翻了小娥的盒踩碎了壳，
气得小娥看着鹅，
鹅冲小娥咯咯咯。

4. i 的练习

人心齐泰山移

人心齐，泰山移。
男女老少齐出力，要与老天比高低。
挖了干渠几十里，保浇了万亩良田地。

5. u 的练习

布、醋、兔

肩背一匹布，手提一瓶醋，
走了一里路，看见一只兔。
卸下布，放下醋，去捉兔。
跑了兔，丢了布，洒了醋。

6. ü 的练习

女小吕和女老李

这天天下雨，体育运动委员会穿绿雨衣的女小吕，
　　去找计划生育委员会不穿绿雨衣的女老李，
体育运动委员会穿绿雨衣的女小吕没找到计划生育委员会不穿绿雨衣的女老李，
计划生育委员会不穿绿雨衣的女老李也没有找到体育运动委员会穿绿雨衣的女小吕。

7. ai 的练习

白大彩和白小彩

白大彩、白小彩帮助爱爱家晒白菜和干柴，

白大彩晒大白菜，

白小彩晒干柴。

白大彩、白小彩晒了爱爱家大大小小的白菜和干柴。

8. ei 的练习

贝贝背肥又背水

贝贝背肥又背水，种花施肥又浇水。

光浇水不施肥土不肥花不美，光施肥不浇水花也不美，

浇水施肥，施肥浇水，

肥水，水肥，浇土，土肥，土肥花美环境更美。

9. ao 的练习

小陶和小姚

小陶穿件花棉袄，

棉袄花印大红桃。

小姚穿件花棉袄，

棉袄花印紫葡萄。

小陶说大红桃比小姚的紫葡萄好，

小姚说紫葡萄胜过小陶的大红桃。

10. ou 的练习

忽听门外人咬狗

忽听门外人咬狗，拿起门来开开手；

拾起狗来打砖头，又被砖头咬了手；

从来不说颠倒话，口袋驮着骡子走。

11. an 的练习

出来营门往南看

出了营门向南看，南山修座发电站，

全团都在把活干，你也不能站着看。

你是帮着一营修发电站，还是帮着二营刨土埋电线杆？

不然你就爬上电线杆帮着三营绑电线。

12. en 的练习

根连根

山上青松根连根，各族人民心连心。

根连根，心连心，建设祖国一股劲。

13. ang 的练习

杨家养了一只羊

杨家养了一只羊，蒋家修了一道墙。

杨家的羊撞倒了蒋家的墙，

蒋家的墙压死了杨家的羊。

杨家要蒋家赔杨家的羊,
蒋家要杨家赔蒋家的墙。

14. in-ing 的练习

银鹰炸冰凌

春风送暖化冰层,黄河上游飘冰凌,水中冰凌碰冰凌,集成冰坝出险情。人民空军为人民,飞来银鹰炸冰凌,银鹰轰鸣黄河唱,爱民歌声震长空。

15. eng 的练习

台灯和屏风

郑政捧着盏台灯,
彭澎扛着架屏风,
彭澎让郑政扛屏风,
郑政让彭澎捧台灯。

16. ong 的练习

松子和童子

松枝结松子,童子下棋子。
松枝落松子,松籽砸棋子。
童子掷松子,掷了松子下棋子,下着棋子掷松子。

17. ia 的练习

牙刷能刷牙

牙刷能刷牙,刷牙用牙刷。
小贾有牙刷不刷牙,佳佳有牙刷会刷牙,
佳佳教小贾学会用牙刷刷牙。

18. ie 的练习

爷爷买鞋

爷爷上街去买鞋,斜街的小严专制鞋。
鞋大爷爷不贴切,鞋小爷爷打趔趄。
小严替爷爷定制鞋,乐得爷爷说谢谢。

19. ua 的练习

小华和小花

小华和小花,两人种花又种瓜。
小华会种花不会种瓜,
小花会种瓜不会种花。

20. uo 的练习

朵朵和郭郭

朵朵家住落山坡,
坡上果树挂果多。

朵朵摘果给郭郭,
郭郭连说谢朵朵。

三、字音表意的灵魂——声调

声调是汉语语音结构中极其重要的组成部分，它同声母、韵母共同构成普通话音节。不同方言区语音的显著区别之一就是声调，它也是学习普通话的难点和重点。

（一）声调的概念

在现代汉语语音学中，声调是指汉语音节所固有的、能区别意义的声音（或称音高）的高低和升降。一个汉语就是一个音节，所以声调也叫字调。

构成音节的有三种因素：声母、韵母以及贯穿整个音节的高低升降的声调。声调区别音节的功能与声母、韵母是一样的。声调虽然属于整个音节，但音高变化集中表现在韵腹上。

 微课　　　　　　　　　声调的发音要领　　　　　　　　　

声调语言和非声调语言

世界上的语言可分为两大类：声调语言和非声调语言。汉语及汉藏语系的其他语言、非洲国家的一些语言都属于声调语言。声调语言的最大特点是声调可以区别词义，而且声调给语言增加了音乐美，声调越多、变化越明显的语言，音乐性就越强。声调在电声系统中抗干扰的能力很强，即使声母和韵母遭到破坏，声调也能保持原来的高低起伏，这就使得人们可根据声调来辨别语言的意义。

英语、法语、德语等都属于非声调语言，或称语调语言。非声调语言中，声调的变化不起区别词义的作用，如英语 one、two、three 既可念平调，也可念上升调。但是，这些语言有语调，不同句型（陈述、疑问、感叹）的语调是不同的。由于非声调语言中声调不起辨义作用，因此音节的数量就较多，如英语有两三千个音节，而汉语只有四百多个。

（二）普通话的调类和调值

普通话语音中，对声调的分类称为调类。普通话声调分为阴平、阳平、上声和去声四大类。

调值也叫调形，指的是声调高低、升降和曲直的变化，也就是声调的实际读法。

调值一般采用"五度标记法"来记录，即用 1~5 的 5 个数字依次表示低、半低（次低）、中、半高（次高）、高的声音，其中数字 1 是最低点，数字 5 是最高点。普通话四声调的调值分别用 55、35、214 和 51 标记，调值的主要特点依次是高调、升调、低调和降调，如图 2-3 和表 2-2

图 2-3　普通话声调五度标记图

所示。

表 2-2　普通话声调调值及调号

调　类	调　值	调　号	例　字	
阴平	55	-	巴（bā）	科（kē）
阳平	35	´	拔（bá）	咳（ké）
上声	214	ˇ	把（bǎ）	可（kě）
去声	51	`	罢（bà）	课（kè）

（三）普通话声调的发音

（1）阴平：高平调，发音时由 5 度到 5 度。阴平是四声调中的最高音，发音时注意起音要够到位，其对气息的饱满有较高要求。

（2）阳平：中升调，发音时由 3 度到 5 度。阳平是四声调中较易发到位的，发音时用气由弱到强，注意调值升高时需直线上升。

（3）上声：降升调，发音时由 2 度降到 1 度再升到 4 度，由于上声的发音有弯曲变化，发音时注意起音稍低，以利于稍后降到最低位置，同时保持气息的稳定持久，最后拐弯上升时需有自然、流畅之势。

（4）去声：全降调，发音时由 5 度到 1 度，起音要高，直线下降。去声在四个调类中发音时值最短，所以发音时要干脆利落。

（四）普通话声调发音练习

普通话声调的训练，按单音节字、双音节词语、四音节词语、绕口令等由易到难、由简到繁的顺序依次进行。练习时应注意四声调值的准确性，找到规律，符合规范。

1. 单音节字声调发音练习

练习过程中，在对声调进行针对性训练的同时，也要注意声母、韵母的发音。另外，也可进行四声夸张训练，强化四声调值的准确性，锻炼气息的控制力和持久度。

bā（巴）　bá（拔）　bǎ（把）　bà（罢）
māo（猫）　máo（毛）　mǎo（卯）　mào（帽）
fāng（方）　fáng（防）　fǎng（纺）　fàng（放）
cāi（猜）　cái（才）　cǎi（彩）　cài（蔡）
gū（姑）　gú（轱）　gǔ（古）　gù（故）
kē（科）　ké（咳）　kě（渴）　kè（课）

2. 双音节词语声调发音练习

练习时，除调值准确到位，还要根据词义注意每个词的情感变化，避免枯燥、乏味。
阴平—阴平
灯光　青春　安徽　波涛　资金　司机　编播　发声　声称　咖啡
阴平—阳平
安然　天年　欢迎　飞翔　宣传　濒临　苍茫　军权　加强　书籍
阴平—上声

思考	专款	根本	团长	烟卷	高考	开采	香港	生产	娇小

阴平—去声

波段	端正	机要	相像	夫妇	公众	欢乐	希望	私自	播送

阳平—阴平

田间	人参	台湾	袭击	读书	时光	职称	革新	洪钟	良乡

阳平—阳平

学习	国防	集结	南宁	源泉	从前	合格	随时	豪华	执行

阳平—上声

博览	联想	如果	红肿	民警	营养	群体	图谱	劳保	难免

阳平—去声

年代	玩味	柔韧	园艺	洁净	详细	涤荡	学校	革命	勤奋

上声—阴平

纺织	老师	体贴	可惜	史诗	总监	损失	影星	引申	演出

上声—阳平

主持	老农	品牌	仿佛	袭娜	走卒	野营	厂房	旅程	改革

上声—上声

鼓舞	显眼	搞好	掌管	早晚	土产	享有	首府	导语	允许

上声—去声

匹配	举荐	老路	想象	首饰	养育	午夜	琐碎	本质	损坏

去声—阴平

越发	抗击	窃听	变迁	吊销	气息	陌生	自尊	建交	故宫

去声—阳平

命名	外援	事实	拒绝	壮年	降临	现钱	复合	辨别	未来

去声—上声

后悔	恰巧	谚语	忘我	迫使	故土	赛跑	作品	下雨	剧本

去声—去声

扼腕	迫切	地契	日志	应变	气愤	再见	制造	告诫	落魄

3. 四音节词语声调发音练习

练习时，需做到四声调发音准确到位，同时可开展拓展音域的练习。以"高原广阔"为例，在自身条件允许范围内，将该词语用"低—中—高"三跨度的音高分别进行适当延长夸张练习，训练时注意气息饱满，力争做到"低音气不断、高音不破音"。

阴平—阳平—上声—去声

高原广阔　风调雨顺　中国伟大　千锤百炼　七侠五义

阴阳上去　花红柳绿　资源满地　山明水秀　中流砥柱

三国鼎立　飞檐走壁　光明磊落　山盟海誓　身强体壮

去声—上声—阳平—阴平

四海为家　厚古薄今　调虎离山　痛改前非　一马平川

热火朝天　妙手回春　大好河山　墨守成规　寿比南山

兔死狐悲　刻骨铭心　异曲同工　耀武扬威　驷马难追
四声调混合变位
老当益壮　推陈出新　咫尺天涯　日新月异　喜笑颜开
沧海一粟　力挽狂澜　大快人心　再接再厉　谈笑风生
高瞻远瞩　满园春色　慷慨激昂　继往开来　赴汤蹈火

4. 声调绕口令练习

数旗

一二三，三二一，一二三四五六七，

七六五四三二一，六五四三二一，

五四三二一，四三二一，三二一，二一一，一个一，

一个一个数不尽，漫山遍野是红旗。

红旗插进咱山寨，山寨辗转展红旗。

四、语流美的体现——音变

人们在说话时，音节一串串持续地发出，这便形成语流。在语流中，连着读的音素、音节和声调，由于受邻近音、语速及声音高低强弱等因素的影响，会发生一些语音的变化，我们把这种现象叫作语流音变。

任何语音都有语流音变的现象，普通话的语流音变主要有轻声、变调、儿化韵和语气词"啊"的变读这四种类型。另外，在普通话中，还有一种约定俗成的无规律的音变现象，叫作词的轻重格式。

知识拓展

如何让语言富含韵律之美？

把每一个单独的音素或音位的音发准确，是不是就算说好普通话了呢？其实，这只是说好普通话的基础，仅仅这样是不行的，因为实际上，人们不管是说话还是朗读稿件，或是创作播音主持作品时，并不是一个字一个字地念，也不是每个音节都平均用力地发声，而是根据具体的情境，以情为先导，将音节组合在一起，分别给予不同的轻重、长短、合音的处理，使语音发生变化，这种变化只有在语音连续时，或者说只有在语流中才产生。

思政拓展

东航包机接中国女足回家

2022年2月7日，刚刚夺得亚洲杯冠军的中国国家女子足球队一行搭乘东航包机航班回国。

女足姑娘们走进客舱后，乘务长用热情洋溢的声音播报客舱广播词："尊敬的女足队员们，我们非常荣幸能代表祖国人民迎接你们凯旋。你们用

东航包机接中国女足"玫冠"们回家

敢于争先、永不放弃的精神，在异国他乡为国争先、扬我国威，以精彩绝伦的技术和团结奋进的姿态，展现了竞技体育的拼搏之美、超越之美、纯粹之美，你们是我们的榜样，是真正的巾帼英雄，感谢你们让五星红旗高高飘扬在国际绿茵场上空，向你们致以最崇高的敬意。"飞机平飞后，女足团队在客舱内同乘务员一起，举起红旗、高唱《我和我的祖国》，表达内心的喜悦之情。

当飞机进入中国领空后，客舱内响起了这段振奋人心的机长广播："尊敬的中国女足全体成员，我们的航班已经飞入祖国的天空。现在有许许多多国人给你们送来致敬和祝福。铿锵玫瑰们，你们为国争光，我们为你们骄傲，祝贺你们，欢迎回家！"

这两段广播深情动人，充满敬意，道出了人们的心声，体现了语言的流动之美、变化之美。

资料来源：http://news.carnoc.com/list/578/578305.html.

（一）轻声

1. 轻声的概念

普通话的每个音节都有声调，但在实际中，有些字音却常常失去了原有的声调而变得较轻、较短，这种音变称作轻声。

2. 轻声的作用

普通话中的轻声往往有区别词性和词意的作用。下面通过例子进行说明。

（1）地道。

我买了电影《地道战》的光盘。

地道：dì dào，地下坑道（名词）。

那个外国人北京话说得还挺地道呢。

地道：dì dao，真正的；纯粹（形容词）。

（2）大意。

2022年北京冬奥会主题歌《一起向未来》的歌词大意是……

大意：dà yì，主要的意思（名词）。

你别太大意了。

大意：dà yi，粗心、疏忽（形容词）。

类似的词语还有东西、比试、买卖等。

我们在讲话或读文章时，应当特别注意需读成轻声的音节，以免造成词意不清，使人产生误解。有些轻声音节虽然不区别词意，但在普通话中也应读作轻声，否则会影响语言的流畅和语气的变化。

3. 轻声音节的发音规律

以下词常读作轻声。

（1）语气词吧、吗、啊、呢等。例如：

您去2022年北京冬奥会的国家速滑馆参观游览过吧（ba），您觉得漂亮吗（ma）？

我上周去的，真漂亮啊（a）！

（2）助词着、了、过、的、地、得、们等。例如：

在我们（men）的首都北京，盛开着（zhe）许多美丽的（de）鲜花，它们装扮着（zhe）城市、净化着（zhe）空气、美化了（le）人们（men）的生活，受到了（le）市民的（de）称赞。

（3）名词韵后缀子、儿、头等。例如：

我儿子（zi）就是个高，有时笨得就像一根木头（tou）柱子（zi）。

（4）重叠式名词、动词的后一个音节。例如：

姐姐（jie）和妹妹（mei），你看看（kan）我，我看看（kan）你，谁也没说什么。

（5）表示趋向的动词。例如：

一切都像刚睡醒的样子，欣欣然张开了眼。山朗润起来（qǐ lai）了，水涨起来（qǐ lai）了，太阳的脸红起来（qǐ lai）了。

（6）方位词。例如：

天上（shang）的风筝渐渐多了，地上（shang）的孩子也多了。城里（li）乡下（xia），家家户户，老老小小，也赶趟似的，一个个都出来了。

（7）有些双音节词的第二个音节，按习惯要读成轻声。例如：

相声　马虎　衣服　庄稼　太阳　扫帚

注意，轻声音节是弱化音节，在发音时既不能拖长，也不能过于短促，否则会让人听不清楚，造成吃字。

4. 轻声练习

（1）句子练习。

①我已经报告一次了。

下午听报告。

②她的针线活儿做得不错。

请把针线借我用一下。

③我兄弟不在家。

我们兄弟之间感情很好。

④这本书多少钱买的？

干工作不要计较多少。

⑤小张的买卖倒闭了。

小李的买卖很公平。

⑥她掀开帘子往里看，丈夫已经把莲子剥完了。

⑦他太大意了，把段落大意都写错了。

⑧他本事可真大，把与本事有牵连的人一一查清了。

⑨从背面儿看这床被面儿比正面儿还好看。

⑩ 政治部的干事陆小林干事可真精明！

⑪ 张小虎在地道里挖了一条地道的排水沟。

（2）绕口令练习。

寨子、箱子

桃子、李子、梨子、栗子、橘子、柿子、槟子、榛子，栽满院子、村子和寨子；

刀子、斧子、锯子、凿子、锤子、刨子和尺子，做出桌子、椅子和箱子。

一个瘸子

打南边来了个瘸子，手里托着个碟子，碟子里装着茄子。

地下钉着个橛子，绊倒了这个瘸子，撒了碟子里的茄子，

气得瘸子撒了碟子，拔了橛子，踩了茄子。

郭伯伯

郭伯伯，买火锅，

带买墨水和馍馍。

墨水馍馍装火锅，

火锅磨得墨瓶破。

伯伯回家交婆婆，

婆婆掀锅拿馍馍。

墨色馍馍满火锅，

婆婆坐着默琢磨：

莫非摩登产品外国货？

（二）变调

变调是普通话里最为普遍的一种音变现象。当音节和音节连续发音时，由于受到相邻音节的影响，其中有些音节的声调起了一定的变化，叫作变调。普通话的变调是受后面音节的影响所引起的。

1. 变调的分类

（1）上声变调。

上声变调属于语音学上的异化现象，因为上声的调值为 214，变调比较复杂。单念或在词语末尾时念上声，声调不变。

① 两个上声音节相连，前一个上声音节的调值由214变为接近35（即阳上）。

例如：厂长　美好　领导　旖旎　理想　你好　水果

② 上声音节在阴平、阳平、去声和轻声音节前，其调值由214变为211（即半上）。

例如：首都　老师　朗读　改革　改变　我们　椅子

（2）去声变调。

去声音节在非去声音节前一律不变。在去声音节前则由全降变成半降，即调值由51变成53。

例如：记录　摄像　赞颂　救护　制胜　快递　世界

（3）"一""不"的变调。

①"一"的变调。

"一"单念或在序数中声调不变。

例如：统一　年初一　第一届　一楼一号　六月一日　一一述说

"一"在非去声音节前变去声。

例如：一天　一层　一本

"一"在去声音节前变阳平。

例如：一次　一句　一下

"一"在两个重叠动词之间变轻声。

例如：笑一笑　说一说　洗一洗

②"不"的变调。

"不"在单念或处在词尾时，以及在阴平、阳平、上声前念本调。

例如：不　决不　要不　行不

"不"在去声音节前变阳平。

例如：不必　不要　不怕

"不"在词语中间变轻声。

例如：说不说　对不起

（4）叠字形容词的变调。

AA式叠字形容词第二个音节是非阴平调（为阳平、上声、去声），儿化时，声调一律变成高平调（调值为55）。

例如：好好儿　满满儿　慢慢儿

ABB式和AABB式叠字形容词，后两个音节非阴平调而为阳平、上声、去声时，声调一般可变成高平调（调值为55）或保持原调值。

例如：白茫茫　黑沉沉　绿油油　慢慢腾腾　马马虎虎　稳稳当当

2. 变调练习

（1）词组练习。

感动　请假　美术　马上　一头　不多　不说　不堪

跳一跳　读一读　好不好　差不多　一清早　一身胆

一刀两断　一筹莫展　不可一世　不义之财　不共戴天　不劳而获

（2）绕口令练习。

不怕不会

不怕不会，就怕不学，一回不会再来一回，

一直到会，我就不信学不会。

三个人一齐出大力

一二三，三二一，

一二三四五六七，

　　　　　　　七六五四三二一，
　　　　一个姑娘来摘李，一个小孩儿来摘栗，
　　　　一个小伙儿来摘梨，三个人一齐出大力，
　　　　收完李子、栗子、梨，一起拉到市上去赶集。

　　　　　　　　　找父母
　　　　　　有一位不高不矮的老头儿，
　　　　　　领着一个不大不小的男孩儿，
　　　　　　去找不老不小的父母。
　　　　　　爷孙俩不慌不忙地走着，
　　　　　　前后左右地张望着。
　　　　　　在一个不上不下的台阶儿上，
　　　　　　看见了不动声色的父母，
　　　　　　抱着一对不好不坏的小狮子，
　　　　　　正不知所措地站立着。
　　　　　　看见爷孙一起走来，
　　　　　　这对夫妇不好意思地向一老一小道了过失。

（三）儿化韵

儿化韵不是在音节之后加一个单独的 er 音节，而是在音节最后一个音素上附加一个卷舌动作，使韵母起了变化。这种卷舌化了的韵母就叫儿化韵。儿化韵起着修饰语言色彩的作用。

1. 儿化韵的发音规律

（1）音节末尾是 a、o、e、u 的，原韵母直接卷舌。

例如：上哪儿　腊八儿　花朵儿　唱歌儿

（2）韵母为 ai、ei、an、en（包括 uei、uen、ian、uai、uan 和 üan）的，儿化时失落韵尾，在主要元音上加卷舌动作。

例如：冒牌儿　宝贝儿　被单儿　冒烟儿　赔本儿
　　　跑腿儿　保准儿　打转儿　汤圆儿　眼圈儿

（3）韵尾是 in、ün 的，儿化时失落 n、i、ü 主要元音，加卷舌动作。

例如：脚印儿　手心儿　喜讯儿　合群儿

（4）韵母是 i、ü 的，儿化时在原韵母后加 er。

例如：针鼻儿　毛驴儿　金鱼儿　马驹儿

（5）韵母或韵尾为 ê 以及韵母为 -i（前）、-i（后）的，变为央 e[ə]加卷舌动作。

例如：树叶儿　正月儿　棋子儿　豆汁儿

（6）韵尾是 ng 的，儿化时去掉 ng，并将前面的元音鼻化，加卷舌动作。

例如：药方儿　门洞儿　吊嗓儿　板凳儿

2. 儿化韵的作用

（1）使词性发生转变。例如"堆"是动词，儿化后成"一堆儿"，变成量词；"破烂"

是形容词,儿化后成"破烂儿",变成名词。

(2)使词义发生变化。例如"头"儿化后成"头儿",意义由原来的"脑袋"变成了"头领、上司";"眼"儿化成"眼儿",由原来的"眼睛"之意变成了"洞孔、小窟窿"之意等。

(3)表示细小、亲切、喜爱或反感的感情色彩。例如"小孩—小孩儿""头发丝—头发丝儿""小偷—小偷儿"等。

(4)区分同音词。例如"拉练—拉链儿""背面—被面儿"等。

3. 儿化韵练习

(1)音节练习。

曲—曲儿 劲—劲儿 点—点儿
盖—盖儿 球—球儿 本—本儿

(2)句子练习。

小刚用一根儿铁丝儿捆了一堆儿小铁片儿。
一位小女孩儿,扎着个红小辫儿,手拿一朵小红花儿,正在和小朋友们玩儿。

(3)绕口令练习。

练字音儿

进了门儿,倒杯水儿,喝了两口儿运运气儿,顺手拿起小唱本儿。唱一曲儿,又一曲儿,练完嗓子练嘴皮儿。绕口令儿,练字音儿。还有单弦儿牌子曲儿,小快板儿,大鼓词儿,越说越唱越带劲儿。

报菜名

蒸羊羔儿、蒸熊掌、蒸鹿尾儿、烧花鸭、烧雏鸡儿、烧子鹅、卤煮咸鸭、酱鸡、腊肉、松花、小肚儿、晾肉、香肠、什锦苏盘、熏鸡、白肚儿、清蒸八宝猪、江米酿鸭子、罐儿野鸡、罐儿鹌鹑、卤什锦、卤子鹅、卤虾、烩虾、炝虾仁儿、山鸡、兔脯、菜蟒、银鱼、清蒸哈什蚂、烩鸭腰儿、烩鸭条儿、清拌鸭丝儿、黄心管儿、焖白鳝、焖黄鳝、豆豉鲇鱼、锅烧鲇鱼、卤皮甲鱼、锅烧鲤鱼、抓炒鲤鱼、软炸里脊、软炸鸡、什锦套肠、麻酥油卷儿、熘鲜蘑、熘鱼脯儿、熘鱼片儿、熘鱼肚儿、醋熘肉片儿、熘白蘑、烩三鲜、炒银鱼、烩鳗鱼、清蒸火腿、炒白虾、炝青蛤、炒面鱼、炝芦笋、芙蓉燕菜、炒肝尖儿、南炒肝关儿、油爆肚仁儿、汤爆肚领儿、炒金丝、烩银丝、糖熘烙炸儿、糖熘荸荠、蜜丝山药、拔丝鲜桃、熘南贝、炒南贝、烩鸭丝、烩散丹、清蒸鸡、黄焖鸡、大炒鸡、熘碎鸡、香酥鸡、炒鸡丁儿、熘鸡块儿、三鲜丁儿、八宝丁儿、清蒸玉兰片、炒虾仁儿、炒腰花儿、炒蹄筋儿、锅烧海参、锅烧白菜、炸海耳、浇田鸡、桂花翅子、清蒸翅子、炸飞禽、炸葱、炸排骨、烩鸡肠肚儿、烩南荠、盐水肘花儿、拌瓢子、炖吊子、锅烧猪蹄儿、烧鸳鸯、烧百合、烧苹果、酿果藕、酿江米、炒螃蟹……

(四)语气词"啊"的变读

"啊"是表达语气感情的基本声音,作为叹词用在句前,发音为"a"。用在句尾时,受到前一个音节韵尾影响会发生音变。

1. 语气词"啊"变读的规律

（1）当前一个音节的尾音是 u（包括 ao、iao）时，"啊"要读成 wa。

例如：苦啊　好啊　要啊

（2）当前一个音节的尾音是 n 时，"啊"要读成 na。

例如：难啊　新啊　可怜啊

（3）当前一个音节的尾音是 ng 时，"啊"要读成 nga。

例如：娘啊　香啊

（4）当前一个音节的尾音是 -i（舌尖后特殊元音）、r 和 er（包括儿化韵）时，"啊"要读成 ra。

例如：是啊　老师啊　想开点啊

（5）当前一个音节的尾音是 -i（舌尖前特殊元音）时，"啊"要读成 za。

例如：次啊　死啊

（6）当前一个音节的尾音是 a、o（ao、iao 除外）、e、ê、i、ü 时，"啊"读作 ya。

例如：长大了啊　喝啊　鸡啊　戴啊

2. 语气词"啊"的变读练习

（1）句子练习。

呵！好大的雪啊！

小心啊，别把手指割掉。

为什么白白走这一遭啊？

可真是一方水土养一方人啊。

满桥豪笑满桥歌啊！

唱啊唱，嘤嘤有韵，宛如春水淙淙。

雪大路滑，当心啊！

是啊，我们有自己的祖国，小鸟也有它的归宿，人和动物都是一样啊。

人生会有多少个第一次啊！

他说："行啊！"

这些孩子啊，真是可爱啊，你看啊，他们多高兴啊，又是作诗啊，又是吟咏啊，又是画画啊，又是剪纸啊，又是唱啊，又是跳啊……啊！他们多幸福啊！

（2）绕口令练习。

办牧场

我三叔哇、三婶儿啊，

合办了个畜牧场啊，

养马呀，养牛哇，养羊啊，养猪哇；

还养鹅呀、鸭呀、鸡呀、兔哇、狗哇。

我三叔哇、三婶儿啊，

他们还承包了动物园哪，

什么狮啊、虎哇、豹哇、狼啊、熊啊、猴哇，

纷纷从各地引进哪。
搞假山哪,让猴儿们哪,在山上爬呀、跳哇、玩哪;
建水池啊,让狮啊、虎哇、豹哇、狼啊、熊啊,天天有澡洗呀。
我三叔哇、三婶儿啊,
他们除了合办畜牧场啊,
承包动物园哪,还有其他心思啊,
那就是招人才呀,办公司啊。
什么工程师啊、会计师啊、厨师啊、律师啊、主管哪、保安哪,
他们全需要哇。
啊!我也要去应聘哪。
我是个能人哪,
什么设计呀、画图哇、新品哪、市场啊,我全懂啊!
只是不知三叔哇、三婶儿啊,
他们会不会收下我这个侄儿啊!

(五)词的轻重格式

一些来自方言区和境外的朋友在说普通话时,即使能够把每一个字的声韵调都原原本本、清清楚楚、准确无误地说出来,但仍然感觉不自然,很生硬,不像纯正的普通话。这是什么原因呢?其实,普通话也存在词重音和句重音,只是由于声调在普通话中担负着较重的辨义作用,词重音和句重音淡化了。因此,掌握词的轻重格式不仅对于说好普通话很重要,也是普通话水平较高的表现之一。

在普通话中,一句话中的双音节词或多音节词中的每一个音节都有轻重强弱的不同。造成这种变化的原因,除了音节与音节之间声调的区别,还有构成一句话的词或词组的每个音节在音量上不均衡。我们把普通话中双音节或多音节词的各个音节约定俗成的轻重强弱差别,称为词的轻重格式。

1. 双音节词的轻重格式及发音

(1)中重。

例如:图画　国际　水平　飞机　语言　工厂　军队　实现

(2)重中。

例如:触觉　部位　策略　后来　事业　风气　春天　价值

(3)重轻。

例如:读者　战士　观点　作家　跟头　讲究　月亮　告诉

2. 三音节词的轻重格式及发音

(1)中中重。

播音员　收音机　科学院　招待会　井冈山　挖掘机　白兰地

(2)中重轻。

枪杆子　过日子　臭架子　卖关子　明摆着　撑门面　山核桃

（3）中轻重。
保不齐　备不住　大不了　对不起　动不动　过不去　说得来
3. 四音节词的轻重格式及发音
（1）中重中重。
丰衣足食　日积月累　轻歌曼舞　心平气和
无独有偶　五光十色　天灾人祸　年富力强
（2）中轻中重。
社会主义　集体经济　大大方方　高高兴兴
漂漂亮亮　老老实实　黑不溜秋　慌里慌张
（3）重中中重。
妙不可言　相形见绌　信口雌黄　美不胜收
义不容辞　诸如此类　一扫而空　敬而远之
4. 词的轻重格式的练习
（1）双音节词的轻重格式练习。
电灯　汽车　酱油　爱国　安心　把关　被告　进发　插曲　唱歌　充满
磁场　达到　得体　轻视　铁路　点播　大衣　冬至　小看　浮雕　更衣
（2）三音节词的轻重格式练习。
共青团　常委会　党支部　国际歌　科学院　招待所　唯物论　辩证法
保不齐　吃不消　大不了　数得着　放得下　画个圈儿　小不点儿
（3）四音节词的轻重格式练习。
丰衣足食　日积月累　轻歌曼舞　心平气和　无独有偶　五光十色
天灾人祸　年富力强　耳濡目染　枪林弹雨　奇装异服　花好月圆

航空故事

接同胞回家！海南航空圆满完成乌克兰撤侨航班保障任务

2022年3月28日，搭载着183名中国同胞的海南航空HU7950布加勒斯特—福州航班顺利抵达福州机场。至此，海南航空圆满完成共4次乌克兰撤侨航班保障任务。

乌克兰紧张局势急剧升级，6000多名中国公民滞留乌克兰。为确保中国公民的安全，在党中央、国务院的统一领导下，在外交部的统筹协调下，在各部委、民航局及各地方政府的指导支持下，海南航空接到撤侨任务后，立即成立"撤侨任务临时党支部"，迅速推进各项工作，3月共计执行布加勒斯特客运包机4班次，累计运输旅客916名，运输援助物资21吨。

鲜艳的五星红旗指引着回家的路。为了让同胞们感受到祖国的温暖，乘务员们细心地在防护服上写上"欢迎回家"四个字，在客舱门口手举鲜艳的五星红旗欢迎旅客登机，还向每位同胞赠送了一面小国旗，客舱内也张贴了国旗海报，整个客舱被温暖的中国红包围。

"亲爱的同胞们,我代表全体机组成员欢迎您乘坐本次海南航空班机。在当前特殊时期,党和政府非常关心在乌同胞的安危,当你们登上海航的飞机时,就意味着回到了祖国的怀抱,不再因为战争而流离失所,不再因为动荡的社会环境而感到不安,祖国母亲永远是我们的坚强后盾,海航带你们回家!"每一班撤侨航班起飞前,机长都会通过客舱广播向同胞们送去温暖的问候。

"五星红旗迎风飘扬,胜利歌声多么响亮!……"手中有国旗,心中有力量,乘务员与旅客们一起挥舞手中的国旗,唱起了《歌唱祖国》《我和我的祖国》《红旗飘飘》等歌曲,许多同胞的眼中噙满了感动的泪水。

无论是海外撤侨、医疗保障包机还是重要国际航班保障,海南航空践行着时代赋予的责任,为海内外同胞的回家之路保驾护航。海南航空将坚持"党建为魂"的企业文化,持续以党建引领安全发展,高标准、严要求,积极落实控股股东辽宁方大集团提出的"经营企业一定要对政府有利、对企业有利、对员工有利、对旅客有利"的企业价值观,以安全和服务为宗旨,用实际行动践行"人民航空为人民"的理念,彰显企业的责任与担当。

资料来源:民航资源网,http://news.carnoc.com/list/582/582375.html.

第三节　航空播音普通话语音综合训练

学习和掌握理论知识是实践的前提,经过大量的练习和实践锻炼,理论知识才能内化为能力。前面两节已经明确了学习普通话的目的、意义和要求,并讲解了声、韵、调、音变的基础理论和发音规律,本节内容是丰富而有针对性的训练材料,按照由易到难、由基础到综合的次序展开介绍,内容包括航空行业的新闻、句段、文章以及行业外的扩展材料、文学材料等。不同层级和类型的训练有助于知识的融会贯通和对声音的综合运用。

在训练过程中,普通话语音要规范、标准,还要有情感的调动,表达要丰富、生动自然,语速适宜。

一、词组

训练提示:四字词组、世界国名等训练内容没有前后语言环境的干扰,在"练正确、求稳定"的训练中,作为吐字归音的训练对象,学习者比较容易把握。建议可一个词一换气,也可几个词一换气,做到声、韵、调准确,时值、轻重分配合理,气息控制平稳、均匀。

1. 四字词组

顾此失彼	呼之欲出	适可而止	屈指可数	奇耻大辱	饥不择食	举世瞩目
可歌可泣	乐不思蜀	立足之地	夜以继日	熟视无睹	无济于事	水滴石穿
亦步亦趋	支吾其词	知己知彼	蛛丝马迹	白璧微瑕	百废待举	报仇雪恨
出乎意料	摧枯拉朽	蹉跎岁月	大刀阔斧	多事之秋	飞沙走石	出口成章
家喻户晓	交头接耳	矫揉造作	嗟来之食	竭泽而渔	借题发挥	束手无策
就地取材	口诛笔伐	老马识途	水落石出	历历在目	随波逐流	铁树开花

落花流水	莫逆之交	窃窃私语	如胶似漆	恰到好处	死去活来	四海为家
寸草春晖	三寸之舌	志大才疏	与世长辞	出生入死	山长水远	手足无措
飞沙走石	真才实学	急中生智	无所适从	尺短寸长	自知之明	水涨船高
只争朝夕	生死存亡	有志之士	势如破竹	踌躇满志	英姿飒爽	茁壮成长

2. 国名

亚洲：

中国、韩国、日本、伊朗、朝鲜、越南、阿曼、也门、缅甸、约旦、老挝、巴林、蒙古国、印度、泰国、文莱、不丹、科威特、卡塔尔、阿联酋、黎巴嫩、叙利亚、伊拉克、阿富汗、土耳其、菲律宾、尼泊尔、柬埔寨、以色列、新加坡、东帝汶、格鲁吉亚、斯里兰卡、孟加拉国、亚美尼亚、塞浦路斯、阿塞拜疆、巴勒斯坦、马来西亚、马尔代夫、巴基斯坦、印度尼西亚、沙特阿拉伯、塔吉克斯坦、哈萨克斯坦、土库曼斯坦、吉尔吉斯斯坦、乌兹别克斯坦。

欧洲：

法国、英国、德国、荷兰、芬兰、瑞典、波黑、捷克、瑞士、丹麦、挪威、波兰、希腊、冰岛、意大利、俄罗斯、奥地利、安道尔、摩纳哥、马耳他、比利时、爱尔兰、匈牙利、西班牙、乌克兰、立陶宛、梵蒂冈、马其顿、葡萄牙、卢森堡、爱沙尼亚、罗马尼亚、南斯拉夫、斯洛伐克、保加利亚、拉脱维亚、克罗地亚、摩尔多瓦、圣马力诺、白俄罗斯、直布罗陀、法罗群岛、阿尔巴尼亚、列支敦士登、斯洛文尼亚。

美洲：

美国、巴西、秘鲁、智利、古巴、海地、加拿大、巴拿马、安圭拉、苏里南、乌拉圭、巴拉圭、墨西哥、牙买加、安提瓜、巴布达、巴哈马、格陵兰、阿根廷、圭亚那、伯利兹、圣基茨、特克斯、多巴哥、凯科斯、尼维斯、阿鲁巴、百慕大、多米尼加、厄瓜多尔、巴巴多斯、玻利维亚、多米尼克、哥伦比亚、格林纳达、洪都拉斯、马提尼克、尼加拉瓜、萨尔瓦多、圣卢西亚、特立尼达、危地马拉、委内瑞拉、波多黎各、瓜德罗普、开曼群岛、圣文森特、哥斯达黎加、蒙特塞拉特、法属圭亚那、格林纳丁斯、荷属安的列斯、圣皮埃尔、密克隆群岛、马尔维纳斯群岛、英属维尔京群岛、美属维尔京群岛。

非洲：

刚果、埃及、贝宁、南非、加蓬、加纳、多哥、马里、苏丹、中非、乍得、刚果（金）、安哥拉、马拉维、卢旺达、布隆迪、圣多美、乌干达、冈比亚、摩洛哥、几内亚、留尼汪、尼日尔、赞比亚、突尼斯、索马里、利比亚、肯尼亚、塞舌尔、喀麦隆、吉布提、佛得角、科摩罗、莱索托、博茨瓦纳、莫桑比克、坦桑尼亚、津巴布韦、斯威士兰、塞内加尔、科特迪瓦、塞拉利昂、尼日利亚、纳米比亚、毛里求斯、利比里亚、西撒哈拉、普林西比、圣赫勒拿、厄立特里亚、马达加斯加、毛里塔尼亚、阿尔及利亚、布基纳法索、赤道几内亚、几内亚比绍、埃塞俄比亚。

大洋洲：

汤加、关岛、斐济、瑙鲁、纽埃、帕劳、图瓦卢、托克劳、瓦利斯、萨摩亚、富图纳、新西兰、澳大利亚、基里巴斯、诺福克岛、库克群岛、瓦努阿图、所罗门群岛、马绍尔群岛、美属萨摩亚、皮特凯恩群岛、密克罗尼西亚、新喀里多尼亚、法属波利尼西亚、巴布亚新几内亚。

二、贯口

训练提示：贯口练习应遵循"练速度、求变化"的训练原则。首先，在气息、吐字归音正确的前提下提高速度。为了加强气息的控制意识，应严格按照规定"气口"换气。由于语速较快，"气口"间隔不能过长（更不能换气出声），否则会破坏贯口的整体感。发声及呼吸通道要始终保持积极、通畅。其次，要把每一个贯口段子当作一个故事来讲，并且尽量讲得生动、活泼、趣味盎然，体会不同内容在情感、发音、气息等技巧的控制下，语势及声音的丰富变化。

报山名

北京香山、天津盘山、河北狼牙山、山西五台山、内蒙古大青山、黑龙江兴安岭山、吉林长白山、辽宁千山、山东泰山、河南嵩山、安徽黄山、江苏紫金山、上海佘山、浙江雁荡山、江西庐山、福建武夷山、台湾阿里山、陕西华山、湖北武当山、重庆歌乐山、贵州黔灵山、湖南衡山、广西象鼻山、广东白云山、香港太平山、澳门松山、海南五指山、宁夏贺兰山、甘肃祁连山、新疆天山、四川峨眉山、云南玉龙雪山、青海巴颜喀拉山、西藏喜马拉雅山。

报水名

渤海、东海、黄海、南海，长江、汉江、漓江、闽江、怒江、嫩江、乌江、湘江、黄浦江、黑龙江、澜沧江、牡丹江、钱塘江、金沙江、九龙江、嘉陵江、松花江、图们江、鸭绿江、雅砻江、乌苏里江、雅鲁藏布江，黄河、淮河、海河、红河、洛河、辽河、青河、沁河、汾河、渭河、饮马河、永定河、柴达木河、塔里木河，巢湖、太湖、西湖、错那湖、洞庭湖、洪泽湖、镜泊湖、青海湖、千岛湖、鄱阳湖。

报花名

红牡丹、白牡丹、粉红牡丹、芍药、玫瑰、蔷薇、朱槿、米兰、昙花、樱花、桂花、茶花、金银花、金芙蓉、金鸟花、月光花、鸡冠花、凤仙花、杜鹃花、喇叭花、玉簪花、玉兰花、玉蝉花、燕子花、蝴蝶花、天女花、八仙花、海棠花、腊梅花、石榴花、石楠花、石菖蒲、十样锦、夹竹桃、美人蕉、虞美人、洋绣球、晚香玉、百里香、满天星、一品红、千日红、月月红、满堂红、紫丁香、紫茉莉、紫罗兰、紫藤萝、水浮莲、子午莲、菖蒲莲、并蒂莲、西番莲、半支莲、半边莲、仙人掌、仙人鞭、仙人球、仙客来、春兰、蕙兰、剑兰、珠兰、君子兰、一叶兰、夏菊、翠菊、洋菊、墨菊、藤菊、千日菊、佛头菊、金鸡菊、延命菊、万寿菊。

报树名

红叶杨、毛白杨、小白杨、白城杨、沙兰杨、大官杨、北京杨、赤峰杨，河柳、杞柳、杨柳、垂柳、旱柳、黄花柳、落叶柳、长叶柳，雪松、油松、黑松、红松、白皮松、迎客松、罗汉松、五针松、樟子松、金钱松，刺柏、崖柏、侧柏、地柏、龙柏、圆柏、千头柏、金塔柏、金黄球柏、窄冠侧柏，刺槐、国槐、蝴蝶槐、紫花槐、龙爪槐、江南槐、香花槐、金叶垂槐、金枝国槐、红花洋槐，油樟、黄樟、香樟树、毛叶樟、坚叶樟、尾叶樟、八角樟、长柄樟、沉水樟、细毛樟、菲律宾樟、高山榕、桥叶榕、垂叶榕、金叶垂叶榕、菩提榕、大叶榕、金叶榕、花叶垂叶榕、印度橡胶榕，红枫、青枫、三角枫、元宝枫、青桐、泡桐、法国梧桐、茶条槭、血皮槭、建始槭、水杉树、云杉树、冷杉树、椿树、臭椿树、香椿树、蒲桃树、珙桐树、苏铁树、银桦树、扶桑树、银杏树、沙枣树、构树、皂角树、玉兰树、枣树、杏树、梨树、核桃树、板栗树、柿子树、石榴树、花椒树、杜仲树、山楂树。

满天星

天上看，满天星，地下看，有个坑，坑里看，有盘冰。坑外长着一老松，松上落着一架鹰，鹰下坐着一老僧，僧前点着一盏灯，灯前搁着一部经，墙上钉着一根钉，钉上挂着一张弓。说刮风，就刮风，刮得那男女老少难把眼睛睁。刮散了天上的星，刮平了地上的坑，刮化了坑里的冰，刮断了坑外的松，刮飞了松上的鹰，刮走了松下的僧，刮灭了僧前的灯乱了灯前的经，刮掉了墙上的钉，刮翻了钉上的弓。只刮得：星散、坑平、冰化、松倒、鹰飞、僧走、灯灭、经乱、钉掉、弓翻还不停。

十道黑

一道黑，两道黑，三四五六七道黑，八道九道十道黑。我买了一个烟袋乌木杆儿，我是掐着它的两头那么一道黑；二兄弟描眉来演戏，瞧着他的镜子那么两道黑；粉皮儿墙上川字儿，横瞧竖瞧三道黑；象牙桌子乌木腿儿，把它放在那炕上那么四道黑；我买了只母鸡不下蛋，把它搁在那笼里那么捂到黑；挺好的骡子不吃草，把它牵着在那街上那么遛到黑；买了一只小驴儿不套磨，让它背上它的鞍鞯那么骑到黑；二姑娘南洼去割菜，丢了她的镰刀那么拔到黑；月窠儿的小孩儿得了病，团几个艾球灸到黑；卖瓜子儿的打瞌睡，哗啦啦撒了这么一大堆，他的笤帚簸箕不凑手，那么一个一个拾到黑。

三、文章片段和新闻句段

训练提示："练正确、求稳定，练速度、求变化"是训练的总要求。训练过程中，在普通话语音正确的前提下，强调情感调动自始至终，语速把握循序渐进。

这是深秋初冬的时节。高粱、玉米、黄豆已经收割完了，枯黑的山芋藤子，拖延在田里，像一条长辫子。农场上大大小小的一堆堆高粱秆、豆秸，寂寞地蹲伏在那里。听不到鸡啼，看不到牛群，赶牛打场或者进行冬耕的农民们悠扬响亮的咧咧声，也好几天听不到了。

——吴强《红日》（节选）

宽阔的江面上，跑着大块的冰排，在冰排的空隙，露出乌黑的翻腾着的江水，朝着出海口奔去。在有太阳的日子，冰排反射着日光，晃人眼睛。在这些日子里，鞑靼海峡是不能行船的。在冰排之间漂浮着上游带来的枯树、乱草、野兽的尸体、各样破烂东西，向世人显示它的无所不包的广阔胸怀。

——李克异《历史的回声》（节选）

　　当你在积雪初融的高原上走过，看见平坦的大地上傲然挺立这么一株或一排白杨树，难道你觉得树只是树，难道你就不想到它的朴质，严肃，坚强不屈，至少也象征了北方的农民；难道你竟一点也不联想到，在敌后的广大土地上，到处有坚强不屈，就像这白杨树一样傲然挺立的守卫他们家乡的哨兵！难道你又不更远一点想到这样枝枝叶叶靠紧团结，力求上进的白杨树，宛然象征了今天在华北平原纵横决荡用血写出新中国历史的那种精神和意志。

——茅盾《白杨礼赞》（节选）

　　它不像汉白玉那样的细腻，可以凿下刻字雕花，也不像大青石那样的光滑，可以供来浣纱捶布；它静静地卧在那里，院边的槐荫没有庇护它，花儿也不再在它身边生长。荒草便繁衍出来，枝蔓上下，慢慢地，它竟锈上了绿苔、黑斑。我们这些做孩子的，也讨厌起它来，曾合伙要搬走它，但力气又不足；虽时时咒骂它，嫌弃它，也无可奈何，只好任它留在那里去了。

——贾平凹《丑石》（节选）

　　雪纷纷扬扬，下得很大。开始还伴着一阵儿小雨，不久就只见大片大片的雪花，从彤云密布的天空中飘落下来。地面上一会儿就白了。冬天的山村，到了夜里就万籁俱寂，只听得雪花簌簌地不断往下落，树木的枯枝被雪压断了，偶尔咯吱一声响。

——峻青《第一场雪》（节选）

　　我常想读书人是世间幸福人，因为他们除了拥有现实的世界之外，还拥有另一个更为浩瀚也更为丰富的世界。现实的世界是人人都有的，而后一个世界却为读书人所独有。由此我想，那些失去或不能阅读的人是多么的不幸，他们丧失的是不可补偿的。世间有诸多的不平等，财富的不平等，权力的不平等，而阅读能力的拥有或丧失却体现为精神的不平等。

——谢冕《读书人是幸福的人》（节选）

　　如今在海上，和繁星相对，我把它们认得很熟了。我躺在舱面上，仰望天空。深蓝色的天空里悬着无数半明半昧的星。船在动，星也在动，它们是这样低，真是摇摇欲坠呢。渐渐地我的眼睛模糊了，我好像看见无数萤火虫在我的周围飞舞。海上的夜是柔和的，是静寂的，是梦幻的。我望着许多认识的星，我仿佛看见它们在对我眨眼，我仿佛听见它们在小声说话。这时我忘记了一切。在星的怀抱中我微笑着，我沉睡着。我觉得自己是一个小孩子，现在睡在母亲的怀里了。

——巴金《繁星》（节选）

　　假日到河滩上转转，看见许多孩子在放风筝。一根根长长的引线，一头系在天上，一头系在地上，孩子同风筝都在天与地之间悠荡，连心也被悠荡得恍恍惚惚了，好像又回到了童年。

——李恒瑞《风筝畅想曲》（节选）

　　夕阳落山不久，西方的天空还燃烧着一片橘红色的晚霞。大海，也被这霞光染成了红色，而且比天空的景色更壮观。因为它是活动的，每当一排排波浪涌起的时候，那映照在浪峰上的霞光又红又亮，就像一片片霍霍燃烧着的火焰，闪烁着，消失了。而后面的一排，又闪烁着，滚动着，涌了过来。

——峻青《海滨仲夏夜》（节选）

  我们知道，水是生物的重要组成部分，许多动物组织的含水量在百分之八十以上，而一些海洋生物的含水量高达百分之九十五。水是新陈代谢的重要媒介，没有它，体内的一系列生理和生物化学反应就无法进行，生命也就会停止。因此，在短时期内动物缺水要比缺少食物更加危险。水对今天的生命是如此重要，它对脆弱的原始生命，更是举足轻重了。生命在海洋里诞生，就不会有缺水之忧。

——童裳亮《海洋与生命》（节选）

  家乡村边有一条河，曲曲弯弯，河中架一弯石桥，弓样的小桥横跨两岸。
  每天，不管是鸡鸣晓月，日丽中天，还是月华泻地，小桥都印下串串足迹，洒落串串汗珠。那是乡亲为了追求多棱的希望，兑现美好的遐想。弯弯小桥，不时荡过轻吟低唱，不时露出舒心的笑容。

——郑莹《家乡的桥》（节选）

  忽然，小鸟张开翅膀，在人们头顶盘旋了几圈儿，"噗啦"一声落到了船上。许是累了？还是发现了"新大陆"？水手撵它它不走，抓它，它乖乖地落在掌心。可爱的小鸟和善良的水手结成了朋友。

——王文杰《可爱的小鸟》（节选）

  庆祝中国共产主义青年团成立100周年大会10号上午在北京人民大会堂隆重举行。中共中央总书记、国家主席、中央军委主席习近平在会上发表重要讲话，他强调，青春孕育无限希望，青年创造美好明天。新时代的中国青年，生逢其时、重任在肩，施展才干的舞台无比广阔，实现梦想的前景无比光明。实现中国梦是一场历史接力赛，当代青年要在实现民族复兴的赛道上奋勇争先。共青团要牢牢把握培养社会主义建设者和接班人的根本任务，坚持为党育人、自觉担当尽责、心系广大青年、勇于自我革命，团结带领广大团员青年成长为有理想、敢担当、能吃苦、肯奋斗的新时代好青年，用青春的能动力和创造力激荡起民族复兴的澎湃春潮，用青春的智慧和汗水打拼出一个更加美好的中国。

——央视网，https://tv.cctv.com/2022/05/10/VIDEbbrfLrI52sHYoXtrq8Ah220510.shtml?spm=C31267.PXDaChrrDGdt.EbD5Beq0unIQ.37

  习近平总书记在庆祝中国共产主义青年团成立100周年大会上发表重要讲话，在全国广大青年当中引发强烈反响。大家表示，一定要牢记习近平总书记的嘱托，坚定不移跟党走，用青春的能动力和创造力激荡起民族复兴的澎湃春潮，用青春的智慧和汗水打拼出一个更加美好的中国。

——央视网，https://tv.cctv.com/2022/05/11/VIDEAGh1rbkHb8iHd5o2GHsk220511.shtml?spm=C31267.PXDaChrrDGdt.EbD5Beq0unIQ.75

  5月17日7时13分，搭载着近15吨货物的顺丰航空O37028航班从杭州顺利运抵长春，随着O37028航班平稳降落在长春机场，标志着长春机场继客运航班复航后，今日实现全货机航班复航。受吉林省本轮疫情影响暂停了两个月的正班全货机运输业务，今日实现重启。

——中国民航网，http://www.caacnews.com.cn/1/5/202205/t20220517_1344411.html

5月13日，民航局召开民航航班正常和服务质量工作会暨雷雨季节运行保障工作部署会，总结2021年航班正常和服务工作经验，研究部署今年航班正常和服务重点工作。民航局副局长吕尔学出席会议并讲话。会议以线上线下结合的形式召开。

——中国民航网，http://www.caacnews.com.cn/1/1/202205/t20220514_1344180.html

日前，《"十四五"航空运输旅客服务专项规划》已正式颁布。为推进民航服务规划顺利实施，民航局将自5月1日起开展为期8个月的2022年"民航服务规划实施年"主题活动，推动民航服务工作高质量发展。

——中国民航网，http://www.caacnews.com.cn/1/1/202204/t20220428_1343465.html

4月28日，民航局召开4月第二场新闻发布会，介绍近期民航推进航空物流保通保畅工作，3月份及一季度民航安全生产运行情况，并就"五一"期间民航旅客出行问题答记者问。40余家国内外主流媒体和行业媒体在线上参加新闻发布会。

——中国民航网，http://www.caacnews.com.cn/1/1/202204/t20220428_1343426.html

韩国国土交通部近日公布的统计数据显示，今年4月，韩国民航国际、国内航线客运量总计达378.4万人次，比上月增长31.2%。其中，国际航线客运量64.4万人次，环比增长55.4%；国内航线客运量314万人次，环比增长21.7%。

——中国民航网，http://www.caacnews.com.cn/1/88/202205/t20220515_1344232.html

日本航空集团近日表示，未来几年，集团将大力调整优化机队结构。到2025财年（2025年4月—2026年3月），集团机队将拥有各类型飞机总计229架。其中，日本航空等全服务型运营商拥有大型机34架，中型机72架，小型机54架，支线飞机32架，螺旋桨飞机19架，总计211架。与目前的216架相比，大型机和螺旋桨飞机有所增加，中型机和小型机相应减少。

——中国民航网，http://www.caacnews.com.cn/1/88/202205/t20220515_1344231.html

四、诗歌

江雪

柳宗元

千山鸟飞绝，万径人踪灭。
孤舟蓑笠翁，独钓寒江雪。

泊船瓜洲

王安石

京口瓜洲一水间，钟山只隔数重山。
春风又绿江南岸，明月何时照我还？

浣溪沙
晏殊

一曲新词酒一杯,去年天气旧亭台。
夕阳西下几时回?无可奈何花落去,
似曾相识燕归来。小园香径独徘徊。

渡荆门送别
李白

渡远荆门外,来从楚国游。
山随平野尽,江入大荒流。
月下飞天镜,云生结海楼。
仍怜故乡水,万里送行舟。

乌衣巷
刘禹锡

朱雀桥边野草花,乌衣巷口夕阳斜。
旧时王谢堂前燕,飞入寻常百姓家。

静夜思
李白

床前明月光,疑是地上霜。
举头望明月,低头思故乡。

钱塘湖春行
白居易

孤山寺北贾亭西,水面初平云脚低。
几处早莺争暖树,谁家新燕啄春泥。
乱花渐欲迷人眼,浅草才能没马蹄。
最爱湖东行不足,绿杨阴里白沙堤。

雪
韩愈

新年都未有芳华,二月初惊见草芽。
白雪却嫌春色晚,故穿庭树作飞花。

早发白帝城
李白

朝辞白帝彩云间,千里江陵一日还。
两岸猿声啼不住,轻舟已过万重山。

菊花
元稹

秋丛绕舍似陶家，遍绕篱边日渐斜。
不是花中偏爱菊，此花开尽更无花。

绝句
杜甫

两个黄鹂鸣翠柳，一行白鹭上青天。
窗含西岭千秋雪，门泊东吴万里船。

饮湖上初晴后雨二首·其二
苏轼

水光潋滟晴方好，山色空蒙雨亦奇。
欲把西湖比西子，淡妆浓抹总相宜。

春夜喜雨
杜甫

好雨知时节，当春乃发生。
随风潜入夜，润物细无声。
野径云俱黑，江船火独明。
晓看红湿处，花重锦官城。

九月九日忆山东兄弟
王维

独在异乡为异客，每逢佳节倍思亲。
遥知兄弟登高处，遍插茱萸少一人。

青春万岁
王蒙

所有的日子，所有的日子都来吧，
让我们编织你们，用青春的金线，
和幸福的璎珞，编织你们。
有那小船上的歌笑，月下校园的欢舞，
细雨蒙蒙里踏青，初雪的早晨行军，
还有热烈的争论，跃动的、温暖的心……
是转眼过去的日子，也是充满遐想的日子，
纷纷的心愿迷离，像春天的雨，
我们有时间，有力量，有燃烧的信念，
我们渴望生活，渴望在天上飞。

是单纯的日子，也是多变的日子，
浩大的世界，样样叫我们好奇，
从来都兴高采烈，从来不淡漠，
眼泪，欢笑，深思，全是第一次。
所有的日子都去吧，都去吧，
在生活中我快乐地向前，
多沉重的担子，我不会发软，
多严峻的战斗，我不会丢脸，
有一天，擦完了枪，擦完了机器，擦完了汗，
我想念你们，招呼你们，
并且怀着骄傲，注视你们！

如果生活不够慷慨

汪国真

如果生活不够慷慨
我们也不必回报吝啬
何必要细细地盘算
付出和得到的必须一般多

如果能够大方
何必显得猥琐
如果能够潇洒
何必选择寂寞

获得是一种满足
给予是一种快乐

感谢

汪国真

让我怎样感谢你
当我走向你的时候
我原想收获一缕春风
你却给了我整个春天

让我怎样感谢你
当我走向你的时候
我原想捧起一簇浪花
你却给了我整个海洋

让我怎样感谢你
当我走向你的时候
我原想撷取一枚红叶

你却给了我整个枫林

让我怎样感谢你
当我走向你的时候
我原想亲吻一朵雪花
你却给了我银色的世界

五、综合练习

1. 散文

苏州园林（节选）
叶圣陶

我国的建筑，从古代的宫殿到近代的一般住房，绝大部分是对称的，左边怎么样，右边怎么样。苏州园林可绝不讲究对称，好像故意避免似的。东边有了一个亭子或者一道回廊，西边决不会来一个同样的亭子或者一道同样的回廊。这是为什么？我想，用图画来比方，对称的建筑是图案画，不是美术画，而园林是美术画，美术画要求自然之趣，是不讲究对称的。

苏州园林里都有假山和池沼。假山的堆叠，可以说是一项艺术而不仅是技术。或者是重峦叠嶂，或者是几座小山配合着竹子花木，全在乎设计者和匠师们生平多阅历，胸中有丘壑，才能使游览者攀登的时候忘却苏州城市，只觉得身在山间。至于池沼，大多引用活水。有些园林池沼宽敞，就把池沼作为全园的中心，其他景物配合着布置。水面假如成河道模样，往往安排桥梁。假如安排两座以上的桥梁，那就一座一个样，决不雷同。池沼或河道的边沿很少砌齐整的石岸，总是高低屈曲任其自然。还在那儿布置几块玲珑的石头，或者种些花草：这也是为了取得从各个角度看都成一幅画的效果。池沼里养着金鱼或各色鲤鱼，夏秋季节荷花或睡莲开放，游览者看"鱼戏莲叶间"，又是入画的一景。

泰山极顶（节选）
杨朔

泰山极顶看日出，历来被描绘成十分壮观的奇景。有人说：登泰山而看不到日出，就像一出大戏没有戏眼，味儿终究有点寡淡。

我去爬山那天，正赶上个难得的好天，万里长空，云彩丝儿都不见。素常，烟雾腾腾的山头，显得眉目分明。同伴们都欣喜地说："明天早晨准可以看见日出了。"我也是抱着这种想头，爬上山去。

一路从山脚往上爬，细看山景，我觉得挂在眼前的不是五岳独尊的泰山，却像一幅规模惊人的青绿山水画，从下面倒展开来。在画卷中最先露出的是山根底那座明朝建筑岱宗坊，慢慢地便现出王母池、斗母宫、经石峪。山是一层比一层深，一叠比一叠奇，层层叠叠，不知还会有多深多奇，万山丛中，时而点染着极其工细的人物。王母池旁的吕祖殿里有不少尊明塑，塑着吕洞宾等一些人，姿态神情是那样有生气，你看了，不禁会脱口赞叹说："活啦。"

画卷继续展开，绿阴森森的柏洞露面不太久，便来到对松山。两面奇峰对峙着，满山峰都是奇形怪状的老松，年纪怕都有上千岁了，颜色竟那么浓，浓得好像要流下来似的。来到这儿，你不妨权当一次画里的写意人物，坐在路旁的对松亭里，看看山色，听听流水和松涛。

一时间，我又觉得自己不仅是在看画卷，却又像是在零零乱乱翻着一卷历史稿本。

香港：最贵的一棵树（节选）
舒乙

在湾仔，香港最热闹的地方，有一棵榕树，它是最贵的一棵树，不光在香港，在全世界，都是最贵的。

树，活的树，又不卖何言其贵？只因它老，它粗，是香港百年沧桑的活见证，香港人不忍看着它被砍伐，或者被移走，便跟要占用这片山坡的建筑者谈条件：可以在这儿建大楼盖商厦，但一不准砍树，二不准挪树，必须把它原地精心养起来，成为香港闹市中的一景。太古大厦的建设者最后签了合同，占用这个大山坡建豪华商厦的先决条件是同意保护这棵老树。

树长在半山坡上，计划将树下面的成千上万吨山石全部掏空取走，腾出地方来盖楼，把树架在大楼上面，仿佛它原本是长在楼顶上似的。建设者就地造了一个直径十八米、深十米的大花盆，先固定好这棵老树，再在大花盆底下盖楼。光这一项就花了两千三百八十九万港币，堪称是最昂贵的保护措施了。

太古大厦落成之后，人们可以乘滚动扶梯一次到位，来到太古大厦的顶层，出后门，那儿是一片自然景色。一棵大树出现在人们面前，树干有一米半粗，树冠直径足有二十多米，独木成林，非常壮观，形成一座以它为中心的小公园，取名叫"榕圃"。树前面插着铜牌，说明原由。此情此景，如不看铜牌的说明，绝对想不到巨树根底下还有一座宏伟的现代大楼。

中国的宝岛——台湾（节选）

中国的第一大岛、台湾地区的主岛台湾，位于中国大陆架的东南方，地处东海和南海之间，隔着台湾海峡和大陆相望。天气晴朗的时候，站在福建沿海较高的地方，就可以隐隐约约地望见岛上的高山和云朵。

台湾岛形状狭长，从东到西，最宽处只有一百四十多公里；由南至北，最长的地方约有三百九十多公里。地形像一个纺织用的梭子。

台湾岛上的山脉纵贯南北，中间的中央山脉犹如全岛的脊梁。西部为海拔近四千米的玉山山脉，是中国东部的最高峰。全岛约有三分之一的地方是平地，其余为山地。岛内有缎带般的瀑布，蓝宝石似的湖泊，四季常青的森林和果园，自然景色十分优美。西南部的阿里山和日月潭，台北市郊的大屯山风景区，都是闻名世界的游览胜地。

台湾岛地处热带和温带之间，四面环海，雨水充足，气温受到海洋的调剂，冬暖夏凉，四季如春，这给水稻和果木生长提供了优越的条件。水稻、甘蔗、樟脑是台湾的"三宝"。岛上还盛产鲜果和鱼虾。

台湾岛还是一个闻名世界的"蝴蝶王国"。岛上的蝴蝶共有四百多个品种,其中有不少是世界稀有的珍贵品种。岛上还有不少鸟语花香的蝴蝶谷,岛上居民利用蝴蝶制作的标本和艺术品远销许多国家。

2. 纪录片配音

《舌尖上的中国》第一集:自然的馈赠(节选)

中国拥有众多的人口,也拥有世界上最丰富多元的自然景观——高原、山林、湖泊、海岸线。这种地理和气候的跨度,有助于物种的形成和保存。任何一个国家都没有这样多潜在的食物原材料。人们采集、捡拾、挖掘、捕捞,为的是得到这份自然的馈赠。穿越四季,我们即将看到美味背后人和自然的故事。

云南香格里拉被雪山环抱的原始森林,雨季里空气阴凉。在松树和栎树自然混交的林中,想尽可能地跟上单珍卓玛的脚步,不是一件容易的事情。卓玛和妈妈正在寻找一种精灵般的食物。卓玛在松针下找到的是松茸——一种珍贵的食用菌,这种菌子只能在没有污染的高海拔山地中才能存活。这只松茸的伞盖已经打开,品质不好。松茸属于野生菌中的贵族,在大城市的餐厅里,一份碳烤松茸价格能达到1600元。松茸的香味浓烈袭人,稍经炙烤就会被热力逼出一种矿物质的醇香,远离自然的人将此物视若珍宝。

吉迪村是香格里拉松茸产地的中心。凌晨3点,这里已经变成一个空村,所有有能力上山的人,都已经出门去寻找那种神奇的菌子。穿过村庄,母女俩要步行走进20公里之外的原始森林。即使对于熟悉森林的村民,捡拾松茸也是一项凭运气的劳动,品质高的松茸都隐藏在土层之下。妈妈找寻着两天前亲手掩藏过的菌坑,沙壤土层中果然又长出了新的松茸,可惜今年雨水不足,松茸太小。

酥油煎松茸,在松茸产地更常见。用黑陶土锅溶化酥油,放上切好的松茸生片,油温使松茸表面的水分迅速消失,香气毕现。高端的食材往往只需要采用最朴素的烹饪方式。以前藏族人都不爱吃松茸,嫌它的味儿怪。原来的松茸也就几毛钱一斤,可是这几年,松茸身价飞升。一个夏天上万元的收入,使牧民在雨季里变得异常辛苦。松茸收购恪守严格的等级制度,48个不同的级别,从第一手的产地就要严格区分。松茸保鲜的极限是三天,商人们以最快的速度对松茸进行精致的加工。这样一只松茸在产地的收购价是80元,6个小时之后,它就会以700元的价格出现在东京的超级市场中。

卓玛挤在人群中,上午捡来的松茸品质一般,她心里很着急。刚刚过去的一天,卓玛和妈妈走了11个小时的山路,但是换回的钱很少。错过雨季的这一个月,松茸就会消失得无影无踪。全家人期待明天的好运气。

云南只有两个季节——旱季和雨季。从每年的11月开始,干燥而温暖的风浩浩荡荡地吹上半年,等到5月底,雨水才抵达迪庆州的香格里拉。大雨让原始森林里的各种野生菌都迅速疯长出来,但是杂菌不能引起卓玛和妈妈的兴趣。大雨是自然给的礼物。在相同付出的时候,好的运气带给卓玛更多的收获。松茸出土后,卓玛立刻用地上的松针把菌坑掩盖好,只有这样,菌丝才不会被破坏。为了延续自然的馈赠,村民们遵守着山林的规矩。

《再说长江》第一集:大江巨变(节选)

在距离大海6000多公里外的地方,长江以另一种形式表达它的个性。仿佛从天而坠,狂野的水流带着初生的血性和莽撞，劈开山脉和峡谷，一路浩荡东去。今天，以我们短暂的生命仍可观照这条亿万年的大河。长江流域，这些亘古造化的自然奇观，有着长江脱胎临界过程中所有的生命迹象。许多证据表明，200多万年前，人类的身影开始出现在这里，在孕育万物和人类的过程中，长江仍以各种方式呈现它最新的生命状态，周而复始、昼夜朝夕，如同我们每个个体生命的降临。上个世纪80年代，在长江两岸许多人正在经历他们不同的人生阶段，而作为新中国历史中一个特定的时代，80年代却充满最原生的活力和状态。有着和这些孩子一般的天真和生动。此时，不论对于孩子还是他们的时代，一种富于能量的生活正在来临。那时，在长江两岸的许多地方，人们的身边发生着不同的事。一些重大事件成为长江历史中的重要标志。1983年，在长江三峡的西陵峡外，一场盛大的庆典活动被记录下来。这一年，人们在长江上建成了第一个巨大的水利工程——葛洲坝。

20多年后，在距离葛洲坝不远的长江三峡中，人们开始告别即将被淹没的家园，一个世界上最大的水利枢纽工程正在这里进行。多达百余万的移民们将要离开他们世代生活的家园。今天，世界水利史上又增添了一个新的名词——三峡大坝。这座大坝给长江带来的不仅是山河巨变，更使一个民族的百年梦想变成了现实。这个长江历史上最为宏大的文明壮举，带来中国人对长江文明源流的进一步探寻。14年前，随着大坝的动工，世界上最大的考古工地也出现在三峡库区600多公里长的河段中。这是中国考古史上规模最大的一次行动。层出不穷的出土文物与长江流域的众多考古发现默默呼应，成为古老长江神秘拼图中的重要环节。当我们可以像飞鸟一样俯瞰长江和它怀抱中的神奇山脉、广袤大地时，脚下的许多时空密码仍是陌生而未知的。我们为何生活在这里？很久以来即使是这样的问题，也充满层层疑惑。一些来自地下的偶然发现使我们对长江的过去满怀好奇和虔诚之心。一个世纪以来，好奇心和敬意带来考古学家对长江流域的一次次考古发掘。依据近20多年来石破天惊的发现，我们已经可以把大河上的人类生息故事回溯到2000年、3000年，直到遥远的7000年前。相对于黄河而言，长江的先民也创造了令人难以想象的辉煌文明。在另一些时间里，他们曾这样生活，这些男人和女人曾经种植和收获过中国乃至亚洲最早的稻谷。最简单的原始材料被用于修造无以伦比的水利工程。青铜器和彩陶美玉来自它们的主人对宗教的狂热和对精密工艺技术的掌握。山川日月、鱼蛇走兽使这些人的疑问充满想象力，信仰变得空灵而富于艺术精神。在河流的另一些地方，匠师们醉心于一种仪式般的体验，用清水和粮食酿出可以燃烧的液体。宗教、哲学、艺术、生活、战争、生存，这一切链接出长江先民曾被埋在土地下的一个个记忆片段。不少古老奇迹和生活仍然停留和流动在我们身边，它们同来自黑暗中的祖先秘密连缀着长江流域惊天动地的文明史。追溯使人相信，这条哺育自然万物的大江，也曾作为古老中国的文明之源而存在。

3. 新闻稿

厚植爱农情怀练就兴农本领，在乡村振兴的大舞台上建功立业

中共中央总书记、国家主席、中央军委主席习近平近日给中国农业大学科技小院的同学们回信，提出殷切期望，并在五四青年节到来之际，向全国广大青年致以节日的祝贺。

习近平在回信中说，得知大家通过学校设立的科技小院，深入田间地头和村屯农家，在服务乡村振兴中解民生、治学问，我很欣慰。

习近平强调，你们在信中说，走进乡土中国深处，才深刻理解什么是实事求是、怎去联系群众,青年人就要"自找苦吃",说得很好。新时代中国青年就应该有这股精气神。党的二十大对建设农业强国做出部署,希望同学们志存高远、脚踏实地,把课堂学习和乡村实践紧密结合起来,厚植爱农情怀,练就兴农本领,在乡村振兴的大舞台上建功立业,为加快推进农业农村现代化、全面建设社会主义现代化国家贡献青春力量。

2009年,中国农业大学在河北省曲周县探索成立科技小院,把农业专业学位研究生派驻到农业生产一线,在完成知识、理论学习的基础上,研究解决农业农村发展中的实际问题,培养农业高层次人才,服务农业农村现代化建设。目前,该校已在全国24个省区市的91个县市区旗建立了139个科技小院。近日,中国农业大学科技小院的学生代表给习近平总书记写信,汇报他们的收获和体会,表达了为农业强国建设做贡献的坚定决心。

——央视网,https://tv.cctv.com/2023/05/03/VIDEpJfzW9DoWIRfeKHykU1Y230503.shtml?spm=C31267.PXDaChrrDGdt.EbD5Beq0unIQ.83

幸福航空三名乘务员获评"中国最佳"荣誉

5月15日,由世界航空小姐协会(WASA)、世界城市合作发展中心(CDCWC)航空专业委员会主办的"第十一届WASA世界空姐节"在香港线上举办。同时,"第十二届世界航空公司排行榜新闻发布会"在线向全球发布,幸福航空三名乘务员在本年度评选活动中有不俗表现,获得"2022中国最美空姐""2022中国最佳服务空姐""2022中国最佳微笑空姐"奖项。

发布会依次发布了系列年度研究评价榜单。幸福航空客舱乘务员施雅睿、齐羽婷、季小雨分别获得"2022中国最美空姐"第七名、"2022中国最佳服务空姐"第六名、"2022中国最佳微笑空姐"第七名。"最美空姐"除了外表靓丽,还必须具备举止端庄、体形俊美、衣着得体、大方典雅、服务热情、热爱航空事业等多项要求;"最佳服务空姐"指的是服务质量佳、服务效率高、服务口碑好、乘客满意度高;"最佳微笑空姐"的主要特征是服务人员讲究航空服务礼仪,养成微笑迎客、礼貌待客习惯,且在服务过程中面部表情自然、内心情绪温和、言行协调度高、印象口碑好。幸福航空三位乘务员所获的荣誉不仅代表了自身优秀的业务水平,更是幸福航空乘务队日常训练再强化、服务质量再提升的体现,展示了幸福航空乘务团队积极向上的良好风貌。

本次发布的评价榜单来自于世界航空小姐协会自主创立的GN评价指标体系,通过亲和力、服务力、竞争力等大量资料分析和深入调查得出的阶段性研究成果,具有客观性、公正性。

幸福航空始终以实际行动践行民航"真情服务",做到"眼中有旅客,心中有真情",旨在为旅客提供充满温情的和舒适的飞行体验。在"十四五"时期,幸福航空将继续坚持安全发展,提高服务品质,更好地满足人民群众对美好旅行生活的向往,为中国民航业发展贡献"幸福"力量。

——中国民航网,http://news.cnair.com/c/202205/120194.html

忠于职守显担当,"90后"民航人的别样芳华

作为新时代的青年党员,在正青春的美好年华,如何在本职工作中用奋斗擦亮青春底

色?近日,记者采访了两位"90后"首都劳动奖章获得者。

再过一个多月,工作快满9年的张琪将从一名预备党员成为正式党员。在首都国际机场,张琪连续7年负责重要航班保障任务,参与保障的重大航班达120余班,旅客近10 000批次。作为一名"90后"民航人,从入职开始,张琪利用业余时间不断充实自己的专业知识,这也让她迅速成为一名东航"三长"人员。今年4月份,张琪荣获首都劳动奖章,在收获喜悦之余,张琪觉得这更是一份责任,需要把本职工作做得更好。自担任原北京地面服务部要客分部"京韵"班组负责人以来,张琪通过亲自带教、素质拓展等多种形式,将总结归纳的业务知识与服务技能分享给新入职的同事,提升了整个班组的综合素质和职业素养。

"核对安检旅客头像、核对登机人数、提醒候机旅客按时登机,这些琐碎的日常工作,处理时都需要细心和耐心。"在张琪看来,每一个工作环节都涉及航班的安全正常运行。在她的带领下,"京韵"班组年均获得表扬信40余封,多年度荣获"青年文明号"荣誉。

"尤其是遇到轮椅旅客团、特殊团体旅客和运送人体捐献器官的旅客时,更需要谨慎细心。"作为机场离港室主任,张琪负责登机班组和分部整体服务。"在机场的工作看似简单却事无巨细,除了登机班组每天进出港航班的运行保障、人员点位安排、三小旅客的服务保障,还需要处理分部的每日旅客投诉、检查员工各项工作的操作规范。"

"在班组成员心里,我可能是一位'婆婆嘴',无论大事小事都喜欢反复叮嘱,每天的班前会、班后会重复强调。"张琪说,之所以这样做,是因为她觉得让大家把一些动作规范印刻在潜意识里,出现问题后第一时间知道怎样去解决,这比替大家解决问题更重要。

和张琪一样,王雪也是这次首都劳动奖章获得者。王雪说,虽然这是对于疫情期间个人工作的肯定,但荣誉只能代表过去,作为一名"90后"青年党员,在未来的工作中,自己需要承担的责任还有很多。

作为中联航客舱乘务长,王雪力求尽职尽责地保障好每次航班服务。在工作中,王雪对自己的要求是,重要文件、紧急事件,必须做到"今日事、今日毕",不管工作到多晚,保质保量地完成。

"疫情期间,为了保障乘客安全健康出行,我们认真梳理了相关防疫政策,严格落实好各项防控规定,力求对承运的每位旅客负责。"除了报名参加北京大兴国际机场志愿者引导服务,王雪还主动承担起编制防疫手册的任务。"由于每个执飞站点经常会更新当地防疫要求,这些内容都要按照城市分类归纳到防疫手册里。"王雪说。

今年是王雪来到中联航的第7年,7年来的职业生涯,不仅让她在服务技能上有了较大提升,也提升了她处理问题的能力。王雪说,她很喜欢制订详细的工作计划,这样可以厘清手头上每天需要完成的事项。"在日常工作中,会遇到许多复杂和烦琐的问题,而保持有条理的工作习惯,能大大提升工作效率。现在,当面对特殊情况时,我可能会用更全面的视角去看待、分析问题。"王雪说。

虽然工作起来认真严谨,但在生活中,王雪却是一位性格开朗、有包容心态的"热心肠"。"用同事们的话说'在我眼里,没有不喜欢的人,谁都好',虽然有时候会因为一些琐事产生分歧,但学会沟通更重要。"王雪说。

——光明网,https://www.sohu.com/a/484379860_162758

思考题

1. 普通话的特点是什么？
2. 目前你的普通话语音存在什么问题？试制定解决对策。
3. 如何克服尖音？
4. 简述鼻韵母的发音特点和方法。
5. 你的家乡的方言和普通话在声调上有哪些差别？
6. 词的轻重格式与轻声有什么不同？

 实训题

1. 练习朗读下面的材料，体会并学习普通话规范清晰、悦耳动听的基本要求。播音语言是日常生活语言的再加工和提炼，它比日常口语更规范，但又不失口语化、亲切化、自然化的表达。

主播说联播：你"笑"起来真好看！李梓萌用歌声为他们点赞

今天，很多人通过央视新闻的独家报道，认识了河南周口二郎庙小学的张笑笑同学。这份笑容的背后，还有一个令人动容的故事。

河南周口二郎庙小学的张笑笑想把学校午餐中的虾带回家，留给生病的妈妈吃。小小年纪，这份孝心令人感动。小姑娘人如其名，她的笑容总能让我情不自禁地哼起那首歌："你笑起来真好看，像春天的花一样。"

您知道吗？这份笑容背后，还有一个更加温暖的故事。故事的主人公，就是这顿爱心午餐的"大厨"——二郎庙小学的校长张鹏程。就是这位头发有点灰白的"80后"校长，把不到30个学生的"麻雀学校"，变成了如今有180人的幼小无缝衔接的学校，使村里的孩子在家门口就能接受基础教育。张校长常说，他的目标就是"让孩子们得到更多的爱，然后学会分享爱"。都说"最好的教育莫过于言传身教"，张校长做到了，孩子们也做到了。

在得知网友们都很关心学校的情况后，张校长特意给央视新闻留言，说目前学校条件有了很大改善，希望踏踏实实地陪伴孩子们一同成长。他的这句"陪伴"，正是留守儿童教育中相对缺失，但又十分重要的部分。对这里的孩子来说，老师的另外一个"身份"或许就是"爸"和"妈"。留住他们，也就守住了孩子们心里的那个"家"。

最后，我想对张笑笑同学说："你很棒，阿姨为你点赞！"我还想对张校长说："总有一束光是我们坚持下去的意义，您让我们看到了这束光，谢谢您！"

资料来源：央视网，http://m.news.cctv.com/2021/09/12/ARTI2ZohClivuJJaPabR1ON7210912.shtml。

2. 根据下面的案例查阅相关资料，设计本次主题航班活动的广播词，并进行播报。要求广播词文稿生动、口语化，突出活动主题，广播词播报语音规范并富于变化。

民航资源网2022年2月5日消息：2月4日大年初四，恰逢立春，南航汕头公司联合义乌市文化和广电旅游体育局，在长春至义乌的CZ6742航班上，开展"乘坐南方航空、畅游人文义乌"文旅主题航班活动，介绍地方历史知识，推广特色文旅资源，为城市发展增强后劲，多方位为地区经济循环贡献力量。

为做好本次主题航班活动，南航进行精心的策划和布置。在航班起飞前，乘务员在客舱内张贴鹅峰山、萧皇岩、浦川水街等具有义乌特色的风景展画，让旅客在航行途中感受义乌多姿多彩的文旅资源，同时播放特色广播词，为旅客充分介绍义乌市的文化历史、国际商贸城、3A村庄等内容。在航行过程中，旅客在义乌历史、知名景点、特色美食等方面的竞答互动中，更进一步了解义乌文化发展历程，纷纷积极分享，畅谈对义乌的印象和感受。

"乘坐南方航空、畅游人文义乌"文旅主题航班活动

资料来源：民航资源网，http://news.carnoc.com/list/578/578193.html.

 荐读

1. 中国传媒大学播音主持艺术学院．播音主持语音与发声[M]．北京：中国传媒大学出版社，2014．

2. 王璐，吴洁茹．语音发声[M]．4版．北京：中国传媒大学出版社，2020．

3. 国家语言文字工作委员会普通话培训测试中心．普通话水平测试实施纲要[M]．北京：商务印书馆，2004．

4. 公众号：播音主持指南、播音缘。

第三章　航空播音发声训练

【学习目标】

知识目标：了解航空播音发声的基本原理，掌握航空播音发声气息运用和口腔控制要领，进行科学练声。
能力目标：能够熟练运用发声的技巧进行航空广播和服务沟通。
素质目标：通过航空播音发声训练，培养航空服务人员的专业素养和业务素养。
思政目标：展现航空播音规范的服务面貌，塑造中国民航优质的服务形象，促进中国民航综合实力的提升。

【导引案例】

女士们、先生们：

欢迎登机。为了您的舒适和安全，登机后请按照登机牌上的座位号就座。座位号位于行李架下方（白色亮灯处）或行李架边缘（凹槽处）。找到座位的旅客请您尽快入座。

请确认您的手提电话已经关闭，手提电话在整个航程中都不能使用。请将您的手提行李稳妥地放置在行李架内，或是您前排座椅的下方。请不要在紧急出口旁、过道上放置行李。为了保持过道畅通，请您侧身摆放行李，以便让身后的旅客通过。如果您有行李无法放置妥当，请及时与乘务员联系，我们将协助您办理托运手续。谢谢！

案例分析

以上案例是登机时的迎宾广播词，是航空广播中经常用到的内容。航空广播是航空工作的主要内容，是航空服务的重要组成部分，是航空公司与旅客沟通交流的重要窗口。广播词的播音要求使用标准、清晰、规范的普通话，同时有较好的气息控制、口腔控制等发声技巧，能够准确传达信息。航空服务人员每天需要和来自天南海北的旅客沟通交流，熟练掌握科学发声技巧，用富有魅力的声音表情达意，不仅能够打破地域方言壁垒，还能真诚、友好、热情地服务旅客，达到有效沟通的目的，彰显敬业奉献的职业操守。

第一节　航空播音发声基础

对于航空服务人员来说，语言的标准、规范、得体是航空服务沟通交流必不可少的基本技能。因此，学习和掌握规范的发音方法尤为重要。通过系统地学习本节内容，了解发声的物理性、发声的器官以及发声时的心理特性，为说好普通话奠定基础，提升航空播音的综合能力，从而提升我国航空服务业的竞争力。

一、发声的物理性

声音是由物体振动而产生的，发出声音的物体称为声源。声源发出的声音必须通过中间媒质才能传播出去。任何一种声音都离不开声音的四要素：音高、音强、音长和音色。无论哪种声音都具有这四个方面的物理特性。

（一）音高

音高有两个层面的意思。其一，物理学中把声音的高低称为音调或音高。其二，音高表示汉语普通话中的声调的高低变化，由于音高变化不同，形成了普通话的四个声调。声音的高低变化一般与发声体振动的频率有关，物体振动频率越快，声音就越高，振动频率越慢，声音就越低。也就是说，声音的高低取决于声波振动的频率快慢。频率的单位叫赫兹（Hz），每秒内振动一次为1Hz。正常人能听到的声音范围为$16 \sim 2 \times 10^4$Hz。声音的高低和人的声带长短、厚薄、松紧度也有密切关系。声带之所以能发出声音，是因为气息冲击声带产生振动。气流通过肺部运动进入口腔，通过声带的开放、闭合，打开或关闭气流通道，经过气息和声带的压力循环往复，声带就颤动起来。两条声带不但能相互靠拢，而且声带的长短、厚薄、松紧的改变，使声音随之发生改变。男女之所以有高低音的差别，是因为声带长短不同。一般来说，成年男性的声带平均长度为15～22mm，宽度可达5mm，基础频率为60～200Hz，所以说话时音调偏低。成年女性的声带短而窄薄，平均长度为12～15mm，宽度大约2mm，基础频率为150～300Hz，所以说话时音调稍高。处于快速发育期的儿童，其声带还没有成型，说话时的基础频率在200～350Hz，所以音高听起来最高。据资料记载，男性喉腔的前后径为36mm，长度为44mm，而女性的喉腔前后径为26mm，长度为35mm；男女喉腔大小和声带的长短，说话声音的高低，都与青春期发育有直接关系。每个人生来都有一个音域，有的人善于发高音，有的人善于发低音。同时，人们在学习说话的时期，容易模仿周围人的音高，也就是说，一个人说话时的音高方式也受环境影响。

（二）音强

音强指声音的强弱。它取决于发声体振动的幅度大小，振动的幅度越大，声音越强；振动的幅度越小，声音越弱。物理学中把人耳能感觉到的声音的强弱称为响度。声音的强度是一个客观的物理量，其常用单位为分贝（dB）。音强和响度不完全一样。一般来说，音强和响度成正比，音强越大，听起来越响，音强越小，听起来越弱。音强是声音本身客观具有的物理方面的特点,而响度是指听觉的主观感受,有时也和环境因素有关。比如,同样的音强,与发声体距离远近不同,听起来响度也不一样。语音的强弱同呼出的气流量大小和发音时用力的程度也有关系。发音时用力越大,气流越强,声音就越强;反之越弱。比如,普通话语音中的轻声与非轻声音节的发音音强就各不相同,不同的声音强弱的变化,体现了语言的韵律美,同时表现了不同的语音语义变化。

(三)音长

音长指声音持续的时间长度,是语音四要素之一。它取决于发声体振动持续时间的长短。语音的长短同发音器官紧张持续时间的长短有关。持续时间长的声音长,反之则声音短。前者称为长音,后者称为短音。音长的持续程度与气息的支撑力紧密相关,气息支撑力越好,声音越长,稳健度越高;反之,气息支撑力越弱,声音越短、稳健度越低。对我们人类的有声语言来说,重要的、能起区别意义作用的是相对的音高、音强和音长,通过相对的音高、音强和音长的变化满足我们说话表意的需要。

(四)音色

音色可以理解为声音的特征。不同的发声体由于其材料、结构不同,发出声音的音色也不同。每个人的声音以及各种乐器所发出的声音不同,就是由于音色不同。发音体整体振动产生的声音称为基音。发音体部分振动产生的声音称为泛音。发音体的音高取决于基音的频率,发音体的音色取决于泛音的多少。例如,钢琴、小提琴、笛子等乐器和人发出的声音不一样,通过各种乐器演奏同样的曲子,即使响度和音调相同,听起来还是不一样,如胡琴的声音柔韧,笛子的声音清脆,小提琴的声音优美,小号的声音激昂,就是由于它们的音色不同。又如,男声集体朗诵时,他们的音调都在同一音高上,但单独听来音色是不一样的。这就是因为他们发出的基音相同,但泛音的成分却不一样。由于音色不同,即使在同一音高和同一声音强度下,我们也能区分出是不同乐器或人发出的。音色是声音的特点,每一个人的声音就和指纹一样,都是独一无二的,有其自己的音色、音高和音量及共振频率。一个人的音色根据自身条件和情绪、外部环境等的不同也会产生相应的变化,甚至在一天的不同时间也会有所不同。同一个人清醒和慵懒时音色不同,情绪平静和激动时音色不同,等等。作为有声语言的表达者,应该学习变化不同的声音色彩,为表达服务。

知识拓展

学习航空播音发声的注意事项

1. 打好基础,树立信心

学习任何知识,都要先打好基础。这需要一个过程,不能急于求成。应该培养良好的心态,掌握正确的学习方法,找出自己的薄弱点,进行有针对性的训练。

2. 勤奋练习,重视语音学习

正确的语音面貌是有效沟通交流的基础。航空从业人员需要面对各行各业、各个年龄阶层的人,正确、系统地学习航空播音,掌握规范的语音,能够有效提升服务质量。

3. 培养语感，多听多说

语感的培养最重要的就是养成良好的听和说的习惯，多听正确的、规范的发音，对于分辨不清的内容可以少练或者不练，培养良好的语言感知力，对于重点内容可以进行有针对性的训练。

二、发声的生理性

声音的产生离不开各个器官的协调配合，参与声音制造的器官主要有呼吸器官、咬字器官、共鸣器官。它们之间相互配合，产生了我们现在运用的有声语言。

（一）呼吸器官

气息的产生离不开呼吸器官的协同作用。由肺呼出的气流是发音的动力。呼吸器官构成的动力系统为人体发音提供空气动力。由呼吸器官构成的动力系统包括气管、肺、胸廓以及膈肌、腹肌等器官和相关肌肉，胸廓和膈肌的运动能改变胸腔的容积，由于空气压力的变化，处于胸腔中的肺可以吸进或呼出空气。胸廓的运动可改变胸腔的周围径，而膈肌的运动主要改变胸腔的上下径。腹肌的运动可改变腹腔压力，挤压膈肌，促进气流的呼出。

1. 气管

气管是连接喉和肺的通道，起于喉部环状软骨下面，由16～20个软骨环构成。气管下端分为左侧与右侧支气管。支气管又反复分支，末梢称为细支气管，后转为肺泡入口。

2. 肺

肺分为左右侧，左肺两叶，右肺三叶，每侧肺的下面称为肺底，顶部称为肺顶或肺尖。肺表面被胸膜包裹。肺本身呈海绵状，有弹性，可以被动延伸。肺泡构成肺的组织。

当吸气时，肺的容积增大，肺里的气压低于大气气压，空气通过口鼻、气管、支气管吸入肺内。当呼气时，肺的容积缩小，肺里的气压高于大气气压，空气从肺里排出体外（气压差原理）。被呼出的气息就是发声的动力。肺虽然是重要的呼吸器官，但它本身没有力量改变容积与压力，不会主动进行呼吸，是一个被动呼吸器官。肺的呼吸运动要靠胸腔的扩大和缩小以及横膈的升降来完成。肺容积是随着胸腔容积的改变而改变的。

3. 胸腔

胸壁内部的体腔部分是胸腔。胸腔由胸廓与膈围成，上界为胸廓上口，与颈部相连，下界以膈与腹腔分隔。胸腔内有中间的纵隔和左右两侧的肺，以及胸膜腔。

4. 胸廓

胸腔外部是胸廓，它是由肋骨、肋软骨、胸骨和胸椎等构成的骨支架，形似鸟笼。胸廓的扩大和缩小是通过胸大肌、背阔肌、肋间肌等多组肌肉的收缩与放松来完成的。在吸气时，肋骨向上向外扩张，胸腔的前后径和左右径增大；在呼气时，肋骨回到原位，胸腔缩小。肺在胸腔内部，它可以随胸廓的运动吸入和呼出空气。

5. 膈肌

膈肌位于肺的下面，是一层富有弹性的肌肉。其边缘和肋骨缘相连，将胸腔和腹腔隔开。当吸气时,膈肌收缩下降,胸腔容积扩大。这时膈肌压迫腹腔内的器官,使之向前移动,于是腹壁明显鼓起来。当呼气时,膈肌逐渐上升恢复常态,胸腔的容积缩小,腹壁也随之瘪回去。据生理学医学研究,膈肌下降1cm,胸腔容积增大250～300mL,而膈肌的高低位置最大相差3～4cm,可见膈肌的运动对于呼吸量的增加十分重要。

呼吸还涉及一些肌肉组织,它们能使胸腔容积扩大和缩小。使胸腔容积扩大的肌肉群称为吸气肌肉群,使胸腔容积缩小的肌肉群称为呼气肌肉群。还有呼气时可挤压腹部,促使膈肌上升的腹直肌、腹内外斜肌等。

呼吸是肺在周围肌肉组织的带动下,容积扩大或缩小,使空气进入或排出胸腔的过程。这一过程既为身体提供氧气,也为发音提供空气动力。呼吸的基本原理建立在胸腔容积扩大或缩小的基础上。在呼吸的过程中,膈肌起着主要作用。气息运动主要依靠膈肌的上下活动。呼吸时胸廓的扩大或缩小也可以使胸腔扩大或缩小,但它的作用不如膈肌大。

（二）咬字器官

人的发声器官中有独一无二的咬字系统,声带产生声音后,经过唇、齿、舌、腭的节制,变为有声语言,表达人的思想感情,这个节制的过程就是咬字的过程。在这个过程中对声音起节制作用的部位就是咬字器官,包括唇、齿、舌、腭等,如图3-1所示。

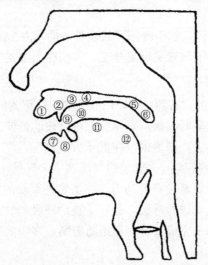

①上唇 ②上齿 ③上齿龈 ④硬腭 ⑤软腭 ⑥小舌
⑦下唇 ⑧下齿 ⑨舌尖 ⑩舌叶 ⑪舌面 ⑫舌根

图3-1 咬字器官

1. 唇

唇分上唇和下唇,是声音的主要出口、咬字的重要器官,对唇控制得好坏直接对吐字质量产生影响。汉语音节发音中,双唇是较为活跃的咬字器官,有许多音都是以唇的活动为主体的,双唇的圆展可以改变元音的种类。唇音也是辅音的重要音型,唇形变化还对声音的音色有重要影响。唇的收撮力的强弱,能使声音集中或松散,唇的动作也会影响笑肌、颧肌、颊肌的状态,进而影响整个口腔的共鸣状态。

2. 齿

齿包括前门齿和后槽牙。前门齿是舌尖前音成阻的部位，上下门齿的运动是由口腔两侧的后槽牙开合引起的。牙关的开合直接关系到口腔的开度以及口腔容积的大小，它控制声音由咽腔进入口腔的通道，直接影响声音的顺畅与响亮。牙关打开，声束由咽腔向前进入口腔通道，使口咽部的共鸣充分发挥，声音通透响亮；牙关咬紧，口腔容积变小，共鸣减弱，舌体的活动受限，声音就会挤、扁、压、闷，同时由于声束不能顺畅前行，还容易冲上鼻腔产生字音鼻化。播音主持创作中，为了使字音清晰圆润，必须适当打开牙关，为舌的大幅度活动创造条件。

3. 舌

在咬字器官中，最活跃的器官是舌。舌在使用时可分为舌尖、舌面、舌根三部分。舌尖又可以分成前、中、后三部分，如舌尖前、舌尖中、舌尖后等。舌体上、下、前、后的不同变化及着力点的位置，决定字音的形成，舌与上颌的不同部位接触，可以形成大量的辅音，如舌尖音、舌面音、舌根音等。舌与上颌接触的方式不同，又可以发出爆破音、摩擦音、边音等。舌的力度在一定程度上决定了字音的清晰度，舌的弹动力越强，字音发得越清晰，声音越集中；舌的弹动力越弱，字音发得越软绵模糊，声音越分散。

4. 腭

腭又称口盖，将口腔与鼻腔隔开。腭是口腔的上壁，又是鼻腔的底部。腭分为前、后两部分，前三分之二是硬腭，后三分之一是软腭，硬腭呈穹窿状，表面覆以软组织。硬腭中纵线由前及后明显突起，叫腭中缝。软腭可以活动，后面的部分连于咽侧壁，对呼吸、吞咽、语言等功能起重要作用。软腭可以控制鼻腔通道，软腭抬起，阻塞气流进入鼻腔，保证口腔有足够的气流强度，以形成爆破音和摩擦音；软腭下降，开放鼻腔通道，可以形成辅音中的鼻音。适当提起软腭能较好地发挥后声腔的共鸣作用。

（三）共鸣器官

人类发声的共鸣器官有喉腔、咽腔、口腔、鼻腔、胸腔和头腔。其中最主要的共鸣腔分别是口腔、胸腔和鼻腔。在产生共鸣的过程中，共鸣器官把发自声带的原声在音色上进行润饰，使它变得圆润、优美。共鸣器官的调节可以丰富或改变声音色彩，同时起到保护声带的作用。良好的共鸣可以减轻气流对声带的冲击，起到延长声带的寿命的作用。

1. 口腔

口腔是非常重要的共鸣腔，是发声过程中运动最灵活、复杂的腔体，其结构如图3-2所示。口腔共鸣又称"中音共鸣""中部共鸣"，主要通过各个器官配合产生的变化来调节。口腔由于下颚的运动可以开合，又因舌的形状的变化而改变容积，并可被划分为若干小的腔体。

口腔的形状对共鸣有重要影响。口腔上通鼻腔、头腔，下通胸腔，口腔共鸣正处在上部共鸣和下部共鸣的连接处，控制调节得好，便于向上或向下调整共鸣的比

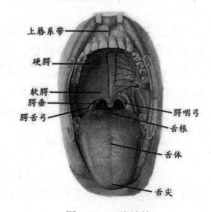

图3-2　口腔结构

配。播音发声以口腔共鸣为主,其他腔体共鸣必须在口腔取得良好共鸣的基础上实现。同时强调各咬字器官的力量集中,尤其是唇、舌力量的集中,舌位要准确、鲜明,动程要流畅、完整,使声音能够适应多样化的要求。

2. 胸腔

胸腔是胸骨、胸椎和肋骨围成的空腔。它有固定的容积,胸腔容积大,对低频声波共鸣作用明显,也叫"低音共鸣"或"下部共鸣"。胸腔是不可调节的共鸣器。胸腔共鸣需在口腔共鸣的基础上加以调节,可使发出的声音浑厚、宽广。由于共鸣的部位低,有人把它看作一个低音喇叭。胸腔共鸣不参与语音的制造,但可以提高音量,增加低泛音,使声音听起来洪亮、浑厚、结实,是一个纯粹的"美声区"。胸部在发音时的振动是沿着胸骨上下移动的:随着声音由低到高,振感集中点由胸骨的下缘上移至喉的下方。

3. 鼻腔

鼻由外鼻、鼻腔、鼻窦三部分构成。鼻腔是上呼吸道的入口,正中由鼻中隔分为左右相同的两部分,底部是硬腭,外面是鼻甲。鼻腔前方由鼻孔与外界相通,是除口腔外呼吸的另一条通道,后面与鼻咽腔相通。鼻窦是鼻腔四周颅骨和面骨内的含气空腔,体积较小,共有四对,分为上颌窦、筛窦、额窦和蝶窦。由于腔体很小,对高频声波共鸣作用明显,发声时在高音区会产生头面部的振动感。鼻腔有固定的容积,属不可调节共鸣腔。鼻腔的大小、形状是固定的,发音时,依靠软腭的挺与垂来改变鼻腔的共鸣状况。

鼻腔共鸣的作用主要通过以下三种方式实现。一是在发鼻辅音时,软腭下垂,鼻腔通路打开,声波随气流通过鼻腔透出,产生鼻腔共鸣。二是在发鼻化元音时,软腭略下垂,声波随气流分两路,分别由口腔、鼻腔透出,取得鼻腔共鸣色彩。三是在发声过程中,声波在口腔冲击硬腭,由骨传导而产生鼻腔共鸣。鼻腔共鸣具有较强的修饰色彩,适量使用可以使声音明亮、有光泽。艺术语言发声把鼻腔以上的共鸣称为"头腔共鸣",播音员主持人发声中较少使用,不需要刻意追求。

播音发声强调,首先要处理好鼻腔共鸣在区分鼻音与非鼻音的区别意义上的作用;其次使用鼻腔共鸣要适度,带有微量鼻腔共鸣可使音色柔和、华丽,但鼻腔共鸣过度会降低语音清晰度,使音色浑浊,有堵、腻的感觉。

三、发声的心理性

航空播音的发声状态与发声的心理息息相关。航空从业人员作为航空服务的工作主体,是旅客和航空工作衔接的桥梁。从某种意义上说,航空服务类的专业能力的落足点依然以"人"为对象,职业能力的组成离不开对岗位工作过程的判断、处理、优化等方面的能力,职业能力很大程度上通过对旅客服务过程的把握体现出能力差异,职业能力是反映人的心理活动的综合体现。具备良好的发声心理状态是服务旅客的重要前提。

(一)心理稳定是前提

发声是一个复杂的过程,既有生理性器官的参与,又有一定的心理创作过程。声音是极具柔韧性的,特别是在我们直抒胸臆时,它能高度敏感地自动记录最细微的情绪变化。

而当我们想要有意识地将声音作为表现手段时,它又会变得难以捉摸和无法掌控。一个具有说话能力的人,不论如何说话,说什么样的话,他总是在自己内心发生与之相对应的思想感情运动。

知识拓展

航空播音发声时心理状态良好的表现

(1)全身放松,肌肉协调、不发紧、不颤抖。

(2)心情愉快,既兴奋又镇静;充满信心,无焦虑情绪;不担心失败,想法积极,相信自己的能力一定能发挥出来。

(3)具有适度而紧张的激活水平,神经中枢的兴奋性适中,既不感到太过兴奋和紧张,又不感到压抑和消沉。

(4)能积极充分地调动自己全身的力量,且不易感到疲劳。

(5)精力充沛,表情自然,食欲正常,睡眠安稳,生活规律,行为有序。

(6)能有目的地集中注意力和合理分配注意力,能排除杂念的干扰。

(7)思维敏捷,随机应变,清醒、沉着、冷静。

(二)心理调节是基础

语言是人类思维的工具。航空从业者在日常工作中一方面需要将承载着信息的文字通过语言的形式表达,即从事客舱广播、机场广播等播报类的工作,从理解到表达,固然有知识积累形成的理解能力的作用,但是心理活动方式方面的作用也不容忽视;另外一方面需要进行人际沟通的交流工作,如面对旅客投诉时,围绕旅客的心理进行倾听、说明、安抚等一系列工作,缓解旅客的不良情绪显得至关重要。心理现象就其产生的方式来说是人脑的反射。人的一切活动都是由客观事物的刺激发动的,人的行为就是对于这种刺激的答复或反应。语言是人类特有的复杂的心理反射。

普通心理学告诉我们,人在实际生活中都是以知觉形式直接反映事物的,很少有孤立的感觉。在复合刺激发生作用时,各种成分强度不同。当具备了组成对象整体的若干部分,把关键部分突出出来,便可形成对某事物的完整知觉。声音是人类表达自我最基本的行为方式,又时常因我们无意识的各种紧张与障碍而被局限。航空服务从业者应该在日常的实践中主动注重强化心理素质,在重大活动或现场主持中能保持稳定的心态,合理应对突发状况。平时适当加强心理负荷的训练,如主动创设或想象某种情境,观察并培养自己的应激反应和心理技能,还可以做一些不利的改变,让自己适应这种变化并习惯这种改变。比如,学会遇到旅客发生冲突等突发情况时如何冷静应对,通过具体的实战模拟,调整消极的心理反应,逐渐适应不同的环境和条件,提升心理素质。

在语言表达过程中,外部环境也在一定程度上影响着发声的心理,良好的外部环境有利于形成一个积极的对话交流平台,所以发声的心理状态也是航空服务从业者不容忽视的学习内容。需要了解发声时的心理规律,并且在业务学习的实践中进行自觉的心理训练,从而获得表达时的心理活动的自由。

 知识拓展

航空从业人员应具备的基本能力

航空从业人员作为民航业和各个航空公司的窗口，需要接触不同类型的人群，为客户提供满意的出行体验。航空从业人员的能力提升是民航业服务质量提升的关键，那么航空从业人员应具备的基本能力有哪些呢？

（1）情绪控制能力。情绪控制能力包括准确认识和表达自身情绪的能力及有效调节和管理情绪的能力。

（2）沟通协调能力。在飞行过程及飞行任务中，一切行动都要听从机长和乘务长的指挥，严格准确无误地执行命令。

（3）与地面单位工作人员协调统一，听从安排，坚决执行任务。

（4）应变创造能力。在现实情况中，工作中随时可能遇到突发性特殊情况，要具体情况具体对待；有变通性、创造性，能在短时间内建立立体思维。

（5）语言表达能力。语言表达能力对于航空从业人员来说是非常重要的，因为和旅客更好地沟通关键就在于此，有了良好的沟通才能为旅客提供更好的服务。

四、科学用声及嗓音保护

在航空服务行业中，由于岗位的特殊性，工作人员每天都需要同乘客进行大量的言语交流。例如，从检票台换登机牌到过安检口的检查，从登机口的微笑鞠躬到客舱内的安全示范、送餐、沟通、播音等，都需要航空服务人员说话，单是送餐这一句"请问您需要吃点（喝点）什么？"就要问上上百遍，还不包括遇到飞机延误或因各种原因不能降落时乘客的质问，这些都需要航空服务人员进行语言沟通，所以掌握播音发声的方法，做到科学用声，同时加强对嗓音的保护显得非常关键。

（一）练声注意事项

练声是运用系统的方法和材料，对具备一定先天条件的人，开发发声器官潜在能力，以适应特定技术要求的声音训练过程，主要任务是挖掘潜力、拓展能力和修正不良习惯。科学的练声过程是理论与实践、方法与效果高度统一的过程。

 微课　　　　　　　　　**练声注意事项**

1. 从实际出发

要了解自身条件，制订有针对性的练声方案。基本功训练看似简单枯燥，却是一切语言艺术创作实践的基础。练声要在具备一定的理论知识的基础上进行，要用理论指导实践，由易到难、循序渐进、科学系统地进行。

2. 练声地点

练声地点尽量选择相对固定的场所，应该选择在噪声比较小、没有明显回声的地方，如田野、河边、播音室等。固定的地点有稳定的声学特性，便于练习者听辨每次练声时微小的变化。

3. 练声时间

练声时间和练声效果之间没有必然的联系。为什么很多声音工作者会选择早起练声？首先，早上练声受到干扰较少，时间相对固定，利于坚持，能够磨炼精神意志。其次，经过一晚上的睡眠，发声器官得到充分的休息，早上练声后发声器官的能力易得到恢复和增强，声音通路打开了，可以为一天的声音使用提供保障。

4. 练声时长

关于练声时长，初学者应遵循"少量多次"的原则，就是每次练习较短时间（如15～20分钟），多练习几次。练声时长要根据嗓子的承受能力和练习效果来定，在练习感觉比较好、效果明显的时候，可以适当延长时间；如果效果不明显、状态不佳，可以适当缩短时间。随着发声能力的增强，可以逐步延长时间并减少次数。

（二）练声步骤

总体来讲，练声内容应包括增强发声能力的训练和运用能力的训练，两者在训练时相辅相成。与发声有关的肌肉的锻炼、呼吸控制、扩展音域、绕口贯口练习等都属于发声能力的训练，运用能力的训练是将基本功消化后的综合运用。练声时要及时反馈和思考，针对发声中存在的各种问题进行练习，适当加大训练量。

第一，练声前要进行一些轻缓的运动，先把身体活动开，特别是要使大脑由抑制转入兴奋状态。可以适当进行一些准备活动的练习，如口部操唇舌的练习以及颊部咀嚼的练习，帮助快速打开口腔。打开口腔的相关练习可以不占用练声时间，也没有地点限制，可以随时随地练习。

第二，气息控制训练。这部分训练的目的是开发声音能力，包括声音的高低、长短和音色的训练。吸气练习、呼气练习、气息弹发等都有助于加强气息控制。

第三，口腔控制训练。可以按单音节词、双音节词、绕口令、短句、长句的顺序，循序渐进地进行练习。

第四，综合训练，包括客舱播音、即兴表达训练等。

（三）嗓音保护

嗓音保护是嗓音职业工作者的迫切要求。嗓音职业工作者由于工作的特点，容易患与发声器官有关的职业病，直接影响职业寿命。练好嗓音，用好嗓音，科学地保护好嗓音，是每一位航空服务人员都需要认真对待的。

1. 纠正不良发声习惯

音色过于明亮，用声偏高容易造成声带长时间紧张，会极大加剧喉的负担，喉容易发干、疼痛；用声偏低会使声音带有喉音色彩，容易造成压喉，如有些男生追求浑厚的声音，压着喉头发声就是典型的表现。要防止用声偏高或偏低，以及不适当地加大音量或者过长时间用声，特别是无变化地用声。

2. 注意嗓音的保健

喉部是重要的发声器官，应科学使用。喉的健康依赖于身体整体健康，尤其注意不要感冒，感冒容易引起上呼吸道感染，使呼吸道充血，如果仍坚持用声，时间长了容易导致声带小结等病变。睡眠对嗓音的影响很大，因此要保持充足睡眠，不熬夜。边说话边喝水的习惯也是不好的，因此喝水要适时，也不要喝太冷或太热的水。此外，要忌辛辣和烟酒，女性忌生理期过度用声。

思政拓展

民航局印发《"十四五"民航适航发展专项规划》

近日，为全面贯彻落实党中央、国务院决策部署，指导民航适航审定系统稳步提升效能，促进产业高质量发展，服务国家发展战略，民航局编制印发了《"十四五"民航适航发展专项规划》（以下简称《规划》）。《规划》明确了民航适航审定系统"十四五"时期发展的指导思想、基本原则、发展目标和主要任务，是未来一段时期指导全行业适航审定工作的纲领性文件。

《规划》提出，要以习近平新时代中国特色社会主义思想为指导，全面贯彻党的十九大和十九届历次全会精神，坚持以人民为中心的发展思想，科学把握新发展阶段，完整、准确、全面贯彻新发展理念，服务构建新发展格局，以促进民航高质量发展为主题，以实际行动落实关于国家治理体系和治理能力现代化建设的具体要求。紧紧围绕《新时代民航强国建设行动纲要》的"三个世界一流"总目标，全面落实"十四五"时期民航"一二三三四"总体工作思路，持续开展适航攻关，服务国家发展战略，坚守安全底线，坚持智慧民航建设主线，进一步推动适航审定系统高质量发展，为建设民航强国和制造强国贡献力量。《规划》还明确了"安全发展，智慧建设""科技引领，创新驱动""系统思维，高效审定""统筹协调，融合发展"四项民航适航发展的基本原则。

通过学习《规划》，提升民航服务人员应具备的坚定政治素养，明确国家关于民航的发展方向，树立目标意识，将行业政策同自身业务实际相结合。

资料来源：中国民用航空局，http://www.caac.gov.cn/XXGK/XXGK/ZCFBJD/202204/t20220412_212764.html。

第二节　航空播音发声训练技巧

语言的运用是一个整体过程，离不开参与发声的各个器官之间的协调配合，离不开构成语音的基本单位——音节。为了更好地通过语音进行语义表达，需要运用科学的方法进行训练和调节，丰富语言的变化，为不同场合、不同内容的表达服务。

一、气息控制

气乃声之源，气息是声音的源动力。古代声乐理论中就有"气动则声发"的说法。唐代《乐府杂录》中也提到："善歌者必先调其气，氤氲自脐间出，至喉乃噫其词，即分抗坠之音。既得其术，即可致遏云响谷之妙也。"

（一）声音的源动力

从发声原理的角度出发，气息的速度、流量、压力的大小影响着声音的强弱、高低、长短、虚实。声音的强弱、高低、长短、虚实的变化又影响着声音的清晰度、流畅度、响亮度以及音色的优美圆润。换言之，有什么样的气流就会产生什么样的效果，因此，只有加强对呼吸的控制，才能发出理想的声音。只有控制了气息，才能控制声音，这也就是平常所说的"气息控制"。

（二）呼吸方式

常见的呼吸方式分为胸式呼吸、腹式呼吸、胸腹联合式呼吸。

1. 胸式呼吸

胸式呼吸是一种浅式呼吸，是以扩大胸廓为主的呼吸方式。吸气时肩头上耸，上胸部上抬，肋骨下缘胸廓周围径基本不变，膈肌基本不参与呼吸活动，因此又被称为肩式呼吸法、锁骨式呼吸法或高胸式呼吸法等。使用这种呼吸方式的多见于女性和体弱多病者。这种呼吸方法进气量小，呼气发声时气流较弱，强度及变化小且难以控制，表现为浅吸频，声音尖、高、飘、虚。

2. 腹式呼吸

腹式呼吸是一种深呼吸方式，是以膈肌活动为主的呼吸方式。吸气时腹部突出，胸廓周围径基本不变，主要靠膈肌升降完成呼吸运动。腹式呼吸进气量较大，发出的声音重、低、沉，但由于腹肌不能完全发挥作用，容易产生较闷、暗、空的音色，影响音域的扩大和声区的统一。显然，这也不是我们需要的最科学的呼吸方法。

3. 胸腹联合式呼吸

胸腹联合式呼吸法并不是胸、腹两种呼吸方式的简单相加，而是指胸、腹所有呼吸器官都参与呼吸运动，不但扩大胸廓的周围径，而且扩大胸廓的上下径。这种呼吸法有两个显著的优点：第一，进气量大。这种方法的关键在于胸和腹的联合，它使胸腔、横膈及腹部肌肉控制呼吸的能力得到了合作，参与的部位多，不但使胸腔周围径加大，而且使胸腔的上下径得到了伸展，因而可以吸进足够的气息。第二，易于控制。这种呼吸方式能够稳定地保持两肋、膈肌的张力和来自小腹的收缩力量所形成的均衡对抗，有利于形成对声音的支持力量，增加了呼吸的稳健感，易于产生坚实、响亮的音色。

胸腹联合式呼吸总的感觉是：吸气时，气流从口鼻进入肺下部，两肋向两侧扩张，腰带渐紧，小腹控制渐强；呼气时，保持腹肌的收缩感，以牵制膈肌与两肋，使其不能回弹，随气流呼出，小腹逐渐放松，但最后仍不失去收住的感觉。

（三）气息控制要领及训练

嗓音之所以富有弹性，与源源不断地供给声带的气流有直接的关系。在航空播音或主持时，要把握住"气托声出、声把情传"。气息的控制和运用要随着内容及感情的表达而变化，要做到"吸气一大片，吐气一条线，气断情不断，声断意不断"。

气息运用的两个基本阶段是吸气和呼气,在吸气和呼气的过程中,也就是气息的使用过程中,还有一个阶段是换气。

1. 吸气要领

吸气要领:吸到肺底部—两肋开—腹壁站定。

吸气时要无声,口鼻同时吸气,为了使气和声更好地结合,吸气要及时,在开口之前的一刹那吸进去,并吸到肺底,引导气息通达肺的深部,使膈肌明显收缩下降,有效扩大胸腔的上下径。吸气时,在肩胸放松的情况下使下肋得到充分的扩展,以有效扩大胸腔的周围径。两肋打开,尤以后腰部扩张的感觉较为明显。在胸部扩张的同时,使腹部肌肉向小腹中心"丹田"的位置收缩,上腹壁保持不凹不凸的状态。

在实际运用时,以上要领是在一次呼吸动作中同时完成的。所以在分解体会的基础上,还应获得综合感觉,以建立胸、膈、腹在呼吸过程中的相互联系。

吸气练习:吸气时为了具有良好的精神状态,肩胸放松是很重要的,所谓"兴奋从容两肋开,不觉吸气气自来"就是这个道理。可以通过以下几种方法体会。

(1)闻花香。

情境设计:想象春光明媚,你走进植物园里,到处都是鲜花,姹紫嫣红、芬芳怡人,你不禁深吸一口气,心里感慨着:"嗯,好香啊!"再缓缓吐出。

也可以想象眼前是一桌你最爱吃的美味佳肴,只要能调动你想深深闻一闻的愿望的情景都可以用来练习。

训练提示:吸气同时要感觉气息沿着脊柱向下吸入肺底,后腰部有向两侧打开撑住的感觉。保持几秒后,再缓缓呼出气体。

(2)抬重物。

情境设计:开学了,你拖着大大的行李箱走到宿舍楼下,面对眼前的楼梯,你深吸一口气,搬起箱子上楼。

训练提示:人在准备抬起重物的时候总要深吸一口气,保持住力量,此时腰部、腹部的感觉和胸腹联合式呼吸时吸气最后一刻的感觉相近。

2. 呼气要领

呼气要领:稳劲、持久、自如。

呼气的要领,一是要掌握稳劲的状态,二是要锻炼持久力,三是呼吸运动自如。稳劲的状态是通过呼吸两大肌肉群的拮抗产生的。这种呼吸控制方式需要"用部分的吸气状态发声"。持久有两层含义,一是指一口气持续很久,发出较多音节;二是指良好的呼吸状态,要支持发声的整个过程。要做到这两点,关键是要会"省气"。从人体运动规律和音色变化、感情运动的角度考虑,需要有张有弛,有收有放,呼吸自如。

呼气练习:呼吸控制是整个气息控制训练的重点。可通过以下方式体会。

(1)吹纸条。

训练提示:裁一条2cm宽的纸条,用手捏住一端,垂放在面前,呼气吹纸条。要求纸条被吹起一个角度,并保持在这个角度,不要大起大落。

(2)持续发"si"音。

情境设计:回忆一下自行车胎或气球漏气的声音,假设在给漏气声做配音,缓慢持续地发出"si"的声音。

训练提示：先按照吸气练习的方法吸气，一口气持续发音的时间尽量长，可以计时。发音时声带不颤动，控制好音量的大小。还可以用"xu"音做这个练习。

练声的技巧

自然站立，两腿分开约与肩齐；小腹微收，腰、胸挺立不僵不懈；肩、颈松弛，两臂自然下垂；双目平视或微闭，面带微笑，颊肌上提，下颌微收，双唇微闭；牙关、舌根、喉头均放松，舌面放平，舌尖轻抵下牙背。

呼吸练习口诀：

心情舒畅展胸怀，
精神饱满两肋开，
肩喉莫紧腰莫怠，
不觉吸气气自来。

3. 换气要领

换气既是生理需求，更出于表情达意的需要。换气时要兼顾生理和心理，可以通过练习增加气息的持续长度。掌握正确的换气方法，可以使语言表达流畅自然。

 　　　　　　　　　换气要领　　　　　　　　

换气的总要求是：句首换气应无声到位，句子当中应小量补充，句子之间应从容换气，句子结尾应余气托送。

换气的方式主要有正常换气、偷气、抢气、就气。

（1）正常换气。

航空播音主持的正常换气，要求播讲者打破原有标点符号的限制，根据内容、感情的需要进行换气。不要见到标点就换气，要确定合适的气口。气口是语言表达或歌唱中换气的地方。通常，换气以一个完整的意思为单位，可以是句子，也可以是句群。气口会因人、因表达而异，并没有固定标准。

例如：

据《南华早报》报道，大湾区航空将于10月1日首航，首航航班将以包机航班形式飞往北京。虽然时间已经确定，但是大湾区航空目前仍在等待其航空运营许可证。

上面这段话中，"虽然时间已经确定"的前面可以正常换气，因为前后意思比较完整。

（2）偷气。

偷气是发音过程中一种无声补充气息的方式，是指以极隐蔽的方式，不为人察觉地迅速进气，是常用的补气方式。在长句子中，往往没有较大的停顿来换气，这时可以利用短暂的顿挫无声地补充气息。

例如：

由中国企业承建的马尔代夫维拉纳国际机场水上飞机航站楼项目已完成竣工验收及试运行，日前正式交付并投入使用。据介绍，该水飞航站楼总建筑面积达 2.8 万 m^2。

在"由中国企业承建的马尔代夫维拉纳国际机场水上飞机航站楼项目已完成竣工验收及试运行"这个长句子中，可以在"航站楼项目"之后利用短暂的顿挫补充少量气息。偷气不会影响句子的完整与连贯。

（3）抢气。

抢气是指在情感和内容表达需要时，不顾及有没有杂音，明抢气口，是发音过程中一种带有吸气声的补气方式。在长句子、节奏急促或感情强烈的时候，常用抢气方式来补充气息。

例如：

你从雪山走来，春潮是你的风采；你向东海奔去，惊涛是你的气概。

在朗诵这段歌词的时候，可以在"春潮"和"惊涛"之前，用抢气的方式表达情感的激动。

（4）就气。

就气虽然像换气，但是实际上并没有补充气息，听感上有停顿而实际上不进气。它是虽有停顿，但由于表达连贯性的需要，不急于补气，而是运用体内余气予以补贴，"就气"说完后一句话，以达到语意连贯的效果。

例如：

8月5日起，结合疫情防控中高风险地区管理措施，调整跨省旅游经营活动管理政策，实施联动管理。

在这句话中，"活动管理政策"之后需稍作停顿，但是不换气，用余气继续说完"实施联动管理"。这样使用气息，不但整句意思连贯，语句节奏也与思考状态相吻合。

知识拓展

长句子的处理技巧

（1）在搞清楚语意和语法关系的基础上，安排适当的停连，即安排好气口，避免造成语义含混或错误。

（2）在明确语句目的的基础上，精选重音，避免因重音过多而使受众注意力涣散。

（3）要环顾语境，在承上启下的语势中，调整起伏、疏密，即加大语流曲线运动，直奔语句目的。

（四）气息控制综合练习

1. 慢吸慢呼

1）"a"音延长

双肩放松，保持呼吸通道畅通，口鼻同时呼吸，"a"音延长，用自己最舒服的声音，声音逐渐由小到大、由低到高、由近到远、由弱到强，气息要畅通自如，下颚、舌根不紧张，喉部放松，让气流集中地打到硬腭前发出。

2）数数练习

慢吸气，气吸八成满，呼气时数数，数的速度要慢，吐字要清楚，嘴用力，不紧张，不憋气，不要跑气和换气，直至一口气数完，能数多少就数多少，逐渐增加。

2. 慢吸快呼

保持慢吸的正确状态吸气之后，用一口气尽量说又多又快的话。可以用简单重复的绕口令来练习。例如：

吃葡萄不吐葡萄皮儿。

班干部不管班干部。

3. 快吸慢呼

选择由发音响亮的音节组成的人名，如阿毛、阿花、小兰、小安、小刚等。假设这个熟识的"小安"在远处，你发现了他，要喊他，迅速地抢吸一口气，然后拖长腔喊他。

4. 快吸快呼

快吸时应注意保持慢吸时"两肋打开、吸到肺底、腹壁站定"的基本状态，只是将慢慢吸气改为在不经意间张嘴的一瞬即吸气到位，就像突然在远处发现了你正要找的人，准备喊他的瞬间吸气。

快吸快呼的训练，可选择快板书和戏曲、曲艺说白的贯口段子，要求呼吸控制急而不促、快而不乱、长而不喘。

1）快板书练习

给诸位，道大喜，人民政府了不起！了不起，修臭沟，上边儿先给咱们穷人修。请诸位，想周全，东单、西四、鼓楼前；还有那，先农坛、五坛八庙、颐和园。要讲修，都得修，为什么先管龙须沟？都只为，这儿脏，这儿臭，政府看着，心里真难受！好政府，爱穷人，教咱们干干净净大翻身。修了沟，又修路，好教咱们挺着腰板儿迈大步；迈大步，笑嘻嘻，劳动人民努力又心齐。齐努力，多作工，国泰民安享太平！

训练提示：由一般速度的练习开始，逐渐加快速度。气息、吐字要配合好，气息通畅不紧，吐字清晰利落，感情有起伏扬抑的变化。

2）贯口段子练习

贺词

祝大家：东成西就、南通北达、左右逢源、上下皆宜、财源广进、生活幸福、家庭美满、身体健康、万事如意！

祝大家：身体好、心情好、家庭好、事业好、前程好、运气好、生活好、人生旅途样样都好！一愿人长健，花长好，月长圆。二愿亲无间，惜有缘，情更深。三愿福如海，人如松，水长流。

祝大家：一飞冲天、二龙腾飞、三阳开泰、四季平安、五福临门、六六大顺、七星高照、八方来财、九转功成、十全十美！

二、口腔控制

吐字是语言艺术中的一个重要环节，语言艺术是生活语言的扩大和美化，是在生活基础上的艺术化。吐字这一环节看起来简单，在实际运用中却大有讲究。

（一）吐字的要求

吐字清晰极为重要，字如果咬得不清楚，即使音色很好，表达也会含混不清，只有发音清楚、准确，才能把文字的意思明白确切地表达出来，使听众明了无误。语言艺术是通过语言传情达意的，扎实的吐字基本功是使有声语言艺术化的条件之一。

"字正腔圆"是广播规范的基本要求与衡量标准。客舱乘务员运用有声语言进行创作，必须充分重视这一要求，要做到"咬字如虎噙仔"，既不咬死，也不掉地，要用巧劲。吐字的要求具体概括为准确、清晰、圆润、集中、流畅。

1. 准确

准确指的是字音准确、规范，即"字正"，这是对航空播音的基本要求。航空播音必须按照普通话语音规律吐字发音。

2. 清晰

吐字清晰是客舱播音发音的一大特点，也是成为播音员的必备条件。清晰的吐字建立在发音准确的基础上，但准确并不能代替清晰。客舱广播在通过电子设备输出的过程中会产生一定的损耗，吐字清晰更显得重要。

3. 圆润

圆润指有较为丰富的共鸣，这是吐字的第三个基本要求。人们常常将圆润的声音与嗓音联系在一起。圆润的发音容易吸引受众，圆润动听的吐字能保证语音中信息和情感的含量。

4. 集中

集中指的是声音集中，具有"音束"的感觉。在声音传输过程中，话筒接收声能是有方向性的，如果声音集中，那么用较小的力气发声就能收到很好的效果，既省力又保证了声音质量。同时，集中的声音易于入耳，可唤起听众的注意，打动人心。

5. 流畅

流畅自如是对发音的总体要求，是指听感上自然、熟练，没有刻意、呆板、机械的感觉。我们发出的每一个音节、词语，都是融汇在语流中的，所以航空播音吐字必须轻快流畅，语流顺畅无阻，不能"蹦字"，也不能把字咬得太紧。

知识拓展

不同的新闻播报样式

新闻播音的语言样式主要有三种，分别是宣读式、播报式和谈话式。

宣读式又叫播读式，适合播报需要郑重宣告的稿件，如公告、通告、命令、讣告、名单、简历等，适用范围较窄。不允许口语化处理，必须一字不差地照原样播出，有很强的书面语印象。

播报式是一种常态样式，适用范围较广，使用频率较高，几乎适用于各种广播电视语体。

谈话式又称说新闻，也是使用较为广泛的常态样式，经常应用在记者、主持人现场采访报道，新闻主持人的串联语中。

在航空播音中较为广泛使用的是播报式。应根据不同的服务对象、不同的环境，注意其与其他播报样式的区别。

（二）吐字归音

1. 吐字归音的概念

吐字归音是源于我国古典戏曲声乐艺术的一种发音方法，根据汉语音节的结构特点，将一个音节分为字头、字腹、字尾三部分，把吐字过程分为出字、立字、归音三个阶段并提出具体要求，以达到字正腔圆的效果。

语言学家从吐字归音总结出，字头是声母加韵头，字腹是韵腹，字尾是韵尾，示例如表 3-1 所示。

表 3-1 字头、字腹、字尾示例

例字（类型）	字头	字腹		字尾
	声母	韵母		
		韵头	韵腹	韵尾
变（头腹尾全）	b	i	a	n
班（头腹尾全）	b		a	n
烟（头腹尾全）		i	a	n
安（无字头）			a	n
别（无字尾）	b	i	e	
巴（无字尾）	b		a	
阿（无字头、字尾）			a	

2. 吐字归音的过程

航空播音主持发声理论所讲的吐字归音要领，指的就是在吐字过程中，对字头、字腹、字尾的处理技巧，也就是出字、立字、归音及吐字的整体处理。

1）出字：叼住弹出

出字是指吐字归音过程中对字头的处理，要求字头出字有力，叼住弹出。"叼住"是针对声母的成阻与持阻阶段而言的，也叫咬字阶段。咬字要用巧劲儿，就如同大老虎叼着小老虎过山涧一样，咬得过紧，小老虎会被咬死；咬得过松，小老虎又会掉到山涧中。"弹出"是针对声母的除阻阶段而言的，也叫吐字阶段。只有"叼住"了字头，才可能"弹出"，叼住是为弹出做准备。因此要做到叼而不拙、弹而不喷。

2）立字：拉开立起

立字是指吐字归音过程中对字腹的处理，要求字腹立字饱满，拉开立起。"拉开"指字头弹出后要迅速打开口腔，使气流在口腔内形成较为丰富的共鸣，口腔开度要大，有展开的感觉。"立起"指字腹发音时间要足够，让音节听起来响亮、圆润，使字立起来有饱满的感觉。

3）归音：弱收到位

归音是指吐字归音过程中对字尾的处理，要求字尾归音弱收到位。"弱收"是指字尾的发音渐弱趋止的过程，在这个过程中要保持发音动作的完整，保持字音结束的趋向。"到位"是指尾音应归到应该到达的位置，舌位的动程要有鲜明的趋向，咬字器官应该有逐渐闭合的过程。

吐字归音三个阶段的要领概括如下。

出字要做到：叼住弹出　部位准确　气息饱满　力度适中
　　　　　　准确自然　定型标准　短促敏捷　清晰自如
立字要做到：拉开立起　气息均匀　音长音响　饱满圆润
　　　　　　窄韵宽发　宽韵窄发　前音后发　后音前发
归音要做到：归音到位　尾音轻短　完整自然　避免生硬
　　　　　　弱收适度　送气到家　干净利落　趋向鲜明

3. 枣核形

"枣核形"是民间说唱艺人对吐字过程的形象描述，指头、腹、尾俱全的音节的吐字状态，即字头叼住弹出，字腹拉开立起，字尾弱收到位，合起来形成一个两头小、中间大的"枣核"，如图3-3所示。它涉及音节各部分口腔的开合度及所占时值的长短。

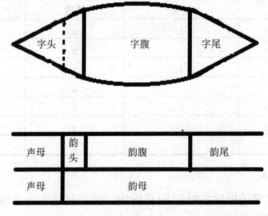

图3-3　"枣核形"吐字过程示意图

吐字归音与其他声音技巧一样，都是为表达思想感情服务的，并不是一成不变的，要根据内容、形式、对象等的不同而灵活运用，不能为了"枣核形"的完整而破坏发声的自然流畅。

（三）口腔控制要领

吐字的过程就是各个咬字器官互相配合协调的过程，为达到航空播音主持发声对吐字的要求，需要配合使用各咬字器官，调整口腔状态，提高发音质量。掌握要领，做到吐字清晰有力。

吐字过程中，应做到打开口腔、力量集中、声挂前腭。

微课　　　　　　　　　　　口腔控制要领

1. 打开口腔

打开口腔的状态通过提颧肌、打牙关、挺软腭、松下巴来实现。

颧肌是人的面部表情肌肉，在脸部两侧，颧骨的下方。提起颧肌时，口腔前部以及上腭顶部有展宽的感觉，鼻孔也会略微张大，同时唇，尤其是上唇展开贴住上齿，使唇的运动有了依托，容易发挥力量。因此，提颧肌可以增强唇齿的力度，改善声母和韵母的发音状态，使声音具有积极、集中、明亮的色彩。

牙关打开，口腔内部空间加大，有利于舌体运动和口腔共鸣。"打牙关"并不是指简单地张大嘴巴，增大门齿间的距离，而是指打开后槽牙，也就是打开口腔的后部。

软腭上抬，扩大了口腔容积，使共鸣得到改善，减小了鼻咽的入口，使流向鼻腔的气流减少，避免过多气流进入鼻腔而产生浓重的鼻音。在训练中可以借助半打哈欠的动作体会软腭的挺起。

松下巴，就是主动放松下颌骨，目的是打开口腔，扩大口腔的空间，同时放松下巴也可以使喉头得到放松，从而减轻喉部的负担，改善喉部着力的问题。在打开口腔的前三个要领中，都要求加强肌肉的力量与控制训练，只有松下巴不需要训练力度，只需要放松即可完成。

2. 力量集中

吐字集中是航空播音主持发声的一项重要要求。所谓吐字集中，在听感上是指字音清晰、明确、集中，能形成一定的声束，主要体现在唇舌的力度要集中。在发音过程中，舌体要取收拢之势，舌的力量要集中在舌的前后中纵线上。发音时，舌与口腔有关部位的成阻要呈点状接触而不是片状接触，力量要集中，这样字音才不松散。

吐字集中可以有效地改善、调节音色，也可以在实际运用中提高话筒的拾音效率，改善声音形象。

3. 声挂前腭

声音发出的线路即中纵线。声音由喉部发出，沿着软腭、硬腭的中纵线推到硬腭的前部，硬腭的前部就是字音的着力位置。发音时，声音向硬腭前部流动冲击，仿佛"挂"在硬腭上的感觉，由上唇以上的部位透出口腔。这样的声音显得集中、明朗、清晰，穿透力强。

（四）*口腔控制训练*

口腔控制训练包括口部操训练和吐字归音训练两个部分。

1. 口部操训练

在练习唇和舌的灵活度和力量之前，我们先进行准备活动，即做颊部操，练习使用两颊的肌肉。经过反复交替练习，可使面部咬字器官得到放松，调动肌肉的状态。

1）唇的训练

唇的练习可分喷、撮、撇、绕四个方面进行。在做练习之前，可以用"打嘟噜"的方法进行唇部放松。

喷：双唇紧闭，将唇力量集中于唇中央三分之一的部位，唇齿相依，不裹唇，阻住气流，然后突然连续喷气出声，发出 b、p 的音。

撮：将双唇闭紧，尽力向前噘起，然后将嘴角用力向两边展开，反复进行。这个练习注意"撮""展"两个动作，方向为一前一后，交替练习。

撇：双唇闭紧向前噘起，然后向左歪、向右歪。方向为一左一右，交替练习。

绕：双唇闭紧向前噘起，然后向左或向右做360°的转圈运动，交替练习。

（1）唇的灵活度训练。

训练提示：唇的训练宗旨是"明确唇形"，按照四呼的发音特点，强化唇形的圆展、齐撮，使所有的字头唇形明确到位。

情境设计：假设你是一名小学语文老师，正在课堂上给二年级的学生朗读新学的字词，并要求学生跟着你读。你需要特别注意唇形的变化，动作要到位，以便学生都能看清你的唇形。

杂乱　蚕农　桑榆　补习　排序　马术　敷衍
袋鼠　塔钟　内幕　来去　占卜　传递　纱布

（2）唇的力量训练。

训练提示：所有声母与a、i、u相拼，要求有轻快弹动感。

ba-bi-bu　　pa-pi-pu　　ma-mi-mu　　fa-fu
da-di-du　　ta-ti-tu　　na-ni-nu　　la-li-lu
ga-gu　　　 ka-ku　　　 ha-hu

2）舌的训练

舌的练习可分伸、顶、刮、绕、立、弹六个方面进行。

伸：把舌头伸出唇外，舌体要集中，舌尖向各个方向做出伸展。

顶：闭上嘴唇，用舌尖用力顶住脸颊的内侧，把舌尖想象成一个针尖，用力去扎破口腔这个气球。

刮：舌尖抵下齿背，舌面隆起，用上门齿从舌尖的位置往后刮到舌面，舌体保持隆起的状态。注意上齿与舌面保持贴近的距离，保持数秒，交替练习。

绕：闭上嘴唇，把舌尖伸到齿前唇后，按顺时针方向环绕360°，然后按逆时针方向环绕360°，交替进行。

立：先用舌尖抵住下门齿的背部，也可以用舌尖顶住下门齿的齿缝，然后让舌尖向右用力翻转起来，翻转90°，仿佛舌头立起来一样，然后放下，再做相反方向的练习。

弹：弹舌包括两种情况，一种是舌尖与硬腭接触打响，将舌尖顶住硬腭，然后用力持阻，突然弹开打响；另一种是舌根用力打响，将舌根轻轻地抬起来，抬到软腭和硬腭的交界处，用力发出"嗒"的声音。这个练习可以改变舌根的灵活度和力量。

（1）舌的灵活度训练。

训练提示：舌的灵活度主要可以通过一些绕口令或贯口段子来练习。语速可以尽量加快，绕口令也要选择难度较大、比较拗口的。比如将绕口令《八百标兵》的每个字后面加"了"，用越来越快的语速读出来，注意字音清晰准确。

<h3 style="text-align:center">八百标兵</h3>

八了百了标了兵了奔了北了坡
炮了兵了并了排了北了边了跑
炮了兵了怕了把了标了兵了碰
标了兵了怕了碰了炮了兵了炮

（2）舌的力量训练。

训练提示：舌的力量练习以字词为主，体会舌体收拢上挺，力量集中在舌中纵线。

情境设计：想象口鼻前方不远处有一个小洞，每一个字音都像小钢珠一样，一颗一颗打入这个小洞。

- 发"滴滴滴，哒哒哒"。要求每个字都清楚，不粘连，速度越快越好。这个练习可以加强舌的力量，解决字音不集中的问题。
- 反复发"ga、ka、ha、jia、qia、xia、da、ta、na、la"。发音部位由后至前，全面锻炼舌的力量。

2. 吐字归音训练

（1）开口呼练习。

暗暗　昂昂　恩爱　偶尔　二氨　阿姨　安逸
熬夜　恶意　扼要　而已　昂扬　安稳　额外

（2）合口呼练习。

巍峨　晚安　伟岸　万安　外耳　雾霭　问案
午夜　无疑　晚宴　忘我　威望　威武　无畏

（3）齐齿呼练习。

议案　要隘　银耳　幼儿　因而　友爱　诱饵
野营　一样　医药　意义　要闻　业务　遗忘

（4）撮口呼练习。

余额　悦耳　鱼饵　冤案　员额　云霭　拥有
园艺　远洋　运营　鱼网　欲望　冤枉　原文

知识拓展

航空播音中语速的注意事项

在航空播音中应避免语速过快，否则欲速则不达，一味地提升速度，却忽略了信息与受众的共享，会直接影响航空服务效果。盲目提速会导致以下问题。

（1）平均压缩音节，使声韵含混，语音清晰度降低，使发音动程减小。

（2）过快的速度使语流的自然曲线受损，或蹦字，或语流僵直高架，严重影响语意表达。

（3）心理和肌体的紧张感造成气息的下意识上提和僵化，使整体语气躁动，影响语音的自如流畅。

（4）语速过快容易导致思维跟不上，形成见字出声的浅薄被动状态。

三、共鸣控制

由于工作性质的特殊性，航空服务人员除了要掌握基础的语音知识、气息控制以及口腔控制，还需要掌握一定的共鸣控制。评判一个人有声语言运用的好坏，除了判断声音本质，还需要看他对共鸣的掌握和运用情况。优秀的航空播音员在工作时之所以不费力且自然、舒展，是因为运用了共鸣，且共鸣控制起到了关键作用。

（一）共鸣的概念

在声学上，共鸣是指当某一物体发生振动时，影响了另一物体，如果另一物体的自振频率与原物体的振动频率相同或形成一定比例，便与之产生共振的现象。

一个人的发音器官是天生的，无法改造；人体发音的共鸣腔也是天生的，无法改变。但是，我们可以通过共鸣的调节，经过有针对性的共鸣训练，改善声音质量，提高声音色彩表现力。良好的共鸣还可以减轻气流对声带的冲击，起到延长声带寿命的作用。

（二）共鸣方式

航空播音发声的特点决定了其应采取以口腔共鸣为主，以胸腔共鸣为基础的声道共鸣方式，可结合每个人不同的音质特点、实际工作用声需求进行训练。

航空播音发声对共鸣的控制体现在，在形成字音的过程中，对可调节共鸣腔的调节过程要保持顺畅、明确。在发声时，要保持积极的状态，以使各共鸣腔舒展、积极，加强声波的反射能力，以加强共鸣的产生。播音发声不可追求头腔共鸣，以免声音过于明亮、尖利、刺耳；也不可过多运用胸腔共鸣，避免声音过于低沉、浑浊、闷塞、含混、压抑。共鸣器官是一个整体，各共鸣器官是根据声带发出的具有各种不同频率的基音而产生共鸣的。同时，声音在各共鸣腔中扩大和美化，这种作用又是互相影响的。采用混合统一共鸣，发出的声音自然、均匀、流畅，为扩展音域、丰富语言表现力打下良好的基础。

（三）共鸣控制训练

1. 单元音练习

用不同的音高（如高、中、低）发6个单元音a、o、e、i、u、ü的延长音，体会不同声区共鸣的变化。

训练提示：这个训练可用于体会不同音区共鸣成分的变化带来的声音变化。发音时，可以用手轻按前胸上部和两颊，感受振动。同时，注意打开口腔，前后音色保持一致。

2. 口腔共鸣训练

1) 调节明亮度

训练提示：发音时有翘唇习惯的人，音色大多较暗而且混浊。可以用收紧双唇，使其贴近上下齿的方式改善共鸣。先用元音做练习，然后用小的句段进行练习，比较用此方法发音的音色与自己的习惯发音音色有何不同。

（1）音节练习。训练提示：打开牙关，发下面的复韵母，体会声束沿上颚前行，"挂"于硬腭前部的感觉。

ai ei ao ou iao iu ian ui

（2）片段练习。近日，青岛机场正式开通运营"青岛—洛杉矶"全货机航线。这是青岛机场开通的首条至美国西部地区的全货机航线，进一步提升了青岛机场国际货运航线通达度，为青岛及腹地高附加值和高端产品进出口提供了有力支撑，为青岛突出"枢纽型"发展导向、打造国际门户枢纽城市提供重要保障。

——中国民航网，http://www.caacnews.com.cn/1/5/202204/t20220415_1342810.html

2）改善音色

训练提示：改善音色的训练首先是要消除消极音色。有的人发音时习惯嘴角下垂，不利于表现积极的感情色彩。应注意嘴角上抬，结合"提颧肌"进行训练。

（1）音节练习。对于带有 ü、u、o 音的字，发音时嘴唇不要过于突起，否则音色会发暗、沉闷。发音时应将唇齿靠近，减少突起，从而改善音色。

用下列韵母做对比联系，比较音色的变化。

ao　ou　iao　iou　ua　uo　uai　uei　uan

uen　uang　ueng　ong　ü　üe　üan　ün

（2）片段练习。4 月 14 日，南航旗下重庆航空执飞 CZ2709 等 10 个"重庆—浦东"航班，承运 1567 名重庆援沪医疗队员、39.8 吨医疗物资驰援抗疫。在民航华东管理局、华东空管局、上海机场集团的统筹协调下，在浦东机场、东航地服部等单位的全力支持下，南航上海分公司高效有序地完成了现场保障工作。

——中国民航网，http://www.caacnews.com.cn/1/6/202204/t20220414_1342769_wap.html

3. 胸腔共鸣训练

1）体会胸腔共鸣

用较低的声音发"ha"音，声音不要过亮，这时的声音是浑厚的，感觉是从胸腔发出的，如果感觉不明显，可以逐渐降低音高，适当加大音量。也可以用手轻按胸部，用"a"做练习音，从高到低、从实声到虚声发长音，体会哪一段声音上胸腔振动强烈，然后在这一声音段做胸腔共鸣练习。一般来说，较低而又柔和的声音易于产生胸腔共鸣。

2）胸腔共鸣练习

训练提示：下面几组词口腔开度较大，易于产生胸腔共鸣。训练时注意气息的配合，两肋要打开。

暗淡　反叛　散漫　干旱　狡猾　到达　白发　出嫁

百忙之中　宝刀不老　八方风雨　才貌双全　沧海桑田

4. 鼻腔共鸣训练

1）体会鼻腔共鸣

鼻腔共鸣过多，鼻音色彩会过重。只有适当利用鼻腔共鸣才能美化声音。软腭抬起可减少鼻腔共鸣。可用"i"和"a"做练习音，利用软腭下降将元音部分鼻化来体会鼻腔共鸣。

情境设计：假设你要给一个三岁的小孩子配音，台词是受了委屈后，奶声奶气地叫"妈妈——"，对着家里的宠物猫叫"咪咪——"。

训练提示：这个情境的设计有助于找到鼻化元音的发音状态，因为小孩子说话的特点是鼻音较重、发音偏前。模拟练习时，可以减小音量，不要捏嗓子。

2）鼻腔共鸣练习

鼻腔共鸣少的人可进行以下练习，但切勿使鼻腔共鸣过多而导致鼻音色彩过重。可用以"m""n"开头的音做练习，体会鼻腔共鸣，然后发其他音。

妈妈　买卖　弥漫　奶奶　南宁　男女　美满　呢喃

猫咪　门面　木讷　牦牛　闽南　每年　农民　纳闷

阴谋　隐瞒　戏迷　分秒　妇女　困难　温暖　接纳

鼻腔共鸣过多形成习惯鼻音的人可进行以下练习来改善音色。首先应确定鼻音是否过多。有习惯发鼻音的人常常将韵母的元音部分完全鼻化。可用手捏住鼻子，用下列音来检查是否过分使用鼻腔共鸣，如果鼻腔从元音开始就振动，表明鼻腔共鸣使用过度，应减少元音的鼻化程度。

渊源　黄昏　间断　湘江　光芒　荒凉　中堂　中央

知识拓展

矫正鼻音的方法

鼻音音色暗淡、枯涩，听起来像感冒时从鼻中发出的堵塞的声音。鼻音过重产生的原因有：

（1）口腔开度不够，软腭无力，舌中部抬起阻挡了咽腔和口腔的通路，气流不能完全从口腔流出，致使部分气流进入鼻腔，从而失去了部分口腔共鸣，听起来是鼻音音色。

（2）刻意追求声音的明亮，把字音的着力点放在鼻腔中，混淆了鼻音和鼻腔共鸣。

（3）发音不规范，将大部分元音鼻化后与鼻韵尾的音节同时发出。

解决办法：

（1）关闭鼻腔通路，用半打哈欠的感觉将软腭提起，放松舌根、牙关，让后声腔的开度加大，关闭鼻腔通路，练习6个单元音的延长音。

（2）将16个鼻韵母中的主要元音和鼻韵尾做拆开练习，先发准主要元音，再发鼻韵尾。

（3）发"吭"音的练习。抬软腭，关闭鼻咽通道，突然打开鼻咽通道，发"吭"音。

（4）减少m、n开头的音节和n、ng结尾的音节。

四、声音弹性

航空服务人员由于工作岗位和工作环境的不同，表达内容也不尽相同。为了准确表达语言内容及其蕴含的感情色彩，航空服务人员应当具有丰富的声音变化能力，以适应表达情境的需要。如果客舱乘务员的日常服务语言、客舱播音、与乘客的沟通等都是"一个味儿"，就说明声音弹性差、适应面窄，不利于与旅客进行良好的沟通。

（一）声音弹性的概念

声音弹性是指声音对于人们变化着的思想感情的适应能力，简单地说就是声音随情感变化而来的伸缩性、可变性。

虽然客舱广播以及客舱服务中的口语表达对声音弹性的要求与表演语言的角色化要求不尽相同，但对声音的变化性、丰富性、感染力的追求却是一致的。声音弹性简而言之就是声音的伸缩性、可变性，最本质的特点就是声音的变化。在航空播音主持创作中，随着思想感情的变化，需对声音形式进行创意性的设计、把握。

（二）声音弹性训练

声音弹性训练主要分为声音的可变性和声音的对比变化两方面的训练。

1. 声音四要素可变性

声音的高低即音高，声音的强弱即音强，声音的长短即音长，声音的特色即声音的本质（也叫音质、音品、音色）。播音内容不同、形式不同、风格不同、对象不同，声音变化也不同，不能千篇一律。因此，要想适应各种航空播音创作的要求，就必须训练出鲜明、丰富的声音色彩。

1）音高训练

（1）音域扩展练习。

● 扩展高低音练习：a、i、u，由低音向上滑动，再从高音向下滑动。

● 扩展绕音练习：a、i、u，绕音，螺旋式上绕、下绕练习。

训练提示：声音上绕时身体的感觉好像在下楼梯，气沉丹田。注意喉头放松，切忌压喉憋气，气流梗在喉部。

（2）适当音高练习。情境设计：眼前是一栋高楼，你要用不同的音高，将相同的内容展示出来。按照一楼、二楼、三楼的顺序把这些内容送到楼里人们的耳中。

练习以下词语：

春暖花开　万物复苏　山河美丽　中国伟大　怒发冲冠　花好月圆

无边的海洋　浩瀚的星空　广阔的草原　安静的小溪　奔腾的骏马

2）音色训练

情境设计：今天是母亲节，将对妈妈无限的爱和感激之情用热情饱满的"a"音抒发出来。这时用自然的音高音量，宽窄适度，用实声。

（1）音节练习。

a（实）–a（虚）　i（实）–i（虚）　　a（虚）–a（实）

i（虚）–i（实）　a（实）–i（虚）　　i（实）–a（虚）

（2）词语练习。

大海（实）–大海（虚）

故乡（实）–故乡（虚）

训练提示：这个训练是体会实声向虚声过渡，这种虚声中依然保有实声成分，声带振动，有一定的共鸣的发音称为虚实声，发声时注意体会声带张弛适度的感觉。注意气息与声音的结合。

3）音强训练

音强变化的训练是为了提高对音量大小变化的控制能力。

训练提示：设想不同的听众人数和不同的交流距离，采用不同的表达方式，在发高音、强音时，以及低音、弱音时要加强呼吸控制，以保证发声器官的健康，保证发声质量。

（1）情境设计：根据听众人数的变化改变音量。从感觉上，具体调整说话的音量，如一对十、一对五十、一对百慢慢加大。可以用下面的句子进行练习。

今天我们荣幸地邀请到中央电视台的著名节目主持人——新闻评论员白岩松和大家进行交流，掌声有请。

设想的情境还可以是：在研究生课堂（几个人），小型学术沙龙（十几个人），小礼堂（几十个人），大操场（几百个人）。

训练提示：在没有话筒等电声设备的情况下，必须根据人数调节声音大小。这种训练不仅要做自我抽象提示，还要想象自己是在对着具体的人群，这样才能有目标感和对象感。

（2）情景设计：利用喊话方式练习音量变化。

我们对着高山喊：祖国，我爱你！我们对着大地喊：祖国，我爱你！

我们对着森林喊：祖国，我爱你！我们对着大海喊：祖国，我爱你！

训练提示：练习声音的层次感、立体感。

4）音长训练

训练提示：由一般速度的练习开始，逐渐加快速度。气息、吐字要配合好，气息通畅，吐字清晰利落，感情有起伏抑扬的变化，内容清楚，快而不乱。

正宗好凉茶，正宗好声音，欢迎收看由凉茶领导品牌加多宝为您冠名的加多宝凉茶中国好声音。喝启力添动力，娃哈哈启力精神保健品为中国好声音加油。本届中国好声音当中四位导师最得意的门生将踏上娃哈哈启力音乐梦想之旅。发短信参与互动，立即获得苏宁易购的100元优惠券。感谢苏宁易购对本节目的大力支持。

 行业信息

航班不正常的原因

造成航班不正常的原因通常比较复杂，如天气原因、空中交通管制、机械故障、飞机调配、旅客原因等。在延误补偿方面，需分清责任，区别对待。

（1）航空公司原因。由于航空公司原因，如机械故障造成航班在始发地延误或取消，航空公司应当及时提供航班信息，免费提供餐饮和住宿等服务。

（2）天气原因。由于天气等原因，造成航班在始发地延误或取消，航空公司应协助旅客安排餐食和住宿，费用由旅客自理。

（3）流量控制。为了保证飞行安全，在航班流量较大的航路或机场，空中交通管制部门为避免各个飞机之间出现危险接近或空中相撞，对飞机的流量进行控制。或由于机场繁忙，跑道有限，飞机排队起飞或目的地机场流量繁忙，始发机场受到控制。

（4）旅客原因。当旅客由于某种原因漏乘或登机后要求下飞机中止旅行时，为了对旅客负责，航空公司须进行清舱，并将该旅客所交运的行李从飞机上卸下，飞机才可起飞。这是为了避免发生旅客在甲地，而行李在乙地，从而给旅客的工作、生活带来不便的情况。更重要的是为了防止不法分子将危险物品交运后，故意不乘机而引起航空运输事故的发生。为了空防安全，也提醒您不要用自己的机票代为他人交运或捎带行李。旅客办理手续后未能按时登机、旅客突发疾病临时取消旅行或旅客在经停站、过站未通知航空公司而终止旅行等情况也会造成航班不能按时起飞。

资料来源：中国民用航空局，http://www.caac.gov.cn/CXCK/HLZN/201512/t20151214_15870.html。

2. 声音的对比变化

声音弹性对比变化包括强与弱、高与低、虚与实、快与慢、刚与柔、纵与收、厚与薄、明与暗等。声音弹性不仅以单项对比形式出现，还常常以复合形式出现，如刚与明、高与强的复合形式等。气息的深浅、徐急，声音的高低、强弱等，都是通过对比体现出来的。

（1）强与弱。音强的变化影响着音量的大小，主要表现为气流和发音强度的变化。坚定、有力、激昂、高亢的感情色彩常由较强音量表现，而软弱、无力、消沉、悲伤的感情色彩则需要由较弱的音量来表现。

①（弱）轻轻的我走了，正如我轻轻的来，我轻轻的招手，作别西天的云彩。

②他的心（较强）怦怦地跳着，（弱）他暗自下定决心：（强）我绝不能那样做。

（2）高与低。高与低的声音变化主要表现为音高变化，即声音的高低变化。一般来说，激动、喜悦、紧张等情绪的声音呈升高趋势；向消极一端发展的感情色彩，如安静、悲伤、放松等，声音倾向低沉。

①（高）对面是高耸入云的大山，（低）脚下是波涛汹涌的急流。

②（低）奶奶把小女孩抱起来，搂在怀里。（高）她们两人在光明和快乐中飞起来，（更高）她们越飞越高，飞到没有寒冷、没有饥饿的天堂去……

（3）虚与实。虚与实的声音变化表现为音色的变化，它是由声门开闭状态不同造成的。实声响亮扎实，多表达严肃、紧张、激动或兴奋的感情色彩；虚声音色柔和，常与亲切、轻松的感情色彩联系在一起。一般来说，适当的虚实变化会使表达更生动。

①（偏实）澳大利亚新南威尔士州的丛林大火 21 号仍未得到缓解，目前该州已进入为期 30 天的紧急状态，截至 21 号早上，还有 56 处林火仍未被扑灭，其中 2 处失去控制。从 17 号开始的林火目前过火面积已超过 4 万公顷，大火造成 1 名男子死亡，200 多座房屋被毁。

②（偏虚）悠闲的下午茶时光，感谢您的陪伴，接下来的节目我们就要一起聊聊温泉养生的话题。

（4）快与慢。快与慢的声音变化表现为发音速度或发音长度的变化。发音速度的变化可形成声音的节奏，发音速度快，给人以匆忙、紧张之感；发音缓慢则给人以放松、平和的感觉。二者在语流当中的对比变化形成感情色彩的变化。

①（慢）江姐从地上慢慢地站起来，用手捋了捋凌乱的头发，用轻蔑的眼神看了守卫一眼，走出门去。

②（快）他放下电话，跑出办公室，蹬上自行车，飞一般地冲出大门。

（5）刚与柔。"刚"多是实声，音量较大，是中高音，吐字有力。"柔"则与虚声、低音、弱音量，以及略松散的吐字有关。要注意"过刚则直，过柔则靡"。如果将声音要素用到极致，就会产生"硬邦邦"的僵直声或萎靡不振的柔弱声。

① 刚的训练。

书愤
陆游

早岁那知世事艰，中原北望气如山。
楼船夜雪瓜洲渡，铁马秋风大散关。
塞上长城空自许，镜中衰鬓已先斑。
出师一表真名世，千载谁堪伯仲间！

训练提示：了解历史背景，体会陆游胸中的郁愤之情。

② 柔的训练。

春（节选）
朱自清

盼望着，盼望着，东风来了，春天的脚步近了。

一切都像刚睡醒的样子，欣欣然张开了眼。山朗润起来了，水涨起来了，太阳的脸红起来了。

小草偷偷地从土里钻出来，嫩嫩的，绿绿的。园子里，田野里，瞧去，一大片一大片满是的。坐着，躺着，打两个滚，踢几脚球，赛几趟跑，捉几回迷藏。风轻悄悄的，草软绵绵的。

训练提示：以上文字展现了一个朝气蓬勃的春天，表现了作家对自由境界的向往。

（6）纵与收。"纵"的语速较快、气息流畅，与兴奋、高兴、愤怒、生气等强烈感情色彩关联。"收"多为低音、弱音、虚声，速度偏慢，常与沉静、谨慎等感情色彩联系在一起。

① 纵的训练。

念奴娇·赤壁怀古
苏轼

大江东去，浪淘尽，千古风流人物。故垒西边，人道是，三国周郎赤壁。乱石穿空，惊涛拍岸，卷起千堆雪。江山如画，一时多少豪杰。

遥想公瑾当年，小乔初嫁了，雄姿英发。羽扇纶巾，谈笑间，樯橹灰飞烟灭。故国神游，多情应笑我，早生华发。人生如梦，一尊还酹江月。

训练提示：全词借古抒怀，雄浑苍凉，大气磅礴，笔力遒劲，境界雄阔。

② 收的训练。

我愿意是急流（节选）
裴多菲

我愿意是荒林，
在河流的两岸，
对一阵阵的狂风，
勇敢地作战……
只要我的爱人
是一只小鸟，
在我的稠密的
树枝间做窠，鸣叫。

训练提示：《我愿意是急流》是匈牙利著名诗人裴多菲的作品，表达出作者对生命充满激情与渴望，勇于追求爱情。整首诗激情澎湃，豪迈洒脱，又不失深沉、凝重与庄严。上面节选的一段，前四句可放开，后四句可略收束。

（7）厚与薄。厚实的声音往往音高偏低、音量较大，常用于深沉、庄重的语气；细薄的声音一般较高、音量较小，多表现轻巧、活泼、欢快的情绪。厚与薄是一种与声音共鸣变化有关的对比形式。

① 厚的训练。

《台北故宫》配音（节选）

是谁创造了历史，又是谁在历史中薪火相传着我们的文明。

1948年12月21日，在南京下关码头上静静地躺着700多个神秘的箱子，它们正在等待着离开这个港口。不久，国民党海军中鼎号运输舰悄然驶进码头，它将执行一个极为秘密而特殊的任务。

1948年11月6日，淮海战役正式打响。

这是1948年至1950年拍摄的纪录片《人民的胜利》。

......

——中国网络电视台，http://jishi.cntv.cn/C30937/classpage/video/20110724/100026.shtml

训练提示：《台北故宫》气势恢宏，制作精良。本集将经由亲历者的讲述揭开那段尘封已久的历史。这段配音既有历史的沧桑与厚重感，又有娓娓道来的故事性。

② 薄的训练。

谦虚过度（节选）

一天，艾克遇到一只小老鼠。小老鼠看到艾克有一条火红蓬松的大尾巴，不禁发出了由衷的赞美："哎呀，艾克大叔，您的尾巴真大呀！"艾克学着水牛爷爷的口气，歪歪嘴说："唉，过奖了，你们老鼠的尾巴比我大多了。""啊，什么？"小老鼠大吃一惊："你长那么长的四条腿，却拖根比我还小的尾巴？"艾克谦虚地说："哎，不能这么讲了，我哪有四条腿，三条了，三条了。"小老鼠以为艾克得了精神病，吓跑了。

艾克的谦虚没有换来美名，倒换来一大堆谣言。大家说："唉，森林世界出了一条妖怪狐狸，只有三条腿，还拖一根比老鼠还小的尾巴……"

训练提示：寓言故事《谦虚过度》有水牛爷爷、狐狸艾克、小老鼠等角色，艾克和小老鼠的语言可以用"薄"的声音体现，注意通过声音体现角色性格。

（8）明与暗。明朗的声音共鸣的位置略靠前，声音偏高、略紧。暗声共鸣位置略靠后，声音偏低、略松。明朗的声音易于表现开朗、欢快、赞颂等情绪，较暗的声音则有利于表现深沉、感伤等情绪。

① 明的训练。

新中国成立70周年阅兵解说词（节选）

海霞：今天是你的生日，我的中国。在这个不同寻常的节日，相信每一位中华儿女都会从心底里说一句：我爱你，中国。

康辉：70年风雨兼程，天安门广场上的红飘带寓意红色基因连接历史、现实与未来。

海霞：今天的天安门广场是世界瞩目的中心，今天的中国正前所未有地靠近世界舞台中心。

康辉：长安街上，人民军队精神抖擞，这支曾经穿草鞋、拿梭镖走上征途的队伍，现在已经拥有了自己的航母和新一代隐身战机，正阔步迈向世界一流军队。此时此刻，4名上将，2名中将，100多名少将，近15 000名官兵列队完毕，等待接受统帅的检阅，接受祖

国和人民的检阅。

海霞：长安街两侧身穿节日盛装的10万游行群众已集结完毕，一个多小时后，他们将组成一个个方阵，从天安门前通过，向全世界展示自由生动、欢愉活泼。70年前中国人的平均预期寿命只有35岁，70年后的今天已经达到77岁，70年来不断创造奇迹的中国让世界刮目相看。

……

——学科网，www.zxxk.com/soft/11495973.html

训练提示：训练时，应该用较明亮的实声，体现赞颂的情感。

② 暗的训练。

十里长街送总理

总理的灵车缓缓地开来了。灵车四周挂着黑色和黄色的挽幛，上面装饰着白花，庄严，肃穆。人们心情沉痛，目光随着灵车移动。好像有谁在无声地指挥。老人、青年、小孩都不约而同地站直了身体，摘下帽子，静静地望着灵车，哭泣着，顾不得擦去腮边的泪水，舍不得眨一眨眼睛。

训练提示：这段解说词表现的场景是周总理的灵车驶在长安街上，百万群众沿街为他送行。训练时，应该用较为低沉、偏暗的声音，体现沉痛的情感。

第三节　航空播音发声综合训练

航空服务人员应该具备准确规范的语言表达能力。航空播音及航空乘务员和旅客之间的语言交流是空中服务必不可少的。航空播音涉及飞机结构、航线信息、天气状况、旅游景点等方面的内容，规范、亲切的播报可在一定程度上提高航空公司的整体形象，航空服务人员应该掌握航空语音发声的技能，为以后的工作打下良好的专业基础。

一、词组训练及短句训练

（一）词组训练

机长	机高	翼展	巡航	航程	机翼
机身	航路	航班	高度	起飞	降落
动力装置	起落装置	爬升速度	飞行人员		
航班正常	空机重量	飞机呼叫	航空管制		
告警系统	自动着陆	机内测试	咨询通报		
旅客运输量	货物运输量	旅客周转量	货物周转量		
提供座位数	可提供客公里	客座利用率	稳定操作机构		
最大起飞重量	最大着陆重量	主飞行显示器	运输总周转量		
航空移动服务	空地通信系统	空中交通服务	空中航行规划		

机内测试设备	仪表着陆等级	民航培训中心	航空气象服务
航空无线电公司	机载综合数据系统	机载综合数据显示	
飞机状态监视系统	飞机状态监控系统	姿势控制系统	
区域管制设施	飞机识别标志	自动控制和着陆系统	
自动监视控制单元	空地数据链系统	机场地面交通管制系统	
近地警告系统	机场终端信息服务	自助终端情报服务	实际经过时间
空中交通服务通信	自动化数字网络	机场能见度运行	自动飞行检查
全球定位系统	仪表着陆系统	空中交通管制	电子飞行仪表系统
自动化气象监测系统	航空气象处理器	地面系统标准	区域管制中心
自动高度报告系统	机载天线系统	航空电信服务协调委员会	
航空移动卫星业务	实际导航性能	空中航行系统	区域导航系统
飞机信息管理系统	机载信标信息处理系统	航空气象和航行通告系统	
美国航空运输协会	国际民航组织	中国民用航空局	联邦航空局(美国)
联邦航空条例(美国)	联合航空局(欧洲)	联合适航条例	航空行政通信
航空公司行政管理	航空咨询委员会	飞机资质完好性监控	航空港改进计划

(二) 短句训练

1. 礼貌用语

(1) 发餐发水礼貌用语。

您好！请问您还要添加饮料吗？

请问您的（饮料名称）要加冰吗？

麻烦将您的水杯递一下，谢谢！

我给您换个新杯子好吗？

今天我们为您准备了××和××，请问您喜欢哪一种？

这是您的××，请慢用，餐食有点烫，请小心接好。

对不起！请您暂时把座椅靠背调直一下，以方便后边的旅客用餐，等休息时您可以随意调节，谢谢！

先生（女士），您需要用餐的时候请按呼唤铃。

(2) 收垃圾时礼貌用语。

请您帮忙递一下不需要的饮料罐、餐盒等杂物，谢谢！

请留下您的水杯，稍后我们将提供茶水（咖啡）服务。

对不起，餐车收满了。请稍等片刻，我们马上为您清理！

(3) 加茶水（咖啡）礼貌用语。

请问有需要加茶水（咖啡）的旅客吗？

我们为您提供的是茉莉花茶（雀巢咖啡）。

其他饮料也可以为您提供，您喜欢哪一种？

(4) 加餐礼貌用语。

对不起！先生（女士），请您先稍等片刻，我们发完后如有富余的马上给您送来。

对不起！先生（女士），由于今天需要面条（米饭）的旅客较多，面条（米饭）现在没有了，您看××行吗？味道也很不错的！

（5）服务休息旅客礼貌用语。

您好！先生（女士），刚才供餐时您正在休息，一直没打扰您。请问您现在需要用点什么吗？

好的，我们马上给您送过来。

（6）发现餐食异物礼貌用语。

对不起！先生（女士），这是我们工作的失误，谢谢您发现问题并及时告诉我们。我再给您换一份餐食，您看可以吗？

非常抱歉！这个问题我们一定向相关部门如实反映，以后我们将避免此类事情的发生，希望您能够谅解。谢谢！

知识拓展

禁止使用的服务用语

没有了　供应完了　我不知道　不关我的事儿　快点　你等会儿

有事吗　别问我　我也没有办法　不能放着　与我无关　我忙着呢

2. 客舱常用短句

（1）我们的飞机预计在晚间10点30分到达上海浦东国际机场，现在是北京时间晚间8点20分。

Our plane is expected to arrive at Shanghai Pudong International Airport at 10:30 pm, The time now is 8:20 pm.

（2）为了保证飞行安全，请再次确认您的手机，确保带有"飞行模式"功能的手机已经处于关闭状态。

To ensure the flight safety, please make sure that your mobile phones, including flight mode are powered off.

（3）本次航班全程禁止吸烟。

This is a non-smoking flight. Please do not smoke during the entire flight.

（4）为了确保您在旅途中得到良好的休息，我们将调暗客舱灯光。

To ensure a good rest for you during the long journey, we will be dimming the cabin lights.

（5）需要阅读的旅客可以打开您上方的阅读灯。

For passengers who wish to read, please switch on the reading lights located above you.

（6）您的安全是我们最关心的问题，强烈建议您在飞行期间系好安全带。

Because your safety is on our primary concern, we strongly recommend you to keep your seat belts fastened through the flight.

（7）您的满意是我们的追求，您的建议是我们的改进方向。

To further improve of our service, your comments and suggestions are highly appreciated.

（8）我们为您准备了旅客意见卡。

We'll be offering feedback cards to all of you.

（9）请将填写好的意见卡交给我们。

Please return the card to us if you finish it.

（10）谢谢您的支持与关心。

Thank you for your support and concern.

（11）为了您的方便，我们现在分发入境卡和申报单。

For your convenience,we are now distributing arrival card and declaration.

（12）当您通过海关和边检时，这些都是政府要求您所必须填写的。

When you go through customs and immigration, it is necessary for you to fill in the forms required by the government.

（13）为了您能快速通过海关和边检，请您在我们的飞机落地之前填写好。

In order to speed your passage through customs and immigration, please complete it before we land.

（14）如果您有任何关于填写表格的问题，请随时向客舱乘务员寻求帮助。

If you have any questions about filling in the forms, please ask cabin attendants for help.

二、短文训练

为什么飞机起降时要调暗客舱灯光？

每当飞机进入起飞和降落状态，客舱乘务员都会提醒乘客：调正座椅，收好小桌板，打开遮阳板，并且客舱灯光会被调暗。

在之前的内容中我们也提到过，飞机起降时调正座椅、收好小桌板是为了让乘客有足够的活动空间，以便发生意外时能够快速撤离。打开遮阳板则主要是为了让空乘人员和乘客了解和判断机外情况，也方便机外救援人员观察舱内情况。

那么又为什么要调暗客舱灯光呢？有人说是为了让乘客观赏城市夜景，可真的是这样吗？

1. 保证能源供给

其实调暗客舱内的灯光并不是为了让乘客观赏城市夜景，调暗客舱灯光的第一个原因，就是保证飞机的能源供给，使发动机产生的能量主要用于为飞机提供动力。简单来说就是全力保障起降安全。

2. 提前适应环境

起飞时的3分钟和降落时的8分钟被业界称为"魔鬼11分钟"，如果在这段时间发生意外，乘客将在乘务员的引导下迅速撤离。人们从一个明亮的环境转到黑暗的环境，往往会出现目眩的情况。所以这就是调暗客舱灯光的第二个原因：让乘客的眼睛提前适应黑暗的环境，以防万一。

以上就是飞机起降时，调暗客舱灯光的两大原因，你猜对了吗？

——搜狐网，https://www.sohu.com/a/78464329_416042

飞机在空中等待

飞机靠速度产生升力。如果飞机在空中停住，它就会掉下来。所以飞机在空中飞行要尽量避免空中等待。对于从机场起飞的飞机，这种情况几乎不存在，因为管制员可以控制

起飞的时间，宁肯让飞机在地面上多等些时间，也不会让它在空中等待进入航路。但是对于准备降落的飞机和在空中走廊准备进入其他航路的飞机，有时这种等待是不可避免的，特别是在某些繁忙的机场，某一时刻可能有多架飞机抵达机场上空请求降落，如果仅有一条跑道，于是除一架飞机外，其他飞机只好在空中等待了。根据这种情况，专门设置了等待航线。等待航线的平面形状像运动场的跑道，呈椭圆形，立体形状像一个螺旋形的楼梯，层层叠起。它的位置由地面的无线电信标决定。无线电信标向上发射信号，飞机就绕着这个信标盘旋飞行。等待航线每一层的高度间隔是 300 米，最底层离地高度为 600 米。最多时可达 10 层。飞机每飞一层的时间为 4 分钟，速度快的飞机飞的圈大，速度慢的飞机所飞的圈就小。有风时这个圈的形状会变成顺风边长、逆风边短的梯形。降落时等待飞机先进入最上层，层层盘旋下降，最多可以等 40 分钟。飞机进入拥挤的航路和空中走廊时，有时也要利用等待航线调整飞行间隔和飞行高度。飞机在空中等待既浪费时间，也浪费燃油，同时也使飞行的安全性下降，应尽量减少使用这种方式。现在发展出一种流量管理的办法，用它来代替空中等待。飞机起飞前，如果预计到达机场会发生空中等待，就推迟起飞时间，把飞机在到达机场的空中等待变成在始发机场的地面等待。这种方法虽然减少了飞机在空中的飞行时间和燃油消耗，但并没有解决起飞时间的延误和旅客的抱怨等问题，而且可能使始发机场飞行秩序被打乱。要彻底解决这个问题，看起来只能等待整体航路网的扩容和技术手段上的突破了。

——中国民用航空局，
http://www.caac.gov.cn/GYMH/MHBK/KZJT/201509/t20150923_1899.html

客舱乘务员和飞行员为何每次都要带个大包？

对于飞行员而言，必备的证件有飞行员执照、体检合格证、登机证、健康证、飞行经历记录本、航线记录本（航图以及飞行资料）、应急合格证、危险品运输合格证、国际/地区航班的护照/通行证。除此之外，还有反光背心（绕机检查时会用）及耳机、手电、水杯、墨镜等常用物品以及自己的私人物品等。

对于乘务员而言，必备的证件有体检合格证、中国民航空勤登机证、中国民航客舱服务员训练合格证（前述即为乘务员的"三证"）、乘务员执照、登机证、健康证、国际/地区航班的护照/通行证。除此之外，还有客舱乘务员手册（伴随乘务员的整个职业生涯，每次飞行时随身携带）、飞行日记、舱门操作口令单、近期业务通告、手电、水杯、布鞋、围裙及烤餐食用的手套等。对于女乘务员而言，还要有备份丝袜、化妆包，而近视者还会带备份眼镜。而对于国际航班而言，头等舱乘务员还带有头等舱的供餐流程卡。当然，乘务长还会再多带一个小药箱，以备紧急之需。

——百度网，https://tieba.baidu.com/p/6046274466?red_tag=3453703205

商载与航程之间的关系

因为飞机总载重量是固定的，多装燃油、少装人和物，它就可以飞得远一些；反过来，它飞的距离就要缩短。

航空公司的任务是将一定数量的商业载荷（简称商载，指收费的旅客和货物）用飞机运送到一定距离之外。这是航空公司主要的营利手段。因此航空公司在选购飞机时必须同时考虑这种型号飞机的商载和航程的范围。

飞机的最大起飞重量、商载、航程和燃油量之间有着密切的关系。飞机的最大起飞重量受到结构和性能的限制，出厂时就被严格定死。最大起飞重量是使用空机重量、燃油重量和商载三部分之和。使用空机重量包括飞机的自重和机上空勤人员及服务所需物品的重量总和，一般在一个数额不大的范围内变化；飞机的商载受到旅客座位数和货舱容积的限制；最大的携带燃油量则受到油箱容量的限制。

如果将飞机的载油量和商载量都增到最大，就会使飞机的总重量超过最大的允许起飞重量。在这种情况下，迫使飞机的使用者在商载和航程二者之间做出选择：商载加重，那么燃油只能少装，飞机飞行距离就短；燃油装满，飞机可以飞得远，但商载必须减少。

在不超过飞机最大起飞重量的情况下，选择各种航程与商载的组合，就能充分利用飞机的性能，更有效地实现空中运输的作用。

——中国民用航空局，
http://www.caac.gov.cn/GYMH/MHBK/HKQJS/201509/t20150923_1793.html

雨、雪、雷、电要提防

以各种形式从天空中落下的水，在气象学上统称为降水，主要包括雨、雪、冰雹。一般降雨对飞行的影响不大，无风情况下的细雨如同薄雾一般，会影响能见度；特大的暴雨有时能使飞机受到损害；此时地面上的积水如不能及时排出，机场可能会被迫关闭。空气温度很低时可能出现雪。雪的颜色很白，在空气中反射光线，会影响驾驶员的视线。它最大的影响还是在机场的跑道上，哪怕只有很薄的积雪都会降低跑道的摩擦力。气象部门要对机场的雪情及时发出通报，便于驾驶员尽早做出决断。冰雹是一种特殊的降水形态。当空气上下温差很大，上层温度低，已经结冰的水滴在下降的过程中又被上升的暖湿气流带到高空，冰粒外层吸附了水气，再次遇冷凝结就变成冰雹。如果上下反复多次，就会形成大冰雹。在降雹区，气流的扰动很大，飞机应当适时避开，一般的小冰雹对飞行不会造成太大的影响。

此外，飞机在通过降水区或降水云时，在一定的温度条件下，水滴或冰粒会粘附在飞机表面结成冰层，其中机翼最容易结冰，结冰后的翼型发生改变，使阻力增大，升力下降。为此，飞机都装有防冰的设备，用喷气发动机的热气或用电将冰融化。此时，驾驶员要迅速控制飞机飞离结冰区。

雷电总是和云雨一起发生。云中的水蒸气在翻腾中相互摩擦碰撞产生了静电。不同的云团带着性质不同的电荷，一旦相遇就可能发生放电现象，它所产生的能量非常大。如果飞机直接被雷电击中，会导致机上的仪表失灵，严重时可以直接损害到飞机机体。发生激烈的雷电的云区被称为雷暴云。在雷暴区内雷鸣电闪，伴随的是大雨和剧烈的气流扰动。飞机必须绕开这片危险的区域。雷暴云的范围一般不太大，多发生在夏季的热带海洋上空。

——中国民用航空局，
http://www.caac.gov.cn/GYMH/MHBK/KZJT/201509/t20150923_1886.html

飞机起飞或降落时为何耳朵发痛？

1．耳朵疼的原因

当飞机起飞与下降时，周围的空气压力骤然改变，耳道的气压跟周围压力一起改变，而鼓室内的压力还来不及调整，耳膜两边就产生了压力差。内外气压失去平衡，从而发生

"压耳"现象,使耳膜充血。此时乘客就会感到耳朵疼,且人耳对飞机降落时的气压差更敏感,因此耳朵更疼痛。

2. 哪些人容易耳朵疼

飞机起飞或下降时,耳朵产生难受的感觉是普遍现象。虽然人们普遍感到不舒服,但是有些人的咽鼓管可以较好地自我调节,并不会感到很疼。

大致有四种人乘坐飞机时耳朵容易疼痛:

(1)咽鼓管功能差的人容易疼。因为生理发育不同,每个人的咽鼓管功能差异很大。

(2)婴儿和青少年容易疼。因为小孩的咽鼓管还没有发育好。

(3)患有鼻炎、鼻窦炎的人容易疼。此类人的咽鼓管容易被堵塞。

(4)感冒、鼻塞的人容易疼。此类人的咽鼓管也易被堵塞。

3. 减小疼痛的小方法

(1)做促使咽鼓管张开的动作,使耳膜内的压力可以及早做出调整。比如打呵欠、咽口水、吃东西、喝饮料等。

(2)乘飞机前可以在鼻腔内滴几滴麻黄素,减轻咽鼓管口黏膜肿胀。

(3)佩戴飞机耳塞可以自动调节耳内气压,使得中耳腔膜内的压力差减小,让咽鼓管发挥正常的功能,消除耳朵疼痛或不适。

——搜狐网,https://www.sohu.com/a/223484045_401087

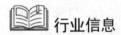 行业信息

<h3 style="text-align:center">航旅指南中安检的相关内容</h3>

1. 安检常识

航空运输的首要原则是保证安全,民航安检部门在保证安全的前提下,为航空消费者提供优质、高效、快捷的服务。

安检时,请您向安检人员出示登机牌和有效身份证件,安检员审核后将在登机牌上盖章。您和您随身携带的所有物品必须接受安检部门的检查。

为了保证航空安全,特殊情况下可以实施安检特别工作方案,一些机场可能要求您脱下皮带、鞋子,交出随身携带的照相机、移动电话、玩具等接受检查,如发现可疑物品,采用开箱(包)检查的方式,必要时也可以随时抽查。您有责任及义务配合安检部门的检查。

2. 随身携带行李限额

乘坐国内航班时:随身携带的手提行李总重量不要超过5千克,每件物品的体积不得超过(20×40×55)立方厘米,超过规定件数、重量或体积的限制,航空公司会要求将行李进行托运。

乘坐国际航班时:通常情况下,手提行李总重量不要超过7千克,每件行李体积不超过(20×40×55)立方厘米(三边之和不超过115厘米)。乘坐美加航线的旅客只能随身携带一件手提行李(部分航空公司有特殊重量限制规定,请旅客留意机票上的提示,或向航空公司咨询)。

3. 限制随身携带的液态物品的种类

液体饮品:矿泉水、茶水、碳酸饮料、牛奶、酸奶、果汁等。

洗漱化妆用品：牙膏、洗发水、沐浴露、润肤露、剃须泡沫等。
凝胶用品：定型水、啫喱水等。
药品：眼药水、口服或外用药液、喷剂等。
液态食品：甜面酱、瓶装或罐装罐头等食品。
气雾剂：喷雾液等。

资料来源：中国民用航空局，http://www.caac.gov.cn/CXCK/HLZN/201512/t20151214_15866.html.

三、新闻训练

2023年以来，西安至阿拉木图、比什凯克、塔什干、曼谷等地的国际航线陆续恢复或开航，为西北民航首次乘机服务的推广和提质升级提供了更多舞台。按照2023年西北民航"首乘服务升级行动"重点工作安排，西北民航相关单位积极开展以"国际首乘"为主题的服务活动，在国际航班上创新推广首乘服务经验和举措，赢得了旅客积极评价。

——中国民用航空局（节选），
http://www.caac.gov.cn/XWZX/HYDT/202302/t20230221_217317.html

中欧经贸往来再添新的空中桥梁。4月13日凌晨，法国达飞航空货运公司330F全货机将从巴黎飞抵广州白云国际机场，标志着白云机场今年首条洲际全货运航线——巴黎-广州-巴黎全货机航线正式开通，广州国际货运航空枢纽布局再添新航点。法国达飞航空货运公司也是今年以来首个进入广州航空市场的欧洲航空公司，广州航空货运枢纽之家又增新成员。

——中国民用航空局（节选），
http://www.caac.gov.cn/XWZX/HYDT/202304/t20230423_218314.html

"十四五"以来，西北支线机场按照民航局"干支通、全网联"航空运输服务网络建设要求，立足自身发展定位，从拓展通程航线网络、提升服务内涵和创新服务产品等方面积极开展实践探索，取得积极成果。近年来先后开通呼和浩特、大连、贵阳、重庆、三亚等10余条"干支"航线，2022年机场通程航班运输旅客达1.1万人次。汉中机场2022年夏航季开通武汉-汉中-贵阳通程航线，有效延伸了机场航线通达性。安康机场2022年夏航季开通至武汉、泉州等航线，构建起连接华东、中南主要经济地区的航线桥梁。

——中国民用航空局（节选），
http://www.caac.gov.cn/XWZX/DFDT/202303/t20230308_217497.html

2023年2月24日，华北局组织召开"华北地区智慧民航建设实施方案研究"课题开题会。民航局计划司相关领导、华北局智慧民航建设领导小组成员单位及民航总院华北分公司课题组成员参加了会议。会议邀请了来自民航管理干部学院、民航大学及民航总院的三位专家组成专家组。

课题组首先汇报了研究课题的基本思路，通过分析行业需求和"痛点"，结合华北地区民航发展特点，开展基于成熟新技术的基础设施建设，响应《智慧民航建设路线图》中2025年数字化转型目标，助力华北智慧民航2025年目标落地，实现政策引领，并为未来智慧化应用目标"五个一"效果（出行一张脸、物流一张单、通关一次检、运行一张网、监

管一平台）做好技术规划。

——中国民用航空局（节选），
http://www.caac.gov.cn/XWZX/DFDT/202303/t20230308_217496.html

为响应西北局"首乘服务升级"行动号召，9月份以来，西北民航各单位瞄准首乘旅客较为关心的客票价格、安检服务、团队保障等问题，开展了首乘"营销升级""安检无忧""团队惠享"等系列活动，为广大首乘旅客带来更多福利。

南航西安分公司开展首乘下沉营销，推出首乘专项运价，分公司积极沟通广州总部，将西北四省1个分公司、3个营业部的力量整合起来，推出低于见舱销售价格10个百分点的首乘专项运价，在南航App、小程序、OTA网站等渠道投放宣传广告，为首次乘坐南航航班的旅客提供福利。活动推出以来，共有1084名首乘旅客享受到了专属票价，其中西北四省始发首乘旅客达224人。

——中国民用航空局（节选），
http://www.caac.gov.cn/XWZX/DFDT/202209/t20220915_215329.html

中南局积极贯彻落实《民航局关于建立健全"十四五"民用航空发展规划实施机制的意见》要求，6月28日，印发了《民航中南地区"十四五"发展规划分工方案》，引领辖区民航企事业单位，立足新发展阶段，完整、准确、全面贯彻新发展理念，构建新发展格局，推动民航高质量发展。

下一步，中南局将组织辖区相关单位落实分工工作，坚持任务导向和结果导向，突出发展指标、重大工程项目、重要任务举措的牵引作用，集中力量开展攻关共建，形成全行业支持和参与规划实施的合力。

——中国民用航空局（节选），
http://www.caac.gov.cn/XWZX/DFDT/202207/t20220707_214027.html

四、广播词训练

（一）客舱广播词

1. 安排行李的广播

女士们、先生们：

欢迎您选乘____班机。请您对号入座，您的座位号码位于行李架边缘。请确保您的手提行李存放在头顶储物柜中，小件行李请放在前排座椅下方。请找到座位的旅客尽快入座，把通道让开以方便后面的旅客尽快登机。

谢谢您的合作。

Ladies and gentlemen:

Welcome aboard____. Please take your seat according to your number. Your seat number is on the edge of the rack. Please make sure your hand baggage is stored in the overhead locker. Any small articles can be put under the seat in front of you. Please take your assigned seats as quickly as possible and leave the aisle clear for others to be seated.

Thank you for your cooperation.

2. 防止错误登机广播

女士们、先生们：

欢迎您乘坐上海××航空的班机。本架客机是由____飞往____（经停____）的 HO____航班，本次航班将停____靠机场____号航站楼。请各位旅客再次确认您的登机牌。谢谢！

Ladies and gentlemen:

Welcome aboard ×× Airlines flight HO____from____to____(Via____). We will land at____Airport Terminal____. Would you please check your boarding pass again and make sure the flight number matches.Thank you.

3. 禁止使用电子设备广播

女士们、先生们：

根据《中国民航法》的规定，在整个飞行过程中禁止在机上吸烟。

为确保飞行安全，请确保您的手机和其他电子设备，包括具有飞行模式的手机和电子设备已关闭电源。我们建议您不要使用锂移动电源为电子设备充电，并确保在整个飞行过程中关闭锂移动电源。我们将非常感谢您的理解与合作。

谢谢！

Ladies and gentlemen:

According to the CAAC regulations, smoking is prohibited on board during the entire flight.

To ensure the flight safety, please make sure that your mobile phones and other electronic devices, including those with flight mode, are powered off. We recommend you do not charge the electronic devices with the lithium mobile power and ensure the lithium mobile power is turned off throughout the flight. Your understanding and cooperation will be highly appreciated.

Thank you!

4. 客舱安全设备示范广播

女士们、先生们：

现在，由客舱乘务员向您介绍救生衣、座椅垫、氧气面罩、安全带的使用方法和紧急出口的位置。

Ladies and gentlemen:

We will now demonstrate the use of the life vests, seat cushions, oxygen masks, the seat belts and the locations of the exits.

救生衣在您座椅下方。

Your life vest is located under your seat.

使用时取出，经头部穿好。

To put the vest on, slip-it over your head.

将带子扣好系紧。

Fasten the buckles and pull the straps tightly around your waist.

然后打开充气阀门。

Then pull the inflation tab.

但在客舱里请不要充气。

Please do not inflate it while you are in the cabin.

充气不足时，可将救生衣上部的两个人工充气管拉出，用嘴向里吹气。

If your vest is not inflated enough, you can also inflate it by blowing into the mouthpiece.

您的座椅垫可以作为救生漂浮物使用，将坐垫从座椅上用力拉出，正面朝内抱在胸前，将两手穿过后部的带子抓紧椅垫，入水时，将下颚紧贴在座垫顶部。

Your seat cushion can be used for emergency ditching. Pull the cushion out of the seat. Face the right side and hold the cushion in front of your chest. Get your hands across the belts on the back side and hold ittightly. Stick your chin tightly to the top of the cushion before ditching.

氧气面罩储藏在您座椅上方。

Your oxygen mask is in the compartment over your head.

发生紧急情况时，面罩会自动脱落。

It will drop automatically when needed.

氧气面罩脱落后，要用力向下拉面罩。

If you see the mask, pull the mask toward-you firmly to start the flow of oxygen.

将面罩罩在口鼻处，带子套在头上，进行正常呼吸。

Place the mask over your nose and mouth, slip the elastic band over your head. Within a few seconds, oxygen flow will begin.

带小孩的旅客请先戴好自己的，再为小孩戴好面罩。

If you are traveling with children, please put your mask on first, then assist your children.

这是您座椅上的安全带。

This is your seatbelt.

使用时，将连接片插入锁扣内。

To fasten your seatbelt, insert the link into the main buckle.

根据您的需要，调节安全带的松紧。

To be effective, the seat belt should be fastened tight and low.

解开时，先将锁扣打开，拉出连接片。

To unfasten the seat belt, lift the flap and pull-out the link.

为预防因颠簸造成意外伤害，请您全程系好安全带。

When the aircraft is experiencing turbulence, please fasten your seatbelt tightly.

本架飞机除了正常出口外，在客舱的左右侧还有紧急出口，分别有紧急出口的明显标志。

There are emergency exits on each side of the aircraft, in addition to the main entrance doors. All the exits are clearly marked.

客舱通道及出口处都设有紧急照明灯，紧急情况下请按指示路线撤离飞机。

The emergency lights located on the floor will guide you to the exits if an emergency arises.

当发生空中颠簸时，如果您不能及时回到座位，请抓紧行李架边缘的凹槽处，如果您在使用洗手间请抓紧洗手间内的扶手。

Please grasp the overhead assistant bar or the assistant handle in the lavatory, in case you can't back to your seat immediately, when there is turbulence in the air.

安全说明书在您座椅前面的口袋里，请您在起飞前仔细阅读。

For further information, please refer to the safety instruction leaflet before take-off.

谢谢！

Thank you!

5. 起飞前欢迎词广播

女士们、先生们，尊敬的××航空常旅客：

××航空公司全体机组人员非常热烈地欢迎您。我们温馨地提醒您，在任何时候都不允许在机上吸烟。请遵守安全带标志、禁止吸烟标志或任何其他客舱标志说明。请勿触摸或损坏厕所内的烟雾探测器。起飞前，请系好安全带，收起托盘，打开窗帘，保持座椅靠背直立。请保管好您的贵重物品。

您的每次旅行都承载着我们的祝福，我们珍视您的需求和期待，把每次飞行都当作与您的一次亲切交流，希望给您的旅途带来不一样的心灵体验，让我们在这首美妙的乐曲中放松心情，感受吉祥。

谢谢！

Ladies and gentlemen, and all of our frequent fliers:

A very warm welcome from all the crew on the ×× Airlines. We kindly remind you that smoking is not allowed on board at any time. Please follow the seat belt sign, no-smoking sign or any other cabin sign instructions. Do not touch or destroy the smoke detectors in the lavatory. Before we take-off, please fasten your seat belt, stow your tray table, open your window shade and keep your seat-back in the upright position, please take good care of your valuable items.

May our best wishes accompany you on each and every journey. We strive to fulfill your needs and expectations, and each time you fly with us is a treasured opportunity to communicate with you. We hope this trip will be a pleasant, heartfelt experience for you unlike any other. Take a minute to get settled in as you listen to this music. Enjoy the flight.

We wish you have a pleasant journey. Thank you!

6. 再次确认安全带已系好广播

女士们、先生们：

我们的飞机马上就要起飞/着陆了，请再次确认您的安全带已系好。谢谢！

Ladies and gentlemen:

As we are about to take off/land, please make sure that your seatbelt is securely fastened. Thank you!

7. 短航线广播

短航线广播适用于航程时间在70分钟（含）以内的航班。

女士们、先生们，尊敬的××航空常旅客：

感谢您选乘××航空如意旅程前往____（节日广播词/本次航班由于____原因而延误，造成您旅途的不便，我们向您表示诚挚的歉意。同时再次感谢您的谅解与合作）。为了避免锂电池在客舱中发生自燃，请各位旅客在飞行过程中不要使用锂电池移动电源为电子设

备充电,并将电源始终关闭。

由于航程时间较短,根据民航局相关规定,出于安全原因的考量,本次航班不提供餐饮服务,希望您谅解。我们的飞机预计将在____到达,谢谢。

Ladies and gentlemen, and all of our frequent fliers:

Thank you for choosing our flight to____.(Holiday Announcements / We apologize / We are sorry for the delay due to____). In case of the self-ignition of the lithium batteries, please don't use them during the entire flight.

According to the CAAC regulations and for safety reasons, due to the very short duration of this flight, we will not be providing meal and drink service. Your understanding is very much appreciated. Our estimated time of arrival is____AM/PM. Thank you.

8. 落地前30分钟

女士们、先生们、尊敬的××航空常旅客:

现在飞机已经开始下降,客舱乘务员将进行落地前的安全检查。请您回到自己的座位,系好安全带,收起小桌板,调直座椅靠背,打开遮阳板,请注意离您最近的出口在哪里。并再次确认您的个人电脑等所有电子设备已关闭。谢谢!

Ladies and gentlemen, and all of our frequent fliers:

As we have started our approach into the airport. The cabin crew will make a final check of the cabin to ensure that all baggages are stowed securely. Please return to your seat, fasten your seat belt, stow your tray table, open your window shade and put your seat-back in the upright position. Meanwhile, please note where the nearest emergency exit is located. As a safety precaution, it is important that you turn off all the electronic devices. Thank you!

9. 地面等待广播

女士们、先生们:

现在我们的飞机已经准备就绪,由于等待机载文件的原因,本次航班暂时没有起飞时间,请您在座位上休息等候,有进一步消息我们将及时广播告诉您。等待期间我们将为您提供饮料,对于航班不能按时起飞,机组全体成员向您表示诚挚的歉意,感谢您的理解与配合。

Ladies and gentlemen:

Our plane is ready now, because of waiting for airborne file, the flight had not departure time, please wait you rest in the seat. If there is further news, we will broadcast to tell you in time. During the waiting period, we will provide you with drinks. We sincerely apologize for the delay of the flight. Thank you for your understanding and cooperation.

10. 寻找旅客广播

女士们、先生们:

现在广播找人。××旅客,请您听到广播后,按压呼唤铃与客舱乘务员联系。感谢您的配合!

Ladies and gentlemen:

May I have your attention please. Passenger ×× please contact our flight attendants immediately by pressing the call button. Thank you for your cooperation!

(二) 通知类广播词

1. 开始办理乘机手续通知

女士们，先生们，请注意：

您乘坐的（补班）＿＿＿次航班现在开始办理乘机手续，请您到＿＿＿号柜台办理。

谢谢！

Ladies and gentlemen, may I have your attention please:

We are now ready for check-in for(supplementary)flight ＿＿＿ to ＿＿＿ at counter No.＿＿＿.

Thank you.

2. 推迟办理乘机手续通知

女士们、先生们，请注意：

由于〈（1）本站恶劣天气条件；（2）航路上的恶劣天气条件；（3）＿＿＿机场上空恶劣天气条件；（4）飞机调配原因；（5）飞机机械原因；（6）飞机在本站维护；（7）飞机在＿＿＿机场的维护；（8）航行管制原因；（9）＿＿＿机场关闭；（10）通信故障〉，本次航班不能按时办理乘机手续（预计推迟到＿＿＿点＿＿＿分办理）。请在候机大厅等候进一步的信息。

谢谢！

Ladies and gentlemen, may I have your attention please:

Due to 〈(1) the poor weather condition at our airport; (2) the poor weather condition over the air route; (3) the poor weather condition over the＿＿＿airport; (4) aircraft reallocation; (5) the maintenance of the aircraft; (6) the aircraft maintenance at our airport; (7) the aircraft maintenance at the＿＿＿airport; (8) air traffic congestion; (9) the close-down of＿＿＿airport; (10) communication trouble〉, the (supplementary) flight ＿＿＿ to＿＿＿ has been delayed. The check-in for this flight will be postponed (to＿＿＿ :＿＿＿). Please wait in the departure hall for further information.

Thank you!

3. 催促办理乘机手续通知

女士们、先生们，请注意：

您乘坐的（补班）＿＿＿次航班将在＿＿＿点＿＿＿分截止办理乘机手续。乘坐本次航班没有办理手续的旅客，请马上到＿＿＿号柜台办理。

谢谢！

Ladies and gentlemen, may I have your attention please:

Check-in for (supplementary) flight＿＿＿to＿＿＿will be closed at ＿＿＿:＿＿＿. Passengers who have not been checked in for this flight, please go to counter No. ＿＿＿immediately.

Thank you!

 思考题

1. 参与发声的主要呼吸器官和咬字器官都有哪些？
2. 胸腹式联合呼吸中的吸气要领是什么？
3. 结合学习体会，你认为什么样的声音才是"好声音"？
4. 结合训练体会，思考自己在吐字归音方面存在的问题并制订解决方案。
5. 民航服务礼貌用语与客舱广播词播报的内容体现在声音弹性上的区别有哪些？

 实训题

1. 两人一组进行练习。A 进行练习时，B 观察 A 的发声状态；B 进行练习时，A 观察 B 的发声状态。两人交流练习感受，在训练过程中体会参与发声的咬字器官之间的配合。

中国的万里长城

各位乘客：

大家好！我们的飞机还有两分钟就要飞越世界七大奇迹之一——中国的万里长城。

据说，飞向太空的宇航员从遥远的月球观察地球，能够辨认出的人类工程奇迹只有两个，其中一个就是中国的万里长城。雄伟的万里长城是中国古代人民创造的世界奇迹之一，也是人类文明史上的一座丰碑。它以悠久的历史、浩大的工程、雄伟的气魄著称于世，被誉为世界的奇迹。

长城始建于春秋战国时期，至今已有两千多年的历史了。它西起中国西部甘肃省的嘉峪关，东至河北省的山海关，全长 6700 千米。长城是稀世珍宝，也是艺术性非凡的文物古迹，象征着中华民族坚不可摧、永存于世的意志与力量。

2. 练习下面的材料，体会航空播音发声在实际中的应用，综合掌握航空播音发声的总体感觉，为以后的发展打下良好的专业基础。

要求男生和女生搭档，交替练习，运用航空播音发声技巧，体会航空服务人员的语言运用技巧，提升航空服务用声规范。

航空服务人员的语言技巧

"欢迎登机"和"欢迎乘机"

虽然只有一字之差，但是听者感受截然不同。登机只是一瞬间，乘机却涉及整个航班的旅途，体验是不一样的的感觉。

"您要什么？"和"您喜欢什么？"

在航班进行餐饮服务时，乘务员会介绍："我们有××饭、××饭，您要什么？"这是一次程序化的服务，但如果变成"您喜欢什么？"可以使简单的服务变成满足乘客喜好的贴心问候，无形中拉近了距离。

"请等一下"和"好的，马上来"

用餐后，乘客希望能马上清理餐桌，将"请等一下""请稍等"换成"好的，马上来"，这种积极的回应会让乘客觉得很放心。

"您小心点儿"和"请注意安全"

提醒旅客注意安全的用语在航班中也经常使用，不同文化背景的乘客对用语的感受也不一样。用"请注意安全"提示更加专业，不容易产生歧义。

荐读

1. 张菁，高锋. 民航乘务员客舱广播实用教程[M]. 北京：清华大学出版社，2021.
2. 公众号：声合邦、民航资源网。

第四章　航空播音语言表达训练

【学习目标】

知识目标：充分了解服务行业语言表达的重要性；掌握航空播音语言表达的基本要求和语言表达的内外部技巧。

能力目标：能够使用准确生动的专业语言进行航空广播和民航服务；能够达到航空播音语言表达准确、清晰、生动、自然、亲切的要求。

素质目标：学会标准的航空专业语言表达技巧，提升沟通能力、应变能力和亲和力。

思政目标：提升从业人员的服务态度、服务意识、服务理念和服务标准，从而树立航空从业人员良好的职业形象和社会声誉。

【导引案例】

女士们、先生们：

早上好（下午好/晚上好）！

欢迎您选乘××航空公司（和中国国际航空公司代号共享）SC_____（CA_____）航班前往_____（和_____）。我们全体机组成员将竭诚为您提供优质的空中服务。我们的旅程即将开始，请您系好安全带。为了避免干扰驾驶舱内的飞行仪器，请关闭手机等电子设备。

现在我们将为您介绍安全须知，敬请您留意观看。

案例分析

本段广播词是旅客进入机舱入座后的广播词，航空播音员应该用亲切自然的语气、清晰而准确的话语告知旅客进入机舱内需要做的相关事宜。用语言表达出亲切的态度需要技巧，航空服务人员应多加练习。

第一节 航空播音语言表达要求

民用航空行业属于服务行业,面对的是四面八方的旅客,在激烈的航空公司的竞争中,高水平的服务质量成为制胜法宝。航空播音是与旅客最直接的交流方式,在航空服务中至关重要。因此,航空播音服务的有声语言表达要求是准确、清晰、生动、自然、亲切。想要达到这个要求,第一步就是准备稿件。航空播音属于有稿播音,是基于书面语的文稿表达,所以准备稿件很重要。航空服务人员在受训的过程中,只有掌握了各种类型稿件的播读方法,才能胜任工作。

语言的表达训练是有规律的,如何将书面语言转化成自然亲切的有声语言,是每一名乘务人员都应该具备的专业素养能力。乘务人员准备稿件能力的培养也可以借鉴其他语言类专业的培养方法。

准备稿件是有声语言表达的重要组成部分,也是播音创作活动的开端,是播讲好一篇稿件的第一步。通常,准备稿件(简称"备稿")有两方面的含义:一种是广义备稿,一种是狭义备稿。广义备稿主要是指播讲者的个人素质和修养,包括政治觉悟、理论知识水平、深厚的专业基本功以及艺术感受力,这些都需要播讲者在平时的工作生活中不断积累,把握时代发展脉搏,提高个人的理解力、感受力、表现力和对稿件的驾驭能力。狭义备稿是指在播讲前针对一篇具体的稿件所做的准备。不同的播讲者在面对一篇新的、陌生的稿件时,由于受到不同水平、不同稿件内容的制约,处理上会有些微的差别,但主要遵循的方法还是大同小异。狭义备稿要搞清"播的是什么""要说些什么"的问题。狭义备稿的步骤主要包括划分层次、概括主题、联系背景、明确目的、找出重点、确定基调六个方面。以下用一篇散文进行分析。

 微课　　　　　　准备稿件的方法　　　　　　　　

 示例

姥姥,我想你了
孙悦斌

当那朵小花在这样的时节,被我静静挂上冰冷的墙时,我早已忘记我是什么时候,从一个孩子变成一个大人。

当那个我一生中最爱的人,被放进一个木匣子的时候,除了心灵无法抵御的悲泣,或许还有一丝释然的宽慰。

当那幅一直陪伴我的影像,像电影般演到这个镜头时,夕阳的余晖与漫天的星辰,都陪我赶去看她最后一眼。

当那声称谓忽然之间静止,化作心底深埋的无声的嘶喊时,梦,还能让我们继续说话儿,并且高兴地聊上一个通宵。

当那串过去的往事被讲起时，我看见了她带着妈妈，拉着舅舅，背着小姨，还提着几十斤的煤渣，气喘吁吁、步履蹒跚的背影。

当我以为那次只是普通的告别时，还是摸着她滑溜儿、下垂的脸蛋儿，说：“我走了啊，下星期还给您带好吃的。”

"哎！哎！"她却攥着我的手指头怎么也不肯放。

当那块火化成白色的小骨，被我攥在手里紧紧地贴在胸口时，我能清晰地听见她在说："好孩子！该好好地孝顺你爸妈了。"

姥姥没跟我讲过什么大道理。在那一代人中，她太普通了。但在她身上，我却看到了质朴，看到了坚韧，看到了承受，看到了担当，看到了无怨无悔。

我曾经问过她，您觉得人的一辈子长吗？

她没有马上回答我，只是久久的望着窗外青青的山，像是把她的那个世纪又过了一遍似的。

然后，默默地点了点头。"我老了，就把我埋在这山上吧，好让我看着你们。"

姥姥走了十年了。

我一直把那个夏天为她拍下的微笑封存在一个小小的像框里。

放在我经常可以看到的地方，也是为了让她经常能看到我，经常地跟她说上一句："姥姥！我想你了！"

示例分析：

1. 层次

全文共 15 个自然段，可分为三个大层次。

第一层次：第 1~5 自然段。

层次大意：排比段落，简单描述几个场景，表达作者思念姥姥的感情。

第二层次：第 6~12 自然段。

层次大意：具体描写作者与姥姥相处的两段时光。

第三层次：第 13~15 自然段。

层次大意：回归现实，再次深刻地表达作者对姥姥的想念之情。

2. 主题

此篇文章的主题非常明确，是一篇深刻怀念笔者姥姥的散文。

3. 目的

作者通过对日常与姥姥的点滴相处的细节描写，表达深刻思念姥姥的情感。

4. 重点

第 10、12、15 自然段。

5. 基调

深沉、坚定、舒展、细腻。通过上述备稿六步的分析，朗读者会清楚地了解文章朗读的脉络、准确把控情感走向，会比较容易地进行有声语言的创作，完美诠释文学作品。任何文字稿件的有声语言创作都可以参照备稿六步的方法进行分析。

航空播音的备稿有具体规定，稿件的篇幅虽然不是很长，但是随着航线、飞行时间、地点的不同，经常会有很多关键词的变化。因此，航空服务人员在播音之前一定要根据飞行的阶段广播出对应的、准确的广播词，而且播音的过程一定要流畅。

知识拓展

在日常生活中提升语言表达能力

语言表达能力分为两个方面的积累，一个方面是内在的文学积累，另一个方面是外在的口语表达，就是说话表达。我们想要提高自己的语言表达能力，很大程度上依托于内在的逻辑思维能力和文学底蕴。正所谓"巧妇难为无米之炊"，若胸中无物，也无法言之有物。在日常生活中，可通过以下方法提升语言表达能力。

（1）大量阅读文学稿件，在阅读中不断积累自己的词语量。我们都知道，任何一种语言的学习都是从阅读开始的，随着阅读量的不断增加，会产生质的飞跃。大量积累语言素材，在表达的时候才会有源源不断的语言输出。

（2）积累自己喜欢的成语和格言警句。遇到自己喜欢的成语、格言、优美的文字，都要记录在一个本子上，经常翻看阅读，最终将其转化为自己的知识储备，用的时候信手拈来，提升语言表达的文采。

（3）背诵优秀的文学作品。优秀的文学作品之所以流传，是因为其语言精练，寓意深刻。背诵优秀的作品也有助于提升自身的文学修养，提高口语表达的魅力。

（4）有意识地练习口语表达。在平时的语言表达过程中，任何一个小的细节都要刻意练习，用最精简的语言，准确表达自己的想法。唯有在日常的每个环节都做到刻意练习，日积月累，口语表达能力才会不断提升。

下面列举航空播音的稿件示例及分析。

1. 欢迎词（东航）

女士们、先生们，"东方万里行"的会员们：

早上好！

我是本次航班的客舱经理_____。

我谨代表全体机组欢迎您搭乘天合联盟成员中国东方航空的班机前往武汉。

从北京到武汉的飞行距离为 1083 千米，飞行时间大约需要 2 小时。稍后，我们将为您播放安全录像，请您留意观看。

示例分析：此段广播词介绍了航班飞行路线和具体距离及时长，这些信息点也是播音的重点，以便旅客确定自己的行程。播报要重点词语清晰准确，语速稳定，态度亲和。

2. 客舱安全介绍

各位乘客：

你们好！

现在由客舱乘务员向您介绍飞机内的安全设施。

氧气面罩储藏在您的座椅上方，发生紧急情况时，面罩会自动脱落。为了保障您的生命安全，当氧气面罩脱落后，请用力向下拉面罩，将面罩罩在口鼻处，把带子套在头上进行正常呼吸。带小孩的乘客，先戴上您的面罩，再帮助小孩戴上，在卫生间的乘客应就地

戴上面罩。

在您座位上备有两条可以对扣起来的安全带。使用时将连接片插入锁扣内，根据您的需要调节安全带的松紧。解开时，先将锁扣打开，拉开连接片。当飞机起飞、着陆和飞行中遇有颠簸以及"系好安全带"指示灯亮时，请将安全带系好。

本架飞机共有 8 个应急出口，分别位于客舱前部、中部和后部，标有"应急出口"的明显标志，出口附近的乘客请不要随意拉动应急窗口的手柄。

救生衣在您座椅下面，使用时取出，经头部穿好，将带子扣好系紧，然后打开充气阀门，但在客舱内不要充气。充气不足时，请将救生衣上部的两个充气管拉出，用嘴向里充气。

在您座位前面的口袋里备有安全须知卡，请您在起飞前仔细阅读。

谢谢！

示例分析：此段广播词属于航空飞行中专业性比较强的介绍词，在这段播报词的准备过程中，航空服务人员应该对飞机客舱中所有设施提前进行了解，这样在播报的过程中才会体现出专业性，让乘客产生信任感。

3. 飞机落地航空播报

女士们、先生们，晚上好：

我们的飞机将于 30 分钟后抵达上海虹桥国际机场。上海的地面温度为 25 摄氏度，77 华氏度。

上海，一个被称为"魔都"的地方，极其传统，极其自我，极其精致又极其包容。武康路深秋的梧桐叶，斑驳喧嚣的老弄堂，以及总是灯火通明的陆家嘴，构成了这个城市独有的海派情怀。

再次感谢您乘坐本次班机。愿您在上海度过一段美好时光，下次旅途我们再会。

示例分析：此段广播词在飞机即将抵达目的地时播报，除了传递到达信息，还添加了对目的地城市的人文介绍。播报时注意语意清楚，语速舒缓，声音亲切愉悦，态度亲和。

知识拓展

航空服务人员在话筒前的准备

航空服务人员在日常工作当中，除了面对面地跟旅客沟通和交流，还会通过广播向旅客传递信息，这时，其在话筒前的状态显得尤为重要。

第一，要做好播前准备。在飞机起飞前，民航服务人员会致欢迎词，同时会提醒乘客乘坐飞机的注意事项；在起飞后，民航服务人员会向乘客介绍飞机上的各种设施及其使用方法；飞行途中有餐前广播，提醒乘客调节座椅准备用餐；飞行结束之前会邀请乘客填写意见卡；逢年过节还会致以节日的祝福；等等。这些不同情况下需要向乘客传达的信息都是通过客舱广播传达出去的，在播送之前，对于不同的广播稿都要做好播前准备，如果有生僻字要及时查询，遇到生字要及时确定读音，以免播错。在播报之前还要理顺广播稿的内容，遇到绕口的字句要多读几遍，让自己尽快熟悉。不同时段的播报稿件要弄清楚顺序，以免出现失误。

航空服务人员运用话筒进行广播

第二，要充分调动自己的思想感情，精神集中，避免误读。在客舱播音时，乘务员要让自己的思想感情活跃起来，避免单纯地见字发声，导致播报稿件时生硬死板。要用声音体现自己愿意为乘客服务的愿望，积极热情，声音听起来生动有活力。在使用话筒时不要紧张，状态要放松，做到用声音传达自己的感情。

第三，要确定好话筒的位置。不能离嘴过近，以免呼吸声进入话筒而产生杂音。也不能离嘴过远，造成声音没有进入话筒，导致播报不清晰。

第四，使用话筒时的姿势要正确。无论是站姿还是坐姿，一定要做到身正、腰直、两肩放松，这样的姿势能够保证说话时的气息通畅，让声音圆润动听。

语言表达要体现思想、情感、声音的和谐统一，遵循"理解稿件—具体感受—形之于声—受之于众"这样一个过程。

单单从文字稿件转化为声音，只把字念清楚了，不顾及文字的意思、内容的表达，这样的表达是空洞的，声音也是冷冰冰的，没有情感，没有温度。要建立正确的创作思想，养成思想、情感、声音和谐统一的语言习惯，具备主体创作意识。

具备主体创作意识，也就是不仅要明确"说什么"，而且要进一步思考"为什么说"，挖掘语言内容的深层次含义。在这个层面上，有声语言必然体现创作者的世界观、价值观，体现对客观世界的认识，也体现一个人的文化内涵和品位修养。因此，播音主持作为一门语言艺术，它包含着美的含义，这同样是航空服务专业人员应该具备的人文艺术知识。只有深入理解文章的意思，语言带着理解后的感受和情感，才能带领听众进入丰富多彩的有声语言世界。

当然，观念代替不了具体的要求和方法，如何形之于声，还要有具体的方法和技巧。首先，要掌握科学的发声方法，包括呼吸控制、口腔控制、喉部控制和共鸣控制。语言的表达需要建立一种好的习惯，形成正确的语感，没有捷径可走，只有反复地练习才能养成这种习惯。

接下来要熟练地运用播音创作技巧，包括准备稿件、理解感受、情景再现、内在语、对象感、停连、重音、语气、节奏等，这些可以从专业层面帮助改善语言表达，解决语言平淡、言之无物的问题。首先要充分理解文字稿件内容，认真备稿，这是感受的基础。有时候虽然明白道理，但是表达出来的还是和想的不一样，这正是因为只理解还不行，还要感受，不仅要感到，而且要具体深入，准确迅速地调动情感，全身心地投入感知的世界。情景再现、内在语、对象感这些内部技巧能够帮助我们体会语句的本质，产生强烈的播讲欲望。紧接下来的是外部技巧，即停连、重音、语气、节奏。从内部技巧到外部技巧，着重点虽然不同，但关系密不可分。

语言表达是一个综合的知识体系，学习时需要一点一点地深入，运用起来却要综合考虑，要为表情达意服务。在学习过程中要反复练习，学会自己分析、运用。

思政拓展

航空服务人员学习语言表达技巧的意义

航空服务人员的言行举止代表了其所在公司的面貌，也代表了一个行业的标准。航空

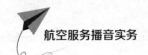

服务人员一定要善于控制语言、表情，具有较好的表达能力。亲切愉悦的表情、良好的语言表达方式，能够拉近与陌生人之间的距离，让旅客有种宾至如归的感觉；准确生动的语言，简明扼要的表达方式，可以明确航空服务的内容和目的，帮助旅客从踏进机场的那一刻起顺利有序地完成乘坐飞机的所有环节。掌握语言表达的技巧，可以提升航空服务人员的沟通协调能力。例如，飞机遇到紧急情况时，机组人员要与地面控制部门进行有效的沟通，机舱飞行员与乘务组之间、乘务组人员与乘客之间也要进行高效的沟通，才能保证整个航程的安全。同时，良好的语言表达能力也能体现航空服务人员的素质修养和人格魅力。

服务语言是旅客对航空服务质量评价的重要指标之一。在服务过程中，声音圆润动听，表达清晰、得体，将对服务工作产生良好的促进作用，反之则会产生沟通障碍，影响服务质量。

航空服务的语言表达，不仅要清晰流畅，让人听得清楚、听得明白，而且要让人有美的享受，也就是要听得舒服、听得动听。很多语言表达存在语言平淡、言之无物的不足，这直接影响表达的效果。有声语言的表达是一个动脑又动心的过程，如果只是把文字语言转化为有声语言，那么还不能称其为表达，表达一定要有播音主持的相关知识融入其中。在模拟训练的过程中，一定要注意将播音主持的知识穿插其中，分析不同类型的稿件需要用什么样的语气和表达方式，达到提高语言技能的目的。

第二节　航空播音内部技巧训练

"安全、快捷、舒适"是航空运输的重要特点。航空服务工作是航空运输的重要组成部分，航空服务人员作为承担这项工作的直接人员，其服务水平将影响航空公司的形象及经济效益。航空服务人员要掌握与人交流的技巧，良好的语言表达能力是航空服务人员应具备的基本职业素质。语言是交流的工具，不同的服务语言往往会得到不同的服务结果。航空服务人员在客舱服务的过程中，合理、正确地表达自己的观点和看法，不仅便于服务的完成，更有利于服务质量的提高。

一、具备良好的心理素质

客舱广播是为旅客服务的一种大众传播。客舱播音员作为消息的传播者，每天都要为数以万计的乘客进行播报，肩负着客舱安全和客舱服务的重要使命，其播音质量也直接影响航空公司在乘客心目中的形象。航空广播词一般都短小精悍、通俗易懂，基本上可以分为服务型广播词和安全型广播词。服务型广播词主要为乘客介绍当前时间、航班信息、目的地天气、沿途风光、航空服务设施等内容。安全型广播词则包括常规的安全检查、安全须知、安全带等设备的使用以及机上突发状况的处理等。负责客舱广播的航空服务人员一定要做到声音甜美、吐字清晰，在遇到突发事件时，声音应该坚定、有力，能够体现专业素质。这都需要航空服务人员具备良好的心理素质。

 **航空故事**

《中国机长》中乘务长客舱广播带来的启示

电影《中国机长》中，机组在执行航班任务时，面对万米高空突遇驾驶舱挡风玻璃爆裂脱落、座舱释压等极端险情，凭借过硬的技术和良好的心理素质，使飞机安全备降成都双流国际机场，所有乘客平安到达。相信大家对袁泉饰演的乘务长印象深刻。危急时刻，乘务长一次又一次摘下氧气面罩，沉着冷静地发布指令，引导旅客实施自救，安抚旅客情绪，维持客舱秩序。"我们日复一日的训练就是为了保证大家的安全，这也是我们存在的意义！"这句话让很多人打破了自己对航空服务人员的偏见。航空服务人员要记住自己首先是客舱安全的守护者，其次才是客舱服务的提供者。守护旅客的生命安全是航空服务人员的专业素养，在面对突发状况时，更要有强大的心理素质，沉着冷静地处理问题。

袁泉饰演的乘务长在进行客舱广播

（一）克服心理障碍

航空服务人员日常从事的工作就是与人打交道，在工作中往往会遇到不同地域、不同年龄阶段、不同性格的形形色色的人，在与人相处时，航空服务人员首先要克服自己的心理障碍。在服务的过程中，有时候是一对一，而有时候是一对多，这就要求航空服务人员有强大的心理素质，不害怕、不怯场，落落大方、不卑不亢，这样才能很好地完成工作任务。其次，航空服务人员还要学会换位思考，要站在乘客的角度解决问题，而不是站在乘客的对立面。其实，每个人都会产生先入为主的偏见，如果带着偏见去接触就不容易接受对方的意见或建议，这会给双方的沟通和交流带来阻碍。所以，航空服务人员在工作时一定要克服自己的心理障碍，及时调整自己的心态，设身处地地为乘客着想，这样才能达到较好的服务效果。

 **知识拓展**

什么是心理障碍？

心理障碍是心理活动中出现的轻度创伤，是在特定情境和特定时段由不良刺激引起的心理异常现象，属于正常心理活动中暂时性的局部异常状态。

例如，当人们遭遇重大挫折时会表现出情绪焦虑、恐惧或者抑郁，有的表现为沮丧、退缩、自暴自弃，或者表现为愤怒甚至冲动报复。这往往是过度应用防卫机制来自我保护，且表现出一系列适应不良的行为。如果长期持续的心理障碍得不到适当的调适，易导致精神疾病的产生。

因此，保持良好的心理状态也是对自身的一种保护。

（二）克服语言障碍

我国幅员辽阔，各个地区之间方言差异显著，如南方人讲方言，北方人可能听不懂，语言不通就会产生理解差异。另外，同样的事物可能在各个地区说法不同，导致沟通和理

解起来更加困难。例如，南方一些地区将"鞋子"叫作"孩子"；新疆和甘肃地区将洋葱叫作"皮牙子"；天津人把"走路"叫作"走道"，这都增加了沟通的难度。不过，方言虽然是复杂的，但是每一种方言与普通话之间的差异都是有规律的，掌握了基本规律，沟通起来就容易了。

二、调动情景再现的能力

情景再现是播音员在播音创作中调动思想感情，使之处于运动状态的重要手段，是具有播音特点的重要术语。情景再现在播音中具有特定的含义，即在符合稿件需要的前提下，播音员以稿件提供的材料为原型，使稿件中的人物、事件、情节、场面、景物、情绪等在脑海里不断浮现，形成连续活动的画面，并不断引发相应的态度、感情，这个过程就是情景再现。

稿件中的人物、事件、情节、场面、景物、情绪等在播音员的脑海里应该像电影那样，形成连续的画面。同时，这个画面带有播音员的感受、态度、感情，带有稿件本身蕴含着的作者的感受、态度、感情及播音员因此而产生的评价体验的"映象"。也就是说，播音员理解和感受稿件的过程，不但感受到了其中的形象——"景"，而且感受到了其中的神采——"情"，从而达到了情景交融的境界，而且这个过程是运动的，不是静止的；是融合的，不是孤立的。

情景再现的定义中有两个关键点：感受、想象。感受是基础，想象是桥梁，表达是实现。换句话说，我们要掌握情景再现这一有声语言的表达技巧，需要获得两种力：感受力、想象力。

（一）积极丰富的感受

对于播音员来说，感受就是"感之于外，受之于心"的意思。"感之于外"，不是只感受到文字或语言的存在，而是透过语言的符号感觉到符号所代表的具体的客观事物的存在，正因为语言符号打开了现实的大门，播音员才可能接受外界的各种刺激，从而"感之于外，受之于心"，也就是指客观事物对播音员间接刺激，使其产生内心反应。

由语言符号引起的感受是具体的，包括感觉、知觉方面的多种情况。视觉、听觉、味觉、嗅觉、触觉、空间知觉、时间知觉、运动知觉等并不是实在刺激引起的，只不过是一种幻觉。这正是由稿件引起的诸种感知觉的内心体验。凡此种种，我们统称之为形象感受。在形象感受中，各个感知觉的互相联系、互相渗透、互相作用是很明显的，一篇稿件总是可以引起多种感受。

（二）精确具体的想象

想象是在头脑中改造记忆中的表象而创造新形象的过程，也是过去经验中已形成的暂时联系进行新的结合的过程。想象有两种：创造想象和再造想象，创造想象不依据现成的描述而独立创造出新的形象；再造想象是根据词的表述和条件的描绘（图样、图解、说明书等），在头脑中形成这一事物的形象。例如，文学家的作品是创造想象的产物，人们通过语言获得的作品中的形象则是再造想象的产物。

播音中的想象是怎样的情况呢？我们认为，情景再现是播音员再造想象特点的恰当概括。

第一，精确。播音员不能没有想象，而且要比一般人有更丰富的想象力。但稿件的确定性使播音员的想象不能任意驰骋，必须以符合稿件的需要为前提，以稿件提供的材料为原型。稿件已规定了想象的目的、想象的性质、想象的范围、想象的任务。尽管在具体性上不会与稿件完全吻合，但再造想象的特点是明确的。

第二，具体。在注重形象感受的同时，还不可忽略逻辑感受。稿件的结构表明了逻辑关系，起承转合，上下衔接。不仅越具体越丰富，而且越具体越有利于一环扣一环，形成逻辑链条。

（三）情景再现应注意的问题

稿件包含的情景是作者对生活素材加以提炼、概括而成的，对生活来说，稿件是一种再现；播音员的播音是把稿件中的情景再现出来的过程，在这一点上，也可以说是播音员对生活的再现。我们并不满足于一般的"再现"，而是更具体地考察播音员是怎样再现的。我们不必显示自己"视通万里"，但一定要展现自己"登山则情满于山"的本领。情景再现以情为主，脑海里有了活动的画面，这只是一个方面，更重要的方面是伴随着画面引发的具体的态度、感情。有的人虽然脑海里有了活动的画面，但缺乏相应的态度感情，这与情景再现相差甚远。我们的目的是通过情景再现促使思想感情处于运动状态，达到播讲目的。稿件是写情于景的，我们就要触景生情。这不是心血来潮，而是一个具体的"景"的刺激，马上引起我们具体的"情"，而又完全符合稿件的要求，在刹那间动员了全部的经验积累和张开了全部认识神经，达到"顿悟"。置身其中，将稿件所描绘、叙述的一切作为亲眼所见、亲耳所闻、亲身所历，进入具体的事件、场景中去，不袖手旁观，也不忘乎所以，而是处于情理之中，获得现场感。

播音员的想象不同于一般的被动想象，这种想象是有着很强的目的性和自觉性的，属于有意想象，是按一定的任务和目的去展开的。所以播音员的想象既要以语言内容为依据，又要用播音员自己的丰富生活积累来补充。播音员通过想象把语言文字描述变成形象的、连续活动的画面，同时播音员产生与语言内容相应的情感，并且把这种情感表达出来，使别人也体验到这种情感。播音员的再造想象有着自己的特点。

播出的稿件内容是十分广泛的。播音员经历再丰富，也不可能事事经历。播音员经过对稿件内容的再三推敲，反复消化，把作者的稿件内容转化成自己的感受后进行再创造，人们听来，感到内蕴深厚，有血有肉，确实领略到其人其事其景。运用想象加深对稿件的具体感受是播音员必须具有的能力。只有想象力丰富，才能去感受别人的经历，才能从中捕捉到真情实感。

播音想象不是任意驰骋的，它必须遵循语言内容规定的目的、性质、范围、任务。它要以稿件提供的材料为原型，要符合内容的需要，要服务于视听的需要。播音想象要促使思想感情进入运动状态以达到播讲目的，因此说播音中的想象是调动情感的手段，一般称为"情景再现"。

当然，想象不是凭空产生的，它是客观事物在人头脑中的加工和反映，要丰富发展自己的想象力，就必须努力学习，不断积累知识。同样一篇稿件，有的人只能就字面肤浅理解，而有的人却能补充丰富作者所没有写出来的那些亲身感受，所以同样一篇稿件，不同的人播，思想深度不同，感情色彩也不同。可见知识的基础越扎实、丰厚，生活的积累越丰富、坚实，想象力的驰骋面就越广阔。

（四）情景再现的过程

第一步，厘清头绪。我们头脑里连续的活动画面开头是什么？接下去是怎么变化的？以后又怎样发展？结果是怎样的？哪里是横向扩展的？怎样扩展？详细到什么程度？哪里是重点的特写镜头？哪里是远景？哪里是全景？哪个镜头大笔勾勒？哪个镜头工笔细描？这些在播音时我们要心中有数，不可走过场，也不可陷进去。

第二步，设身处地。要把稿件所叙述、描述的一切作为亲身所见、亲耳所闻、亲身经历，进入具体的事件、场面中去，不能袖手旁观、闭目塞听。置身其中，并不是忘乎所以，而是处于情理之中。设身处地主要是为了获得现场感，产生"我就在"的感觉。

第三步，触景生情。当某种生活图景在脑海里浮现时，我们一定要做出积极的反应。稿件是写情于景的，我们就要触景生情。触景生情是情景再现的核心，播音中特别强调积极的反应，在毫无准备的情况下，一个具体的"景"的刺激，马上引起我们具体的"情"，而又完全符合稿件的要求。

第四步，现身说法。既然稿件中的情景始终"我就在"，那么，把这情景再现的过程转述出来，正是播音员始而有意、继而实现的责任。播音员头脑中再现了稿件中的情景，经过自己的消化吸收和加工制作，使受众产生某种情景的再现，从中受到感染，才算完成了自己的任务。

情景再现必须明确以下问题。

第一，情景再现一定要以稿件为依据，是在分析和理解稿件的基础上进行的。

第二，情景再现一定要产生于具体的感受中，感受是把文字稿件变成自己要说的话的关键环节，感受是由理解到表达的桥梁。

 航空故事

"你做的我都记在了心里"——一面锦旗背后的故事

2021年5月27日，车先生专程来到南航北方分公司，将一面绣有"服务热情用心、工作快捷高效"的锦旗赠送给航空服务人员于兰。车先生说："非常感谢你温暖的服务，虽然我当时什么也没说，但是你做的我都记在了心里。"俗话说，牙疼不是病，疼起来真要命。车先生就遇到这样疼起来真要命的情况，而且还是在万米高空。5月22日，车先生乘坐南航北方分公司CZ6402航班从成都飞往沈阳，在车先生所坐的区域服务的航空服务人员就是于兰。车先生一坐下来就拿出了药片、喷雾剂，这引起了于兰的注意，于兰还主动给车先生送上一杯温水让他服药。飞机起飞后，于兰在巡舱时发现，车先生手捂左侧脸颊，坐立不宁、捶胸顿足，非常疼痛的样子，于兰马上上前询问，只见车先生已经疼出了眼泪。"能把一个大男人疼哭，那一定是非常疼了。而且在万米高空，气压的变化，会让神经疼痛的感觉

车先生来到南航北方分公司送锦旗

放大10倍，我非常能够理解他，就想尽一切办法，帮着他缓解疼痛！"在3个多小时的航程中，于兰大概有2个小时的时间在帮助车先生"治疗"牙痛：她用小毛巾包上冰块，再套上塑料袋，让他冰敷；她又把冰块敲碎，放在水里，让他口含冰水；她换上新手套，帮着车先生按压右手的虎口；又拿来冰毛巾帮着车先生敷额头；她又时不时地跟车先生说话，帮他分散注意力，可是一路上车先生一句话没跟于兰说，只是用点头、摇头、摆手跟她交流。飞机降落了，折腾一路的车先生带着一脸的痛苦、疲惫走下飞机。于兰心里难受了很长时间，她回家还跟爱人念叨，那位牙疼的先生也不知道牙怎么样了，也不知道应该不应该问候一下。让于兰没想到的是，车先生回头找到了她，还特意给她送来了锦旗。于兰说："看到车先生好好地站在我面前，我特别高兴，不是因为得到了这面锦旗，而是因为车先生的牙疼终于好了，我的这颗心终于落地了。"

资料来源：《人民日报》客户端（2021年6月1日）。

案例分析

在上面这个案例中，乘务员于兰用细心服务感动了乘客。之所以能提供细致入微的服务，是因为乘务员感同身受的敏锐能力，能够使用换位思考的模式体会乘客的感受，想乘客所想，才能够提供乘客需要的服务。在生活中，乘务员要注意经验的积累，调动自己情景再现的能力，这样不仅能够为航空播音提供有力的情感支持，还能够为乘客提供更高水平的服务。

三、准确地把握对象感

航空播音是一项具有创造性的工作，要想成为一名优秀的航空播音员是具有较高的难度的。在航空播音过程中，面对话筒，播音员需要对稿件的对象感进行把握，这一点对航空播音工作具有非常重要的意义。通过有效地把握对象感，播音员能够增强与听众的交流互动，产生情感上的共鸣，而且能够使自身的音色更具变化性，语气更加丰富，有利于避免长时间播音过程中说话语气一直处于同一频率下。语气的单调、乏味会影响受众关注的度，不利于形成固定的受众群体，影响航空播音的效果。因此，一名优秀的航空播音人员需要在播音过程中把握好对象感，增强航空播音的效果，同时更好地展现出客舱广播的魅力，提高航空公司的品牌美誉度和影响力。

艺术来源于生活而高于生活，当然艺术语言也是如此。客舱广播是在用艺术语言传达情感。我们每天都在说话，每天都在传达自己的情感，日常生活中我们的每一句话都是具有强烈的对象感的，因为有具体的说话对象存在，所以我们日常生活中说话不会快、不会慢，一定会让对方听清楚再说下面一句话，同时我们会时刻注意、观察、感受说话对象的反应。对象感的学习、练习一定是建立在生活中"说话"的基础之上的。不过，生活中"说话"随意性较大，学习对象感就是在日常说话的基础之上把我们的语言打造成大众语言、艺术语言。很多时候拿起稿件，我们只顾读字，不管情感，可想而知，如果这样，那客舱广播就会变得平淡呆板、没有起伏，或速度过快地似自言自语，这样的广播会让人听而生厌。在客舱播音中，对象感是指广播员在面对话筒时，眼前没有乘客要努力做到心中有乘客，在备稿时对乘客进行设想，在广播时感受乘客的存在和反应，意识到乘客的心理要求、

愿望和情绪等，并由此调动自己的思想感情，使之处于运动状态。

广播员的每一次播音都有乘客在专注倾听，传播的内容也是乘客非常关心且急于想知道的，所以作为客舱广播员，应该设身处地站在乘客的角度思考，努力地传播信息，使乘客愿意接受。在平时练习时，可以对要表达的对象进行设想，想象是在跟朋友、家人对话，时刻注意体会乘客的存在，比如播到这样的信息，想象乘客会是什么样的反应，喜悦或悲伤。在工作上认真、专注，在日常生活中也要尝试与不同的人进行交流，体会对象感。

对象感的产生不是凭空的，而是有着科学的依据。苏联著名演员、导演、戏剧教育家、理论家和舞台艺术改革家斯坦尼斯拉夫斯基说："没有对象，这些话就不可能说得使自己和听的人都相信有说出的实际必要。"这句话虽然是对戏剧中演员与观众之间关系的表述，但是这样的观点对客舱广播员与乘客之间也是同样适用的。既然我们的每一句话都是跟乘客讲的，我们就一定要让乘客听清楚、听明白，这也就是对象感这一概念产生的依据。另外，《现代汉语词典》中对"对象"的解释是："行动或思考时作为目标的人或事物。"广播员所有的行动或思考都是为了"作为目标的人"，也就是客舱中的乘客。因此，在广播时应做到心中时刻有乘客。对象感被广播员用来作为调动自己的思想感情处于运动状态的一种手段，一种途径，就是时刻都要注意与受众交流，在没有受众的时候要进行设想，所以说对象感属于某种联想、想象中的东西。对象感必须是具体的，只有具体的对象感才会对客舱的广播工作发挥积极的作用。因此我们必须具体设想广播词中的具体内容，想想哪些人最需要从我们这里获取信息，也就是说哪些人最需要听，他们听了以后会有什么反应，通过乘客的反应，我们又该如何进一步调动我们的思想感情。情感把握好了，广播词的处理自然就容易了。另外，有些人在参加航空公司面试时与面试官面对面问答，虽然"目中有人"，但心中依然没有人。这是怎么回事呢？这是因为这些人不是在表达自己的情感，而是像背稿子一样，把脑子里已经记好的字一个个地背了出来，没有任何情感与交流。想要解决这一问题，就要进行大量的练习，学会把自己内在的情感表达出来。

获取对象，把握对象感，要求任何时候都不要忘记客舱广播首先是服务乘客，其次是为了更好地进行客舱安全管理。我们无论是在准备稿件时，还是在广播中，都应该感觉到乘客的存在，时时处处为乘客着想。我们感觉到乘客的确在听、在想，并且随着广播内容的发展，随着广播员思想感情的运动，产生着思想感情的互动。我们似乎感觉到了乘客的喜悦、欢乐等各种反应，而这种反应又引起了我们更强的播讲愿望，激发我们更饱满的感情，于是对象感就更强了。在我们的感觉上，似乎已经和乘客建立起互相激励、互相鼓舞的无形的默契和思想感情的交流。航空服务人员在做练习时可以对表达的对象进行设想，可以想象在跟朋友讲、跟家人讲，每一句话都要让他们听清楚、听明白，才能说下面一句。我们也可以在日常生活中体会，设想具体的交流对象是为了更好地寻找对象感。

在客舱播音时，应该时刻注意体会乘客的反应，这就要求广播员为了适应客舱广播传播的需要，在工作业务上求精求实。对广播词中出现的具体的实物要有深刻具体的了解，在日常生活中也要不断扩大生活的领域并且深入生活，接触更多的人和事，同更多的人交往，在生活中不断地积累和学习。我们的知识积累得越多，我们了解了更多的人，明白了这些人更具体的需要，我们的表达就会更准确，从而在设想对象时更切合稿件的内容和形式，更好地达到播讲目的。

准确地把握对象感，需注意以下几方面。

（一）注意知识水平的差异

在沟通和交流时，由于谈话对象知识水平上的差异，会造成对方无法理解或者对同一件事情的看法不同，从而导致两者之间的沟通遇到障碍。例如，航空服务人员都具备专业的航空知识，但是面对的乘客却不一定了解这些专业知识，因此，在沟通和交流时，航空服务人员一定不要急躁，要耐心解释，将专业术语口语化，善于运用比喻，让乘客更容易理解，而不是态度强硬地阻止、拒绝，让乘客难以接受。

（二）恰当的称呼

人与人之间的沟通和交流往往是从打招呼开始的，因此如何称呼对方显得尤为重要。心理学研究表明，在社交场合，人们对于别人如何称呼自己是十分敏感的。恰当的称呼是良好沟通的开始，有了好的开始，后面的交谈也会顺畅起来，因此航空服务人员要掌握恰当的称呼方式。

在工作场合，人与人之间的称呼应当是正式、庄重、规范的。一般来讲，最常用的是用对方的职务来进行称呼，在职务之前加上谈话对象的姓氏，如"王总""赵经理"，以示亲切。

在非正式场合，人与人之间的称呼应当是亲切、自然的。一般来讲，常用的称呼有"大爷""大妈""叔叔""阿姨"等。

对服务对象的一般性称呼有"先生""小姐""女士""夫人""太太""同志"等。例如，对于未婚女士，一般称其为"小姐"；对于已婚女士，一般称其为"夫人""太太"；对于初次见面不好判断其婚姻状况的女性，可以统称其为"女士"。

应该注意的是，对于初次见面或者相交未深的人，应该用"您"而不是"你"来称呼对方，以示尊敬。对于长辈或者老师也要用"您"来称呼，切不可直呼其名。称呼对方时要尊重其地域特色和民族特点，做到尊重对方的习俗，不伤害交往中的感情。

（三）耐心地聆听

航空服务人员在沟通当中要学会耐心地聆听，做一个善于倾听的人，善于捕捉乘客的需要，从倾听中了解乘客的真正诉求，及时地为乘客提供优质的服务。耐心地聆听表现在以下几个方面。第一，神情要专注。在与乘客交谈时，航空服务人员要专心地听乘客说话，保持目光注视，不要有看表、搓手、打哈欠等无关动作。第二，要有回应。在乘客说话的时候，服务人员要通过语言或体态语给予回应，比如点头或者在乘客的说话空档用"嗯""哦"等语气词表示自己一直在认真聆听，让乘客有被尊重的感觉。第三，不要急着打断对方。每个人的表达能力都不同，有些乘客的表达能力不是很好，说了半天都抓不住要点，这时候航空服务人员不要表露出不耐烦的情绪，应该尊重乘客，有礼貌地听乘客说完，不要轻易地打断对方。第四，要委婉地给出回复。有时候，乘客提出的要求是无法被满足的，这时不要生硬地回答"不行""不允许""我不知道"，应该委婉地拒绝乘客的不合理要求，并详细地解释原因，这样乘客就能明白自己被拒绝的原因，从而不会产生不合理的举动。例如，有些乘客第一次坐飞机，感觉非常好奇，提出想要到驾驶舱参观的请求，这时如果直接拒绝说"驾驶舱是不允许参观的",不仅会让乘客的好奇心遭到打击,还可能会让他对航空公司的印象大打折扣。因此,航空服务人员先要对乘客进行安抚,然后进行拒绝,可以这样表达:"非常感谢您选择我们航空公司的航班进行您的第一次飞行体验,我们倍感荣幸。但是非常抱歉,出于对您安全因素的考虑,驾驶舱是不允许参观的。感谢您的配合。"这样乘客接受起来会相对容易。

知识拓展

倾听的重要性

美国知名主持人林克莱特一天访问一名小朋友,问他:"你长大后想做什么呀?"小朋友天真地回答:"我要当飞机的驾驶员!"林克莱特接着问:"如果有一天,你的飞机飞到太平洋上空,所有引擎都熄火了,你会怎么办?"小朋友想了想,说:"我会先告诉坐在飞机上的人绑好安全带,然后我挂上我的降落伞跳出去。"当在现场的观众笑得东倒西歪时,林克莱特继续注视这孩子,想看他是不是自作聪明的家伙。没想到,孩子的眼泪夺眶而出,这才使得林克莱特发觉这孩子的悲悯之情远非笔墨所能形容。于是林克莱特问他:"为什么要这么做?"小孩的答案透露出一个孩子真挚的想法:"我要去拿燃料,我还要回来!"

在这则故事中,观众们断章取义,误解了孩子,只有主持人敏锐地发觉了孩子的情绪变化,进而继续追问,才了解到孩子的真正想法。通过这个案例我们可以看到在沟通和交流中倾听的重要性。航空服务人员在面对乘客时,也要耐心地聆听乘客的诉求,不要产生不耐烦的情绪,避免言语上的误会导致沟通不畅。

(四)善于总结和反省

在日常的工作中,航空服务人员会遇到各式各样的乘客,为他们解决各种各样的问题,为了更好地提高自己,航空服务人员要善于总结和反省。曾子曰:"吾日三省吾身。"这里的"三"不是具体的次数,而是多次反复的意思,就是要一遍遍地问自己,还有哪些事我没有做到。人与人之间的沟通往往会受地域的影响、环境的影响、情绪的影响、身份的影响等,因此怎样能更好地使用口语恰当地表情达意是需要我们不断努力积累的。要及时反思工作中遇到的问题,告诉自己优点在哪里,缺点在哪里,如果下次遇到同样的问题,哪里还可以做得更好一些。要积极地向前辈学习,向同事学习,工作中要团结协作,取长补短,在航前协作和航后讲评时要认真细心。只有做一个有心人,不断地总结和反省,才能够提高自己的沟通水平,为乘客提供更好的服务。

目前,随着我国经济的快速发展,对外交流日益频繁,民航正在快速地世界化。作为民航形象的代表,航空服务人员的基本素养应该与时俱进,适应社会发展的需求。航空服务人员加强语言表达能力,做好客舱广播工作是非常重要的。客舱播音是航空服务人员内在修养、心态素质的外化。航空服务人员是航空公司的形象,服务是各航空公司的主要运营理念,客舱广播又是衡量客舱服务的一项重要标准。与此同时,航空服务人员还是客舱的安全管理员,客舱广播不论是对客舱服务还是客舱的安全管理都起着举足轻重的作用。

客舱广播是大众传播，客舱广播员负有重大的服务和安全使命，客舱广播员要树立良好的公众形象才能有可信度，才能更好地为公司取得更大的经济效益，从细节上把握客舱服务，才能真正肩负起使命。"顾客就是上帝"这是一句很简单的话，可要真正做到，那就要在每一次工作中下真功夫才可以。必须认真对待每一次的客舱服务机会，真诚地对待每一位乘客，因为每一位乘客的身后都有一个相对稳定的、数量不小的群体。广播员在整个客舱广播的过程中要有意识地排除有碍于播音的杂念、形式、做法，任何轻浮不端的行为以及我行我素都有可能导致客舱广播的失败，所以广播员需要提升自身的各方面素质。具体的综合素养大体包含以下几个方面：

第一，经历是一个人的宝贵财富。

这里的经历包括实践经历和理论经历。实践经历主要是指在日常生活中积累下来的所见所闻。广播员在生活中积累越多，经验、阅历越丰富，相应的理解感受能力和语言表达能力就会越强。理论经历主要是指广播员的文化底蕴。文化底蕴是客舱广播的基础，如果广播员对稿件的内容都不理解，对稿件中出现的一些字、词、术语都不知道是什么意思，那表达稿件就无从谈起。客舱广播其实就是表现内在文化的手段。客舱广播语言的生成、理解和表达能力，都是建立在知识的基础之上的。

第二，提高播音能力。

想要提高播音能力，就要加强自身修养，掌握播语表达技巧。加强自身修养是指在日常的生活中不断地学习，积累知识。播音表达技巧分为内部技巧和外部技巧。内部技巧包括对象感、情景再现和内在语三个方面。在客舱播音中，广播员必须对客舱广播词的具体内容与情感有全面的了解，并且掌握内在情感在播音过程中的具体方法及运用。对象感能积极主动地激发广播员的内心感受，树立起积极正确的态度和应有的感情，并帮助广播员把广播词更清晰、更完美地表述给客舱里的每一位乘客。当广播词中有形象性内容时（如小桌板、氧气面罩等），广播员要在形象感受的基础上，运用情景再现，使客舱广播富于鲜明的形象性。当稿件中有逻辑性内容时，广播员要在逻辑感受的基础上，运用内在语，使广播更加生动具体。外部技巧包括停连、重音、语气、节奏四个方面，掌握应用停连和重音的技巧和方法，准确、鲜明、生动地把客舱广播词更好地表达出来。运用语气技巧，把航空服务员的亲切、温馨的广播词内容准确地体现出来，解决心中有亲切的情感，但表达不出来的问题。

第三，实践学习与大局观念。

实践学习是指当具备一定的播讲技巧，并掌握了理论知识后，要在实践中刻苦练习。能力的提升不是朝夕的事，只有在正确的方法指导下刻苦练习，才能熟能生巧。通过练朗读、练演讲、练说话、练绕口令等提高口语表达能力。大局观念是指客舱广播员所播出的每一篇广播词都是一种创造性的劳动，广播词是作者对客舱服务、客舱管理、客舱安全等进行深刻理解后所完成的产物。客舱广播具有很强的导向性，影响较为广泛，在观念理论上必须是正确的、科学的，否则有可能会造成误导和不可估量的后果。

总之，对航空服务人员来说，广播语的标准、规范、得体是客舱服务必不可少的基本技能。航空服务人员的广播语言是乘客对服务质量评价的一个重要标准，同时也是普及民航知识和客舱安全管理的一种有效手段。客舱广播是一门实践性很强的学问，它的学习需

要大量的理论知识和实践练习,在学习中切不可操之过急,应当科学练习、循序渐进。

四、说好内在语

播音创作所依据的文字稿件常常是"言有尽而意无穷",作者不可能也不必要把稿件包含的具体内容和思想感情全部写成文字,但在播音创作时,我们必须由表及里,在语句的有尽之言中挖掘无尽之意、无尽之美,这是播音创作的内涵所在。语句的弦外之音、味外之味就是我们所说的内在语,是指那些在播音语言中所不便表露、不能表露或没有完全显露出的语句关系和语句本质。

语句本质是指句子在具体的语言环境中深层的内在含义和态度情感。

理解语句的思想内容可以做两方面分析:一是脱离语言环境来确定语句的基本意义,即句子的表层意义;一是结合语言环境确定句子本来要表达的思想和实际意义,即句子深层的内在含义和态度情感,也就是语句本质。但语句的表层意义并非无足轻重,我们要结合上下文的语境分析,从语句较宽泛的表层意义来锁定语句本质。也就是说,应该参照语句表层意义的线索揭示语句本质,而揭示语句本质落实到表达上则可以引发出贴切的语气。

语言链条实际是指语句间的逻辑关系。揭示语言链条就是搞清句与句、段与段、层次与层次如何衔接成一个有机整体。特别是在文稿中那些不太通的地方,在段落层次需要做明显转换而又不好衔接的地方,在需要赋予语言以动作感、形象感的地方,或在需要唤起受众注意,引发他们思考的地方,都可运用内在语来衔接、过渡、铺垫或转换,以帮助找到自然贴切的语气,达到一气呵成、浑然一体的效果。

航空服务人员在与乘客的沟通中往往不能直接指出乘客的错误,需要通过内在语进行暗示,从而达到规劝乘客的目的。

(一)如何说服与劝阻

航空服务人员在日常工作中总会遇到这样一些乘客,他们的行为违反了飞行安全的规定,或者乘客之间因为一些矛盾而发生争执,这些都需要航空服务人员及时进行规劝。说服和劝阻乘客时要遵循以下几个原则。

第一,要拆除乘客的心理防线。俗话说"害人之心不可有,防人之心不可无。"陌生人之间都会有不同程度的设防,这就是我们所说的心理防线。心理防线是多种多样的,有的是对你的诚意的怀疑,有的是对你的戒备,有的是某种成见。由于心理防线的存在,说服和劝阻有较大障碍,因此要说服对方,首先要消除对方的戒备。第一,要让乘客相信你对他的关心。在说服之前可以先和对方聊一聊他感兴趣的事情,向对方表示自己的诚恳之意。如果不好判断乘客的兴趣点,可以选择从乘客的配饰等切入,先随便地聊一聊,等气氛融洽后再进入正题。如果乘客愿意回答你,你一定要注意倾听,并配合点头和微笑,让乘客感到你是真心尊重和关心他。第二,想要说服乘客,一定要想尽方法消除他的不满。可以先让乘客宣泄一下他的不满,情绪得到宣泄之后,乘客就会慢慢冷静下来,这个时候他就会透露出自己不满的真正原因,在了解到真正的原因之后,对乘客的说服和劝阻就能有效地开展了。需要注意的是,航空服务人员要学着去同情对方,不要站在乘客的对立面上,不要产生反感的情绪,反感的情绪一旦产生就会影响一个人的态度,从而影响说话的语气，可能会造成双方更大的矛盾冲突，这样说服工作就无法进行了。相反，如果航空服务人员站在乘客的角度想，先承认乘客的不满是有一定道理的，体谅乘客，这样就能拉近双方之间的心理距离，有利于说服工作的开展。

第二，说服和劝阻要因人而异。人与人的性格不同，脾气也不同，因此，在说服和劝阻时要注意因人而异。航空服务人员要通过察言观色了解服务对象的性格特点，针对不同的性格特点采取不同的说服和劝阻方式。常用的说服和劝阻方式有触动式、商讨式和提醒式。一般来说，对于被动性强、行动散漫的人来说，使用触动式的劝阻方法，通过语音语调上的刺激让其醒悟；对于脾气暴躁、情绪化的人而言，最好采用商讨式的劝说方法，以柔克刚；对于疑心很重、自我防备意识较强的人来说，使用提醒式的劝说方法，刚柔并济，让对方卸下防备并接受你的意见。

第三，说得好不如说得巧。面对陌生人，直话直说往往会造成一种尴尬的局面，从而引起更加严重的后果。而巧说则可以化解尴尬，在劝说的同时安抚对方的情绪。巧说的方法就是不要直接刺激谈话对象，而要采取迂回的方式，给予对方接受的空间，从而改变对方的看法。需要注意的是，在服务的过程中"顾客就是上帝"，因此在说服和劝阻的时候切忌言辞犀利、态度强硬。

（二）如何请求与发问

在为乘客提供服务的过程中，航空服务人员一定要弄清楚乘客的需求究竟是什么，这样才能有的放矢，为乘客提供满意的服务。然而在沟通和交流的时候由于信息的流失，我们很可能没有理解乘客本来的意愿，因此问清楚乘客的真实需求是非常重要的。航空服务人员一定要注意请求和发问的技巧。

请求和发问都是为了得到一个明确的答复，但同样是提问，有的得到令人满意的答复，而有的则得到令人沮丧的回复，这就体现了提问者的水平和技巧。高明的提问者不仅能得到令人满意的答复，而且会让被提问的对象心情舒畅。那么，提问时我们应该注意什么呢？

第一，无论是请求还是发问，都要做到彬彬有礼。具体体现为，在谈话的开始要有一个得体的称呼，同时还要注意配合恰当的面部表情。

第二，请求和发问要使用合适的语气。在请求和发问时，语气一定要温和。在我们向谈话对象发出请求时，都是希望对方配合我们做出某事，因此温和的语气在一定程度上可以促使别人为你提供帮助。最好采用商量式的语气，这样对方接受的可能性将会更大。

第三，请求和发问在某些情况下不能太过于直白。例如，在核对乘客姓名时说"请问怎么称呼您"要比问"你叫什么"更容易让人接受，收到的答复效果也会更好。

知识拓展

语言对于沟通的重要性

知识、能力是社交的硬件，沟通、交流是社交的软件。所谓沟通，就是把有关的信息或意思传达给对方，并且能够被对方所感知的一种行为。这种行为可以是语言的，也可以是非语言的，可以是有意识的，也可以是无意识的。只要能传情达意，就是沟通。

根据信息载体的不同，沟通可以分为语言沟通和非语言沟通。语言沟通通常是指建立

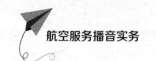

在语言文字基础上的沟通方式，它又可以细分为口头沟通和书面沟通。口头沟通也就是我们通常所说的交谈，是人们最常用的交流方式。常见的口头沟通包括演讲、正式的一对一讨论或小组讨论、非正式的讨论以及传闻或小道消息传播。书面沟通包括信件、电子邮件、传真、备忘录、组织内发行的期刊、布告栏及其他任何传递书面文字或符号的手段。

非语言沟通指的是那些不是通过讲话或文字而是通过某些媒介来传递信息的沟通形式。非语言沟通的内涵十分丰富，包括身体语言沟通、面部表情、服饰仪态、副语言、环境沟通和空间距离等多种形式。一个人的衣着打扮、谈话时的一举一动无不向别人传递着某种信息。

人们要想有效地与他人沟通，就需要具备良好的文化素养和较强的语言表达能力，表达词不达意，或逻辑混乱、语言艰深晦涩等，都会严重影响沟通的效果，由此可见语言对于沟通的重要性。

第三节　航空播音外部技巧训练

语言表达能力作为一个人的一种基本素养，体现了一个人的学识和修养。很长一段时间以来，人们对航空服务人员的印象就是"漂亮"，航空服务人员的选拔也让人感觉像在选美。随着民航业的发展和竞争的日趋激烈，航空公司也意识到，专业、优质的服务才是顾客最需要的，因此在挑选航空服务人员时更加注重个人的综合素质。服务中的交流、沟通往往是理解的桥梁，高质量的语言表达能力体现了服务者的个人素质和修养，这应该成为一名优秀的航空服务员必备的知识涵养和教育中不可忽视的部分。

一、善用礼貌用语

俗话说："良言一句三冬暖，恶语伤人六月寒。"在语言表达的外部技巧中，航空服务人员首先需要掌握的就是礼貌用语。在平时与人交往的活动中养成使用礼貌用语的习惯，才能够尽快地适应自己的工作需要。

　微课　　　　　　　　服务用语的使用　　　　　　　

1. 问候语

在人际交往的过程中，第一印象尤为重要，这就是心理学中的"首因效应"。在实际工作时，航空服务人员给乘客留下第一印象是在为乘客提供登机服务时。因此，在迎接乘客时所使用的问候语显得尤为重要。在对乘客致以问候的时候，航空服务人员要做到亲切、热情、充满朝气。常用的问候语有以下几种：

您好！欢迎您搭乘本次航班。

早上好！/下午好！/晚上好！

您好，您的座位在这边，请您这边走。

2. 送别语

在人际交往活动结束时，留给交往对象的最后印象也是至关重要的。这在心理学上称为"末轮效应"。航空服务人员需要注意，在之前的服务过程中无论你做得有多好，如果最后出现失误，也会让乘客对你之前的好印象大打折扣。因此，在飞机降落之后，对乘客的送别服务也是非常重要的。在送别时航空服务人员要做到细心提醒、耐心周到、不要催促。常用的送别语有以下几种：

感谢您搭乘本次航班，请您携带好您的随身物品，期待与您的再次相见。

请您走好，再见！

请慢走，再见！

感谢您的乘坐，再会！

3. 征询语

在航班飞行的过程中，乘客会产生各种各样的需求，航空服务人员要做到竭诚为乘客服务。当乘客按铃时，航空服务人员要及时到达乘客所在的位置，并询问乘客需要提供什么样的服务。在询问的过程中航空服务人员要仔细聆听、用心解答。常用的征询用语有以下几种：

您好，请问有什么可以帮您？

您好，请问我能为您做点什么？

您好，请问您有什么需要？

如果乘客讲方言或者语速较快，没有表达清楚需求，航空服务人员应该礼貌地进行询问。例如：

请您讲慢一点。

请您再重复一遍好吗？

切忌在没有听懂或者没有听清楚的情况下，按照自己的理解为乘客进行服务，以免造成乘客对你的误会，从而引起乘客的不满，对自己的工作造成不便。

4. 应答语

在乘客明确地表示自己的需求之后，航空服务人员应该进行及时的反馈，这样不仅能够让乘客觉得自己受到了尊重，而且能够体现出航空服务人员的专业素质。

切忌在乘客表达完自己的需求之后，没有给出任何回应便转身离开，这是非常不尊重乘客的行为。举个例子来说，乘客 A 表示自己需要一条毛毯，航空服务人员 B 点头转身离开，乘客 A 觉得自己没有受到尊重，而航空服务人员 B 觉得自己很委屈，自己转身离去是为了给乘客 A 取毛毯。由于忽略了口头上的应答语，航空服务人员 B 给乘客 A 留下了非常不好的印象。

在民航服务中，一定不要忽略细节上的处理，用行动进行服务时，口头上也不要偷懒。常用的应答用语有以下几种：

好的。/是的。

我明白了。/我马上去办。

这是我应该做的。

没关系，一点儿都不麻烦。

请您稍等，我马上就来。

5. 道歉语

在服务的过程中，由于航空服务人员要承担很大的工作量，很有可能会产生失误。这时候，航空服务人员应该冷静地面对工作失误，诚恳地道歉并解决问题，争取得到乘客的谅解，切忌慌张、推卸责任。在道歉时要注意语气谦和，态度诚恳。常用的道歉用语有以下几种：

非常抱歉，打扰您了。

对不起，是我工作失误，请您谅解。

非常对不起，是我搞错了，向您道歉。

非常抱歉，这件事情我也不太清楚，等我问清楚后马上告诉您，请稍后。

您的意见非常好，我们一定采纳。

6. 祝贺语

在航班的飞行过程中经常会遇到一些节日，这时为了体现航空公司的亲和力，航空服务人员都会代表自己所属的航空公司向乘客致以节日的祝福。近年来，各大航空公司也纷纷在传统节日向乘客提供个性化服务。比如，中秋节时，飞机上提供月饼；春节时，航空服务人员穿旗袍代替制服；为过生日的乘客送去航空公司的祝福；等等。这就要求航空服务人员在进行服务时要做个有心人，在进行准备工作时，要留意乘客的基本信息，注意传统的节假日。小小的一句祝贺语，就能让乘客感受到最贴心的服务。常用的祝贺语有以下几种：

祝您新年快乐！

祝您生日快乐！

祝您圣诞快乐！

恭喜！恭喜！

祝您节日愉快！

7. 感谢语

在跟乘客交往的过程中，航空服务人员会遇到对服务提出意见和建议的乘客，或是对服务表示感谢的乘客。这时，航空服务人员应该向乘客致以感谢。在接到表扬时不要骄傲自满，在接到批评时不要流露情绪。感谢语要感情真挚，发自肺腑。常用的感谢语有以下几种：

谢谢！

非常感谢！

谢谢您的配合！

感谢您提出的宝贵意见，我会尽快反映给有关部门，一定做出改进。

8. 餐食服务用语

由于飞行时间不同，航程长短不同，飞机上提供的餐食服务也不同。一般来讲，短程航班会提供饮料和点心，长途或者在正餐时间航行的航班会提供飞机餐。经济舱的飞机餐一般有两种选择，而头等舱则会提供点餐单以供乘客选择，并会提供酒水。航空服务人员在进行餐食服务时要注意细致周到。常用的餐食服务用语有以下几种：

请您看看菜单。

现在可以点餐了吗？

请稍等，我马上为您安排。

非常抱歉，您要的×××已经没有了，我们的其他餐食也不错，您要不要试试看？

请问，您需要什么饮料？我们有矿泉水、绿茶、可乐……

您喝点什么酒？

现在为您上菜可以吗？

请问，您还需要点什么？

您吃得满意吗？

祝您用餐愉快！

在提供餐食服务时，切忌偷工减料，使用缩略语。比如，在为乘客提供正餐时说"要饭？要面？"在询问乘客需要什么饮料时说"喝啥？"乘客选择了鸡肉饭之后，在递给乘客时说"你的鸡"。这是非常不礼貌的。由于汉语多同音字词，缩略语如使用不当会造成歧义，引起不必要的误会，给自己的服务带来麻烦。因此，航空服务人员一定要注意，在提供餐食服务时，语言要准确、恰当，避免歧义。

9. 商品服务用语

目前，很多航空公司提供了飞机上免税商品的目录，品种非常齐全，为乘客在飞行过程中提供购物享受。航空服务人员要做好准备，对于航班上提供的免税商品要做到熟悉并牢记。有时乘客可能会需要航空服务人员帮助推荐或挑选商品，航空服务人员要给出恰当并中肯的意见或建议，为乘客提供良好的购物体验。常用的商品服务用语有：

您好，请问您想买点什么？

您看这个/套/副怎么样？

您看行吗？

您还需要别的吗？

请稍等，我帮您包装好。

请问您是刷卡还是付现？

您的钱正好。

这是您的找零，请您收好。

非常抱歉，您看中的商品暂时缺货，这件商品跟您看中的非常相似，我拿来给您看一下。

10. 特殊乘客服务用语

在执行飞行任务的过程中，航空服务人员往往会遇到一些特殊的乘客，如晕机乘客、老年人、孕妇、婴儿、无监护人陪伴的未成年儿童、残疾人、VIP乘客等。在面对这些特殊乘客时，航空服务人员所使用的服务用语也应根据具体的情况加以调整。

在对晕机乘客进行服务时，服务人员应柔声细语地进行安慰，考虑到晕机乘客的情绪比较紧张，航空服务人员应该及时查阅乘客的个人信息，在服务时称呼其姓氏，拉近与乘客之间的距离，缓解乘客的紧张情绪，起到有效的安慰作用。

在对老年乘客进行服务时，应该做到放慢语速，在不打扰其他乘客的情况下适当提高音量，以方便老年乘客听清楚。一般来讲，老年人都有不服老的心态，因此在语言上不要有所冒犯。例如，不要主观上认为老年乘客系不好安全带，而说出"您肯定不方便吧，我来帮您"这样有损老年人自尊心的话，应该先询问乘客是否需要帮助。

在对孕妇进行服务时要注意，不要为了拉近与乘客的距离而问一些涉及乘客个人隐私的问题。在语言上一定要注意措辞，不要伤害乘客的自尊心。比如，服务时说："您肚子这么大，安全带长度不合适吧？我来帮您调整一下。"虽然航空服务人员表达的服务意愿是好的，但是措辞欠考虑，容易引发乘客的负面情绪。

在对搭乘飞机的婴儿进行服务时，首先要告知家长洗手间的位置，其次征询家长对婴儿提供的水、餐食有没有特殊的要求，第三要提醒家长注意安全。切忌大惊小怪，例如说："呀！您的水杯放这里多危险啊，万一洒了伤到孩子就不好了。"这样会引发家长的反感。航空服务人员应该进行善意提醒，以使家长更容易接受。在面对哭闹不止的婴儿时，航空服务人员应主动上前协助家长，并代替家长向周围的乘客致歉，避免产生由婴儿的吵闹造成的乘客之间的纠纷。

在接待无监护人陪伴的未成年儿童时，航空服务人员应记住小乘客的名字，并用名字来称呼小乘客，这样可以拉近与小乘客之间的距离。在与他们沟通时，要详细地解答各种问题，不要产生不耐烦的情绪。未成年人，尤其是年龄较小的孩子，一般来说好奇心都很强，在对他们的不合理行为进行规劝时，语气不要强硬，尤其不应高声制止。应想办法分散其注意力，循循善诱。

在对残疾人进行服务时，服务用语应小心谨慎，对其伤病的部位不应多加关注，以免伤害乘客的自尊心。其实残疾人最渴望的就是被平等对待，因此对残疾乘客的服务不应过于热情，在提供帮助之余不应过分关注。

航空公司的VIP乘客都是长期搭乘本公司航班的乘客，因此对VIP乘客的服务要细致周到。在航前准备时，应该仔细阅读乘客的相关资料，服务时应该准确地称呼其姓氏及职务，对于姓名中的生僻字要及时查阅字典，避免尴尬。在提供登机及送行服务时应该对乘客的长期支持表示感谢，例如说："×先生您好，欢迎您再次乘坐××航空公司的航班。再次见到您很开心，祝您旅途愉快！""×先生，感谢您一直以来的支持，请您带好随身物品，我们下次再见！"

知识拓展

非暴力沟通

非暴力沟通（nonviolent communication，NVC）是马歇尔·卢森堡博士在20世纪60年代发现的一种沟通方式。非暴力沟通在全球实践50多年，运用在越来越多的领域，如自我成长、家庭关系、职场沟通、心理辅导、商业合作、社会工作、冲突调解等。而研究飞行安全的专家发现，良好顺畅的非暴力沟通可以广泛运用到民航运输安全的不同层面、不同环境中。从20世纪七八十年代起，大型载人民航飞机的驾驶舱机组从多人制逐渐演变为双人制。沟通成为双人制机组保证飞行安全的最重要的驾驶舱资源管组（CRM）技术，而非暴力沟通所体现的技巧成为机组有效沟通最好的保证。非暴力沟通讲求的是双方一致性沟通，也就是好好说话。两个机组能够体验、尊重对方的内心世界，了解对方的需要，做最有效的沟通。机组通过沟通,互相监督、互相提醒、标准喊话/对话,让飞行更加顺畅安全。

非暴力沟通的使用基于"人与人是相互依存的,与人协作而不强迫"的意识,包括四个要素,即观察、感受、需要和请求。

二、恰当的停连和重音

停连即停顿和连接,是语流中声音的中断和延续。重音指的是语句中最能体现说话的目的,而着重强调的词或词组。在口语表达中,如果停连和重音的位置不恰当,可能会由一个意思变为另外一个意思,造成沟通上的障碍。因此,航空服务人员在日常生活中要注意积累,培养自己的语感和语言表达能力。

在客舱播音中,为了表达词语的主次、轻重关系,根据广播的目的强调某些字或词语,就是重音。在客舱播音中,把握好重音能够使所要表达的意思更加准确清晰,能够强调语义、突出感情、增添色彩等。比如,对一些统计性的数字进行强调,能让乘客听得更清楚,但如果播音过程中数字出现的频率较高,就要仔细考虑和斟酌哪些是不需要强调的,哪些是需要的。对数字重音的处理,不需要把所有的数字都"咬"得很紧,对于乘客而言,无法在短时间内明确过于复杂的数字的概念,所以在不影响句子意义的前提下,只需要强调重点的数字即可。作为空中信息的传播者,客舱广播员要掌握好播音时的内外部技巧,将温馨、亲切的广播词清晰准确地表达出来,使播讲的内容更加富有感染力和表现力,给人一种美的感受。

示例1

尊敬的旅客朋友们:

欢迎您选乘××航空公司的××次航班,由郑州飞往三亚,请您再次确认您的机票和登机牌!谢谢!

示例分析:

尊敬的/旅客朋友们:

欢迎您选乘/××航空公司的/××次航班,由/<u>郑州</u>飞往/<u>三亚</u>,请您<u>再次确认</u>/您的<u>机票</u>和<u>登机牌</u>!谢谢!

(文中"/"代表停顿,"<u>　　</u>"代表重音)

可以看出,标点符号并不是有声语言断句的规范,我们是根据语意来选择停顿和连接位置的,但标点符号对有声语言的停连有参考作用。重音是语句中予以强调的部分,在这段广播词中强调了航空公司、航班号、起飞及到达的目的地以及需要旅客核对的机票信息,这样听起来就通俗易懂了。

示例2

尊敬的各位旅客:

欢迎您选乘××航空的班机。登机后请您对号入座,您的座位号码位于行李架边缘。

手提行李请您放在行李架上或前排座椅下方。请找到位置的乘客尽快入座,以方便后面的乘客尽快登机,谢谢您的配合!

示例分析:

<u>尊敬的</u>/<u>各位旅客</u>:

欢迎您选乘/××航空的班机。登机后/请您对号入座,您的座位号码/位于<u>行李架边缘</u>。手提行李/请您放在/<u>行李架上</u>/或前排座椅下方。请找到位置的乘客/<u>尽快入座</u>,以方便/后面的乘客/<u>尽快登机</u>,谢谢您的配合!

(文中"/"代表停顿,"____"代表重音)

在本段广播词中有一个并列重音,手提行李放在行李架上和前排座椅下方这两个位置都是可以的,因此在这句话中,这两个存放行李的地点都需要强调,切不可只强调一个。

示例 3

尊敬的旅客朋友们:

现在我们将通过录像为您介绍机上安全知识,请您注意收看,谢谢!

示例分析:

<u>尊敬的</u>/旅客朋友们:

现在/我们将通过<u>录像</u>/为您介绍/<u>机上安全知识</u>,请您注意<u>收看</u>,谢谢!

(文中"/"代表停顿,"____"代表重音)

以上广播词中,强调了通过什么方式,介绍哪些内容,以及应该怎么做,并以此为依据确定了重音的位置。

示例 4

女士们、先生们:

由于客舱失火有烟雾,请大家立刻弯下腰,低下头,用手帕、衣物等捂住口鼻,请系好安全带,听从航空服务人员的指挥。谢谢!

示例分析:

<u>女士们、先生们</u>:

由于客舱<u>失火</u>/有烟雾,请大家/<u>立刻弯下腰</u>,<u>低下头</u>,用手帕、衣物等/<u>捂住口鼻</u>,请<u>系好安全带</u>,听从/航空服务人员的指挥。谢谢!

(文中"/"代表停顿,"____"代表重音)

这是一段客舱突发状况的广播词。作为客舱航空服务人员,安全职责是最高使命。因此,在安全提示广播中我们很明显地看出,客套话和礼貌用语的成分有所减少,取而代之的是要求乘客怎么做。因此,此段广播词传递的信息是,由于什么原因导致了什么状况,我们应该怎样做来保护自己。通过理解句子的含义,我们很容易地确定了此段广播词中停连和重音的位置。

 示例5

女士们、先生们：

现在飞机上有一位重病旅客，我们急需医务人员的协助，如您是医生或者护士，请马上与我们航空服务人员联系，对您的帮助我们深表谢意！

示例分析：

<u>女士们、先生们</u>：

现在/<u>飞机上有一位重病旅客</u>，我们急需/<u>医务人员</u>的协助，如您是/<u>医生</u>或者<u>护士</u>，请<u>马上</u>/与我们<u>航空服务人员联系</u>，对您的帮助/<u>我们深表谢意</u>！

（文中"/"代表停顿，"＿＿"代表重音）

这是机上旅客突发疾病时，广播寻找医生的广播词。从内容来看，我们需要先强调发生了什么事情，然后表明需要哪方面的人来做什么。通过理解句子的含义，我们很容易地确定了此段广播词中停连和重音的位置。

 示例6

尊敬的旅客朋友们：

本次航班由于天气原因延误，耽误了您的宝贵时间，由此为您带来的不便我们深感抱歉，感谢您选乘××航空公司，下次旅途再见！

请思考本段客舱广播中停连与重音的位置在哪里。

示例分析：

<u>尊敬的</u>/旅客朋友们：

本次航班/由于<u>天气原因</u>延误，耽误了您的宝贵时间，由此为您带来的不便/我们深感<u>抱歉</u>，感谢您选乘/<u>××航空公司</u>，下次旅途/<u>再见</u>！

（文中"/"代表停顿，"＿＿"代表重音）

根据文意可以看出，本段广播词是由于航班延误，在送客时向旅客致歉，并感谢乘客对公司的信赖，以及对下次旅途的美好期许。通过理解句子的含义，我们很容易地确定了此段广播词中停连和重音的位置。

通过以上案例，相信大家对于停连和重音的选择都有了更加深刻的理解，更多的练习材料在第四节的广播词中。熟能生巧，相信通过训练材料的练习，大家能够牢固地掌握停连和重音。

三、把握语气和节奏

语气指的是在思想感情的支配下语句的声音形式。在日常生活中，人们往往能通过语气来判断谈话对象的态度。服务人员一定要学会控制自己的语气，因为谈话对象会通过语气感受到你想表达的思想感情，切忌服务时带着负面情绪，以免造成交谈对象双方之间的冲突。

作为情、声、气的结合，语气相对而言比较虚幻。思想感情是语气的"神"，这就要求客舱播音员在播音时调整好自己的情绪，平稳缓和，使用正确的感情和态度，像对待朋友一样对待乘客，应避免怒、恶、惧等情感。语气的声音形式可以用语势来具象，在客舱播音中，服务型广播的语势变化平缓，其中陈述性的语句多以落势结尾。提示性的语句内在语较多，交流感较强，句头的变化比较丰富。所以从语势分析，服务型播音的语气应色彩温和，口腔自然放松，气息深长。而安全型广播的语势多为低起、落停，在句子中重音较突出，口腔应积极地敞开，使气息畅达。

节奏指的是有声语言运动的一种形式。有声语言的抑扬顿挫、轻重缓急都是通过节奏来体现的。在面对面的口语交流中，要把握适当的节奏，节奏过快会让交谈对象产生压迫感，而节奏过慢会让交谈对象觉得服务人员业务不熟练，不够专业。把握好节奏会让服务人员的有声语言听起来更加流畅、悦耳，同时会让乘客感受到服务人员的良好精神面貌，也能更好地接受交谈时航空服务人员提出的建议。

节奏是播音创作基础训练的最后一个环节。如果说基调是一篇稿件表达的总的感情色彩和分量，那么节奏就是这总的感情色彩、分量的外化，也就是客舱广播员播出时声音的具体表现。掌握节奏技能，可以更好地掌握语气相互衔接的技巧，从而更加完整准确地表达广播词的情感。

播音时音节发音时间的长短和播音员每分钟播报的字数有关。服务型广播，情节变化起伏不大，客舱播音时语速较慢；安全型广播，一般为突发事件，客舱播音时语速较快，但也不能因紧张而使语速过快，导致客舱混乱。在遇到紧急情况时要调整好自己的情绪和语速，将事情准确地告知乘客，安抚好乘客的情绪。

示例1

女士们、先生们：

我们将为您提供餐食、茶水、咖啡和饮料，欢迎您选用。需要用餐的旅客，请将您的小桌板放下。为了方便其他旅客，在供餐期间，请将您的座椅靠背调整到正常位置。谢谢！

示例分析：

这是一段服务型广播，是机上的餐前广播。根据情景，我们选择的语气应该是热情、温馨的，而且节奏不宜过快，以方便旅客听到广播后放下小桌板，调直座椅靠背。请用热情、温馨的语气和较慢的语速试读吧。

示例2

女士们、先生们：

飞机正在下降。请您回原位坐好，系好安全带，收起小桌板，将座椅靠背调整到正常位置。所有个人电脑及电子设备必须处于关闭状态。请确认您的手提物品是否已妥善安放。稍后，我们将调暗客舱灯光。

示例分析：

这是一段一般安全类广播，是下降时的安全检查广播。根据情景，我们选择的语气应该是专业、标准的，而且节奏沉稳有力，以方便旅客听到广播后放下小桌板，调直座椅靠背，并检查手机等电子设备和手提行李。请用专业、标准的语气和沉稳的语速试读吧。

示例3

女士们、先生们：

现在飞机遇到气流，有些颠簸，为了您的安全，请您在座位上坐好，系好安全带，谢谢合作。

示例分析：

这是一段安全提示广播，是飞机在遇到特殊情况时航空服务人员进行的客舱广播。根据情景，我们选择的语气应该是镇定自信的，而且节奏不可慌张，要坚定，以方便旅客听到广播后更好地保护自己，同时安抚旅客的情绪。请用镇定自信的语气和坚定语速试读吧。

示例4

女士们、先生们：

现在客舱尾部有一处失火，请大家不要惊慌，我们正在组织灭火，请您在自己的座位上坐好，系好安全带，不要来回走动，火源附近的旅客请听从航空服务人员的指挥调整您的座位。谢谢！

示例分析：

这是一段安全提示广播，是飞机在遇到特殊情况时航空服务人员进行的客舱广播。根据情景，我们选择的语气应该是严肃的，而且节奏要有一定的紧迫感，以方便旅客听到广播后更好地保护自己，同时安抚旅客的情绪。请用严肃的语气和较快的语速试读吧。

示例5

女士们、先生们：

现在客舱尾部的火势已经被控制，飞机处于良好状态，我们预计在××点到达××机场。机组全体成员对您所给予的协助表示衷心的感谢！谢谢！

示例分析：

这是灭火后告知旅客事态进展的广播。根据情景，我们选择的语气应该是成功的、有安抚性的，而且节奏要有一定的欢快感，以方便旅客听到广播后解除压力。请用成功的、有安抚性的语气和欢快的语速试读吧。

示例6

亲爱的旅客朋友们：

今天是中秋佳节，感谢您在这个团圆的日子里与我们同行。我们祝航班上每一位旅客朋友人圆家圆事事圆，祝您阖家欢乐，幸福平安！

示例分析：

这是一段传统节日的祝福广播。在节日问候旅客，让旅客感到家一般的温暖。根据情景，我们选择的语气应该是温馨的，而且节奏是喜悦的，方便旅客听到广播后感受到浓浓的节日氛围。请用温馨的语气和喜悦的语速试读吧。

通过以上案例，相信大家对于语气和节奏的把握都有了更加深刻的理解，更多的练习材料在第四节的广播词中。熟能生巧，相信通过训练材料的练习，大家能够熟练地掌握语气和节奏。

航空故事

2022年元宵节，南航携旅客机上共话"冬奥梦"

2022年2月15日是中国传统佳节"元宵节"。与往年不同，这年元宵节因恰逢北京冬奥会举办而显得更加"朝气蓬勃"。当天，南航贵州公司客舱部党员木棉春风组，在由贵阳飞往乌鲁木齐的CZ6577航班上，携百余名旅客共同开展"共燃冬奥梦、木棉迎元宵"机上活动，庆祝节日的同时，在万米高空共同探讨、交流、讲述冬奥会的相关知识与热点信息。航班登机前，乘务员们精心布置飞机客舱，让旅客"沉浸式"体验浓厚的节日氛围，犹如家一般的温暖。飞机进入平飞阶段并结束餐饮服务后，乘务长通过机上广播，将冬季奥林匹克运动会的起源、北京冬季奥运会的基本情况、本届奥运会的首金项目及中国代表团获得的首金项目等内容向旅客娓娓道来。接下来，乘务组发起的"冬奥知识竞赛"更将旅客带入了冬奥会的火热氛围中。在机上猜灯谜闹元宵和冬奥知识抢答环节中，旅客们踊跃举手，积极参与活动和答题，乘务员们还为回答正确的旅客送上了精心准备的小礼品。客舱内不时传来阵阵掌声和欢笑，旅客们对伟大祖国举办这一世界级运动盛事的喜悦和自豪溢于言表。"没想到蓝天上也能过元宵节，令人难忘，真心点赞。"下机时，旅客们仍沉浸在节日欢乐氛围中并与乘务员拍照留念，感受着北京冬奥的热情和传统节日的美好内涵。南航贵州公司通过此次"木棉元宵"活动，弘扬中华民族传统文化，为旅客出行增加一份人文情怀，让中国传统文化以更多形式走进旅客的心中，并为旅客带来最真挚的美好祝福。

资料来源：中国民用航空网，https://www.ccaonline.cn/hqtx/694733.html.

案例分析：

机上活动是航空公司为迎接节日或纪念日而在航班上策划的主题活动，兼具知识性与趣味性，同时能够很好地展现航空公司的企业文化和航空服务人员的良好形象。在接到机上活动任务时，航空服务人员会进行客舱布置来烘托节日氛围，设计乘客互动环节让乘客参与其中，给乘客准备航空公司的纪念品，起到良好的宣传效果。航空服务人员在机上活动广播时一定要注意选择恰当的语气以适应主题活动的需要，注意互动时的语言表达以调动乘客的积极性。成功的机上活动会起到强大的宣传效果，为航空公司的形象增光添彩。

第四节 航空播音广播词训练

航空服务人员是航空公司的形象代言人，目前国内各大航空公司都将优质的服务作为自己的品牌体现，而航空播音作为展示优质服务的一项重要内容，一直都是广大乘客关注的焦点。具备良好的语言表达能力是航空公司对自己旗下航空服务人员的一项重要要求。客舱广播是衡量客舱服务质量的一项重要标准，航空服务人员熟练掌握中英文广播技巧有利于客舱安全与客舱服务，有利于提高服务质量，创造更好的沟通环境。

一、客舱广播简介

（一）客舱广播的分类

乘务长负责整个航班的全程广播，包括服务类广播、一般安全类广播和不安全行为提示广播。

（二）客舱广播的要求

飞行前要认真熟悉和背诵广播词，携带广播词和航线介绍资料。广播时热情、准确、流畅，音量适中，语调柔和，通俗易懂。必须中英文对照广播，视情况可考虑增加所飞当地地方语种的广播。保持客舱安静，减少不必要的广播，保证旅客得到良好休息。

1. 服务类广播

力求以"亲切、个性化"的风格为基调，凸显服务至上的理念。

2. 一般安全类广播

力求以"专业、标准"的风格为基调，彰显"安全高于一切"的理念。

3. 不安全行为提示广播

除了遵循一般安全类广播（如出口介绍、安全示范）严肃、沉稳的要求，体现专业的职业风格，还需要坚定、有力，并体现紧迫感和紧张感，以达到有效地监管客舱安全的目的。

二、客舱英文广播技巧

如今，机上航空服务人员的英语播音水平在旅客当中认可度较低。旅客普遍反映，飞机上有的播音员只是机械地将英语单词分开依次朗读，语义表达并不准确、清晰，让旅客困惑而听不懂内容；有的航空服务人员则追求速度，把英语广播当作一项例行公事，希望尽快完成任务，而忽视了广播的目的性，不恰当的连读与停顿，造成了意思上的歧义，影响了旅客对航班相关信息的理解。航空公司的旅客中有一大部分是商务人士，他们对航班的时间比较看重，如果播音的航空服务人员在向旅客传递航班时间或者晚点时间时模糊不清，必定会影响旅客的乘机体验。相反，如果航空服务人员能对每一批旅客进行有效的航

空播音，那么，既能以优质播音服务和完善播音内容向乘客传递航空企业价值，又可以吸引更多旅客，从而为乘客建立服务标杆，提高公司的知名度。因此，重视机上英语广播的技巧是非常必要的。

在说话或朗读句子时，在同一个意群中，习惯上将一个单词的末尾和下一个单词的开头拼在一起读出来，这叫作连读。连读必须是在同一个意群的内部。连读是语调中非常重要的一个组成要素，是一项重要技能，与汉语中的连读与停顿情况相像。在航空英语机上广播词的播音中，连读可以使广播词具有强烈的黏着感，有助于航空服务人员对于航班信息的完整表达，充分体现英语语言的自然流畅性和整体性。

英语连读技巧介绍如下。

（一）首尾连读

1. 辅音+元音

在英语中，辅音与元音之间的连读最为常见。在同一个意群中，前一个词以辅音结尾，而后一个词以元音开头，这时应将前后的辅音、元音连读，这样，两个单词像是构成一个音节，使语言更加流畅自然。

2. 元音+元音

为保持英语的连贯性，有时两个元音也可以连起来读，此时中间不能停顿。元音连读时要自然，不能太刻意生硬。必要时，两个单词中间还可以加/w/作为转折。

3. 辅音+辅音

当两个词之间有两个或两个以上的辅音时，可以将它们作为组合连读，同时发音延长不停顿。

4. 连接音 r

前一个词以 r 或 re 结尾，后一个词以元音开头，连读时一般要在中间用/r/连接，且与后面的元音拼起来读，其他情况下 r 一般不发音。

（二）连读外加音

1. 外加音/j/

前一个词以/i/结尾，后一个词以/i/起首，需加/j/并和后一个单词连读。

2. 外加音/r/。

前一个词以/ə/结尾，后一个词以/ɔ/起首，需加/r/并和后一个单词连读。

3. 外加音/w/

前一个词以/u:/、/au/、/əu/、/ju:/结尾，需加/w/并和后一个词的元音连读。

（三）英语读法规则

1. 日期的读法

（1）年份的读法。基数词的中英文对照表如表 4-1 所示。

表 4-1 基数词的中英文对照表

基 数	英 文	基 数	英 文	基 数	英 文	基 数	英 文
1	one	11	eleven	21	twenty-one	40	forty
2	two	12	twelve	22	twenty-two	50	fifty
3	three	13	thirteen	23	twenty-three	60	sixty
4	four	14	fourteen	24	twenty-four	70	seventy
5	five	15	fifteen	25	twenty-five	80	eighty
6	six	16	sixteen	26	twenty-six	90	ninety
7	seven	17	seventeen	27	twenty-seven	100	one hundred
8	eight	18	eighteen	28	twenty-eight	200	two hundred
9	nine	19	nineteen	29	twenty-nine	1000	thousand
10	ten	20	twenty	30	thirty	2000	two thousand

年份按照基数词组合拼读，有以下四种。

第一种：1900 读作 nineteen hundred

1800 读作 eighteen hundred

第二种：1903 读作 nineteen zero three

1907 读作 nineteen zero seven

第三种：1921 读作 nineteen twenty-one

1923 读作 nineteen twenty-three

第四种：2000 读作 two thousand

2003 读作 two thousand and three

（2）月份的读法。一年有 12 个月，分别为 January（1月）、February（2月）、March（3月）、April（4月）、May（5月）、June（6月）、July（7月）、August（8月）、September（9月）、October（10月）、November（11月）、December（12月）。

（3）日的读法。一个月中每天的读法依照序数词读法规则，如表 4-2 所示。

表 4-2 序数词的中英文对照表

序数	英文	序数	英文	序数	英文	序数	英文
1	first，1st	11	eleventh，11th	21	twenty-first，21st	40	Fortieth，40th
2	second，2nd	12	twelfth，12th	22	twenty-second，22nd	50	Fiftieth，50th
3	Third，3rd	13	thirteenth，13th	23	twenty-third，23rd	60	Sixtieth，60th
4	Fourth，4th	14	fourteenth，14th	24	twenty-fourth，24th	70	Seventieth，70th
5	fifth，5th	15	fifteenth，15th	25	twenty-fifth，25th	80	Eightieth，80th
6	sixth，6th	16	sixteenth，16th	26	twenty-sixth，26th	90	Ninetieth，90th
7	seventh，7th	17	seventeenth，17th	27	twenty-seventh，27th	100	one hundredth
8	eighth，8th	18	eighteenth，18th	28	twenty-eighth，28th	200	Two hundredth
9	ninth，9th	19	nineteenth，19th	29	twenty-ninth，29th	1000	one hundredth
10	tenth，10th	20	twentieth，20th	30	Thirtieth，30th	2000	two hundredth

（4）星期的读法。一周有 7 天，分别为 Monday（星期一）、Tuesday（星期二）、

Wednesday（星期三）、Thursday（星期四）、Friday（星期五）、Saturday（星期六）、Sunday（星期日）。

（5）日期的读法示例。

- What date is today?

  Today is September 1st.

- What day is today?

  Today is Monday.

2. 时间的读法

时间广播采用 12 小时制，在具体时间后加上 AM（上午）和 PM（下午），其中 AM 与 PM 需读出。例如：

上午 9 点整读作 nine AM 或者 nine o'clock

中午 12 点 15 分读作 twelve fifteen PM

下午 4 点 30 分读作 four thirty PM

凌晨零点 15 分读作 midnight fifteen 或者 zero hour fifteen

3. 航班号的读法

下面举例说明航班号的读法。

CA1853 读作 C A one eight five three

HU7066 读作 H U seven zero six six

4. 机型的读法

机型读法示例如下。

波音 737-800 读作 Boeing seven three seven eight hundred

空客 319 读作 Airbus three nineteen

5. 温度的读法

零上温度先读数字，然后加上摄氏度或华氏度。

零下温度先读 minus，然后读数字，最后加上摄氏度或华氏度。

例如：2℃读作 two degrees Centigrade。

-4℃读作 minus four degrees Centigrade 或者 four degrees Centigrade below zero。

77℉读作 seventy seven degrees Fahrenheit。

-21℉读作 twenty one degrees Fahrenheit below zero 或者 minus twenty one degrees Fahrenheit。

 航空故事

福州航空举办首届中英文广播词大赛

"各位女士、先生，欢迎您搭乘福州航空公司的班机旅行。本航班是由福州飞往上海浦东的 FU6519 次航班，飞行时间为 1 小时 10 分钟，请您仔细核对登机牌，以免误乘航班，祝您旅途愉快。"常常搭乘福航班机的朋友对这段广播词一定不会感到陌生。近日，福州

航空把广播词从空中"搬"到了地上，在福州基地举办了主题为"Voice in the Air——机上好声音"的首届中英文广播词大赛。

福州航空广播词大赛现场

活动中，帅气、靓丽的乘务员们脸上挂着温柔的微笑，从幕后走到台前，凭借悦耳的朗读声、良好的精神面貌，将福州航空乘务员应有的专业水平展现得淋漓尽致。与此同时，有数千名微博网友通过"福州航空"官方微博观看了比赛的现场直播。据了解，这也是福州航空首次以现场直播的形式与广大粉丝共赏公司内部比赛。入围决赛的乘务员分三组进行对抗，比赛不仅设有中文广播词比拼、英文广播词比拼等常规的机上广播词考核项目，为了考查乘务员临场应变的能力，客舱服务部还推陈出新地设计了"巧写广播词"及"英文趣配音"等环节。以"巧写广播词"为例，环节中设置了"双十一"、元旦、圣诞和国庆四个节日主题情景模式，参赛乘务员以小组为单位，以抽签形式自行拟写并播报创意广播词。虽然准备时间不充裕，但是作为经过专业化训练且具有一定服务经验的乘务员，无论他们抽到的是什么样的广播词，总能通过他们的声音将信心与安心传递给在场的观众：服务类广播词让人如饮甘霖，心情愉悦；安全类和应急撤离的广播词传递出更多的沉稳与专业。现场评委们频频点头，表现出了高度的认可；远在屏幕另一端的网友也忍不住"手动"为参赛乘务员们点赞。经过一番激烈比拼，"网络最佳人气奖""最佳中文好声音""最佳英文好声音"等奖项纷纷出炉。

要练好基本功也要全面提升，要专业化更要国际化。机上广播是航班生产过程中不可或缺的重要组成部分，是展示乘务员良好的飞行作风和职业素质的重要载体。一段优美的客舱广播可以带给旅客全新的听觉享受；在发生紧急事件时，乘务员冷静沉着的安全广播无疑是旅客的一味强心剂。

资料来源：航空旅游网，http://news.cnair.com/c/201709/82408.html.

案例分析：

通过以上案例可以看出航空播音在客舱服务过程中的重要性。航空服务人员不仅仅要有良好的形象，更要有良好的语音面貌和英语水平。通过以上案例中的比赛内容也可以看出，航空播音员不仅仅是广播词的播报者，更是客舱活动的组织者、客舱安全的守护者。航空服务人员一定要注意日常生活中的积累，积极进行语音面貌的训练，才能成为真正的"客舱好声音"。

三、训练示例

（一）起飞前广播

1. 登机广播

女士们、先生们：

_____欢迎您！

当您进入客舱后，请留意行李架边缘的座位号，对号入座。客舱行李架及座椅下方均可以安放手提行李，请注意保持过道通畅。

谢谢您的配合！

Ladies and gentlemen:

Welcome aboard _____ Airlines.

Your seat number is indicated on the edge of the overhead bin.

Please put your carry-on luggage in the overhead bin or under the seat in front of you. For the convenience of others, please keep the aisle clear.

Thank you for your cooperation!

2. 防止错乘

女士们、先生们：

欢迎您选乘_____航班由_____前往_____（中途经停_____）。请您再次核对登机牌信息，以免错乘。

Ladies and gentlemen:

Welcome aboard_____Airlines_____flight_____to_____(and_____). Please make sure you're on the correct flight.

3. 机上升舱

本次航班为您提供"机上升舱"服务，如果您需要，请联系客舱航空服务人员。

谢谢！

The in-flight upgrade service is available, if you want to upgrade, please let us know.

Thank you!

4. 欢迎词

尊敬的女士们、先生们：

欢迎和感谢您乘坐_____航班前往_____。我们十分高兴与_____会员再次见面！本次航班的机长_____、主任/乘务长_____及同全体机组成员向您致以最诚挚的问候！

请将安全带系好，座椅靠背、小桌板（和座椅脚踏板）收起，遮光板保持在打开状态。为了保证飞行安全，请确认一下您的手机及具有"飞行模式"功能的其他电子设备已经处于关闭状态。本次航班全程禁烟，敬请有吸烟习惯的旅客谅解！祝您____小时____分的空中旅途愉快！谢谢！

Ladies and gentlemen:

Welcome aboard_____Airlines, a member of_____. Our flight_____is from_____to____. It is our great pleasure to greet our _____ again! Captain _____ (Chief) Purser _____and the entire cabin crew are pleased to have you onboard with us.

Please fasten your seat belts, stow your tray table (return your footrest to its initial position) and adjust your seat back to the upright position. Please help us by opening the sunshades.

To ensure the flight safety, please make sure that your mobile phones, including those with flying mode, are powered off. This is a non-smoking flight. Please do not smoke onboard.

We hope that you will enjoy our flight.

Thank you!

5. 关门滑行广播

女士们、先生们：

早上好（下午好/晚上好）！

非常高兴与您相遇在_____。

我们非常高兴和所有的_____会员再次相见，并欢迎更多旅客加入常旅客计划。

机门已经关闭，根据中国民航法规，为了避免干扰驾驶舱的飞行系统，请您现在关闭手机和其他便携式电子设备，包括带有飞行模式的手机。同时，禁止在飞行过程中使用充电宝等锂电池移动电源为电子设备充电，并确保电源处于关闭状态。

祝您有一段愉快而舒适的旅程。

谢谢！

Ladies an gentlemen:

Good morning(afternoon/evening)!

Welcome aboard _____ Airlines.

To our _____ member, it's a pleasure to see you again, and we are looking forward to inviting more passengers to join our frequent flyer program.

All mobile phones even in flight mode function and other electronic devices must be switched off, including lithium battery chargers.

We wish you have a nice trip! Thank you.

6. 提醒观看安全须知广播

女士们、先生们：

现在我们将为您介绍安全须知，这些信息对您的旅途安全十分重要，请您留意观看。

谢谢！

Ladies and gentlemen:

Now we will show you the safety instructions. Please pay attention to the presentation.

Thank you!

7. 安全检查广播

女士们、先生们：

我们的飞机已经推出，准备起飞，请您系好安全带，调直座椅靠背，放下座椅扶手，收起小桌板、脚踏板，打开遮光板，并确认手机处于关闭状态。

现由航空服务人员进行客舱安全检查，谢谢！

Ladies and gentlemen:

As we are preparing for take-off, please put your seat back upright, secure your tray-table (and footrest) and put your armrests down. Please make sure that your seat-belt is securely fastened, and your window shades are fully open. All mobile phones must remain switched off at all times. Cabin crew please start safety check.

Thank you!

8. 起飞前航班确认广播

女士们、先生们：

飞机即将起飞，请您再次确认安全带是扣好系紧的，手机处于关闭状态。

谢谢！

Ladies and gentlemen:

Our plane will be taking off shortly, please make sure that your seatbelts are securely fastened and your mobile phones switched off.

Thank you!

（二）飞行中广播

1. 起飞后广播

女士们、先生们：

我们的飞机已经离开_____前往_____，沿这条航线，我们飞经的省份有_____，经过的主要城市有_____，我们还将飞越_____。

在这段旅途中，我们为您准备了早餐（午餐，晚餐）。供餐时我们将广播通知您。

下面将向您介绍客舱设备的使用方法。

今天您乘坐的是_____型飞机。

您的座椅靠背可以调节，调节时请按座椅扶手上的按钮。在您座椅的上方有阅读灯开关和呼叫按钮。如果您需要航空服务人员的帮助，请按呼唤铃。在您座位上方还有空气调节设备，您如果需要新鲜空气，请转动通风口。洗手间在飞机的前部和后部。在洗手间内请不要吸烟。

Ladies and gentlemen:

We have left_____for_____. Along this route, we will be flying over the provinces of ___, passing the cities of _____, and crossing over the_____. Breakfast(lunch, supper) has been prepared for you. We will inform you before we serve it.

Now we are going to introduce you the use of the cabin installations.

This is a _____ aircraft.

The back of your seat can be adjusted by pressing the button on the arm of your chair. There is a cleaning bag in the pocket of the seat back in front of you, which you use when you throw trash.

The call button and reading light are above your head. Press the call button to summon a flight attendant.

The ventilator is also above your head. By adjusting the airflow knob, fresh air will flow in or be cut off.

Lavatories are located in the front of the cabin and in the rear. Please do not smoke in the lavatories.

2. 平飞致意

女士们、先生们：

感谢您选择_____航空公司。今天我是你们的乘务长。我们将为您提供优质的服务，祝您旅途愉快！我们很荣幸随时为您服务。

Ladies and gentlemen:

　　Thank you for choosing _____ Airlines. I am your chief purser today. We will provide you with quality service and hope you enjoy the flight! We are honored to serve you at any time.

　　Thank you!

　　3. 航线介绍广播

女士们、先生们：

　　飞机已经离开_____前往_____。飞行距离_____千米，预计飞行时间_____小时_____分钟。

　　我们正在为您准备_____（早餐/午餐/晚餐/小吃/快餐/点心）及饮品，稍后供您享用。

　　旅途中，您可以欣赏我们精心为您准备的空中娱乐节目。如果您需要帮助，请随时告诉我们，乘务组非常乐意为您服务，期待与您共同度过一段轻松愉快的旅程。

　　谢谢！

Ladies and gentlemen:

　　Our plane has left _____ for _____. The distance between _____ and _____ is _____ kilometers and the flight time is _____ hour(s) and _____ minutes.

　　We will soon be serving _____ (breakfast/lunch/dinner/a snack/refreshments)and beverages.

　　Entertainment program will also be made available during the flight. If you need any help,please let us know.

　　We wish you a pleasant journey!

　　Thank you.

　　4. 餐前广播

女士们、先生们：

　　我们将为您提供餐食（点心餐）、茶水、咖啡和饮料。欢迎您选用。需要用餐的旅客，请您将小桌板放下。

　　为了方便其他旅客，在供餐期间，请您将座椅靠背调整到正常位置。谢谢！

Ladies and gentlemen:

　　We will be serving you meal with tea, coffee and other soft drinks. Welcome to make your choice. Please put down the table in front of you. For the convenience of the passenger behind you, please return your seat back to the upright position during the meal service. Thank you!

　　5. 意见卡广播

女士们、先生们：

　　欢迎您乘坐中国××航空公司航班，为了帮助我们不断提高服务质量，敬请留下宝贵意见，谢谢您的关心和支持！

Ladies and gentlemen:

　　Welcome aboard ×× Airlines, comments from you will be highly valued in order to improve our service, thanks for your concern and support.

6. 预定到达时间广播

女士们、先生们：

本架飞机预定在_____分钟后到达_____机场。地面温度是_____，谢谢！

Ladies and gentlemen:

We will be landing at _____ airport in about _____ minutes. The ground temperature is _____ degrees Celsius. Thank you!

7. 播报时间和天气广播

女士们、先生们：

现在是北京时间____点____分，我们的飞机大约在30分钟后到达_____机场，机场天气_____（晴朗/多云/小雨）。

国内

地面温度为_____摄氏度，_____华氏度。

国际

_____与_____的时差为_____小时，现在是当地时间_____。温度_____摄氏度，_____华氏度。

洗手间将在10分钟后锁闭。

谢谢！

Ladies and gentlemen:

It's _____ (time) AM/PM in Beijing. We will be landing at _____ Airport in about 30 minutes. The weather is _____ (clear/cloudy/rainy).

Domestic

The ground temperature is _____ degrees Centigrade, that is _____ degrees Fahrenheit.

International

There is _____ hour time difference between _____ and _____. And the local time is _____. The ground temperature is _____ degrees Centigrade, that is _____ degrees Fahrenheit.

The lavatory will be closed in 10 minutes.

Thank you.

8. 下降时安全检查广播

女士们、先生们：

飞机正在下降。请您回原位坐好，系好安全带，收起小桌板，将座椅靠背调整到正常位置。所有个人电脑及电子设备必须处于关闭状态。请确认您的手提物品是否已妥善安放。稍后，我们将调暗客舱灯光。

谢谢！

Ladies and gentlemen:

Our plane is descending now. Please be seated and fasten your seat belt. Seat backs and tables should be returned to the upright position. All personal computers and electronic devices should be turned off. And please make sure that your carry-on items are securely stowed. We will be dimming the cabin lights for landing.

Thank you!

9. 着陆前致意

女士们、先生们：

对您在旅途中给予的支持与配合，我们全体机组成员表示最诚挚的谢意。

Ladies and gentlemen:

On behalf of the entire crew, we would like to thank you for your support and cooperation during the flight.

Thank you!

10. 下降广播

女士们、先生们：

我们的飞机预计 20 分钟后到达机场。

飞机已经开始下降，机组要求您收起小桌板及脚踏板，调直座椅靠背，系好安全带，关闭手提电脑及所有电子设备，洗手间停止使用。我们特别提醒您，请保管好您的小件物品，以免在降落期间滑落。机上毛毯属非赠送物品，请不要带下飞机。

谢谢。

Ladies and gentlemen:

We will be arriving at_____airport in 20 minutes.

As we prepare for landing, please return your seat back to the upright position, secure your table and check your seatbelt is securely fastened. All electronic devices should be powered off at this time. The bathroom is out of use. We kindly remind you to take care of your belongings during landing. Blankets are non-complimentary items, please do not take them off the plane.

Thank you.

（三）落地后广播

1. 到达终点站广播

女士们、先生们：

飞机已经降落在_____机场，现在时间为_____，外面温度_____摄氏度（_____华氏度）。飞机正在滑行，为了您的安全，请暂时留在座位上。当飞机完全停稳，"系好安全带"指示灯熄灭后，请您解下安全带，携带所有随身物品下飞机（请您解下安全带，携带所有随身物品和护照到航站楼办理入境手续）。从行李架取物品时请小心。您的托运行李可以在行李认领处领取。过境旅客请到候机大厅转机柜台办理手续。

欢迎来到_____。感谢您选择××航空公司班机，下次路途再会！祝您愉快。谢谢！

Ladies and gentlemen:

Our plane has landed at_____airport. The local time is_____. The temperature outside is ____ degrees Celsius, (_____ degrees Fahrenheit). The plane is taxiing. For your safety, please stay in

your seat for the time being. When the aircraft stops completely and the fasten seat belt sign is turned off, please detach the seat belt, take all your carry-on items and disembark(please detach the seat belt and take all your carry-on items and passport to complete the entry formalities in the terminal). Please use caution when retrieving items from the overhead compartment. Your checked baggage may be claimed in the baggage claim area. The transit passengers please go to the connection flight counter in the waiting hall to complete the procedures.

Welcome to ＿＿＿ (city), Thank you for selecting ×× airline for your travel today and we look forward to serving you again. Wish you a pleasant day. Thank you!

2. 落地前航班确认广播

女士们、先生们：

飞机即将着陆，请您再次确认安全带是系好系紧的，手机继续保持关闭状态，直到飞机完全停稳。

谢谢！

Ladies and gentlemen:

Our plane will be landing shortly, please make sure that your seatbelts are securely fastened and your mobile phones switched off.

Thank you!

3. 终点着陆广播

女士们、先生们：

欢迎您来到美丽的＿＿＿（城市），我们将在＿＿＿机场进港。机舱外的温度为＿＿＿摄氏度，＿＿＿华氏度。

飞机还在滑行中，请您继续留在座位上，保持安全带系好，手机处于关闭状态，直到飞机完全停稳，客舱灯光调亮。我们特别提醒您：离开飞机时，小心开启行李箱，以免物品滑落，留意座椅两侧和前方口袋是否有遗留物品。

美好的旅程总是短暂的，感谢有您一路陪伴，我们期待与您的下次再会，祝您在＿＿＿愉快！

Ladies and gentlemen:

Welcome to beautiful＿＿＿. We have just landed at＿＿＿airport. The temperature is ＿＿＿ degrees Centigrade; that is＿＿＿degrees Fahrenheit.

You are required to remain seated with your seatbelt fastened until the seatbelt sign is switched off. Please also keep your mobile phones switched off until the aircraft comes to a complete stop. We kindly remind you to take all your belongings with you when you disembark.

We'd like to thank you joining us on this trip and we are looking forward to seeing you again in the near future.We hope you'll enjoy your stay in＿＿＿.

4. 旅客下飞机广播

女士们、先生们：

本架飞机已经完全停稳，请您从前（中、后）登机门下飞机。谢谢！

Ladies and gentlemen:

The plane has stopped completely, please disembark from the front (middle, rear) entry door. Thank you!

（四）紧急情况广播

1. 陆地迫降

女士们，先生们，请注意，现在是客舱经理广播。我们已决定采取陆地迫降，请回座位坐好，保持镇静，听从航空服务人员的指挥。

Ladies and gentlemen, attention please, this is cabin manager speaking, it is necessary to make an emergency landing. Please return to your seats, keep calm and follow our instructions.

将您的餐盘和所有其他服务用具准备好，以便航空服务人员收取。

Pass your food tray and all other service items for picking up.

为了撤离时的安全，请取下随身的尖锐物品，取下领带和围巾，把这些物品放入行李内，不要把任何东西放在您面前的座椅袋内。

For safety during evacuation, please remove sharp objects, remove neckties and scarves. Put them in your baggage, do not put anything in the seat-pocket in front of you.

现在，请大家取出衣服穿好，把所有行李放入行李架内。

Now, everybody, take your clothes out and put them on. Please put all of your baggage in the overhead locker.

脱下高跟鞋交航空服务人员保管。

Remove high-heeled shoes and hand them to cabin crews.

调整座椅靠背，固定好小桌板，把所有行李放在行李架内，存放好脚踏板和座位上的录像装置。

Return your seatbacks to the upright position and stow all tray tables, put all your baggage in the overhead lockers. Stow footrests and in-seat video units.

系紧安全带。

Fasten your seat belt tight and low.

现在航空服务人员将向您介绍两种防冲击姿势，请跟随航空服务人员练习。

Now, we will explain you brace positions to against impact. Please follow the instructions and practice.

当您听到"低下头，全身紧迫用力！"指令时，把两腿分开，两脚用力蹬地，双臂交叉，两手抓住前面的座椅靠背，额头放在双臂之上。

When you hear "Heads down, brace!", you should put your legs apart, place your feet flat on the floor. Cross your arms like this and hold the seatback in front of you. Rest your face on your arms.

如果无法抓到前面的座椅靠背或者前面没有座椅，请弯下腰，双手抓住脚踝，把头埋在双膝之中。如果抓不到脚踝，撑住双膝。

If you can't hold the seatback, or there is no seatback in front of you, please bend over, grab your ankles and head down on to your knees. If you can't grab your ankles, brace your knees.

在飞机着陆时，可能会有多次撞击，保持防冲击姿势直到飞机完全停稳。

While landing, there may be more than one impact, keep your brace position until the aircraft comes to a complete stop.

现在航空服务人员将告诉您应急出口的位置，请确认至少两个以上的出口。安装在地板上的应急灯光将引导到出口处。撤离时，不准携带任何物品。

Now we will show you the location of your nearest exit. The track lights on the floor will lead you to those exits. Leave everything while evacuating.

在前面的座椅口袋内有安全须知，请仔细阅读。如有疑问请向邻座旅客询问。

Take out the safety instruction card from the seat pocket in front of you, and read it carefully. If you have any inquiries, ask your neighbors.

现在请拿下眼镜、假牙和助听器，并将它们放在袜套中或外衣口袋内。

Now remove glasses, dentures, hearing-aids, and put them in your sock or pocket.

女士们、先生们，如果您是航空公司的雇员、执法人员、消防人员或军人，请与航空服务人员联络，我们需要您的协助。同时，根据机长的要求，我们将调整一些人的座位。

Ladies and gentlemen, please contact our cabin crew if you are an employee of airlines, law enforcement personnel, firefighter or military service personnel. We appreciate your assistance, we may need to change some passengers' seats according to the instructions from captain.

女士们、先生们，我们将调暗客舱灯光。

Ladies and gentlemen, now we will dim the cabin lights.

全体乘务员做好着陆准备。

All cabin crew ready for landing.

2. 水上迫降

女士们，先生们，请注意，现在是客舱经理广播。我们已决定采取水上迫降，请回座位坐好，保持镇静，听从航空服务人员的指挥。

Ladies and gentlemen, attention please, this is cabin manager speaking, it is necessary to make a ditching. Please return to your seats, keep calm and follow our instructions.

将您的餐盘和所有其他服务用具准备好，以便航空服务人员收取。

Pass your food tray and all other service items for picking up.

为了撤离时的安全，请取下随身的尖锐物品，取下领带和围巾，把这些物品放入行李内，不要把任何东西放在您面前的座椅袋内。

For safety during evacuation, please remove sharp objects, remove neckties and scarves. Put them in your baggage, do not put anything in the seat-pocket in front of you.

现在，请大家取出衣服穿好，把所有行李放入行李架内。

Now, everybody, take your clothes out and put them on. Please put all of your baggage in the overhead locker.

脱下鞋子交航空服务人员保管。

Remove shoes and hand them to cabin crews.

调整座椅靠背，固定好小桌板，把所有行李放在行李架内，存放好脚踏板和座位上的录像装置。

Return your seatbacks to the upright position and stow all tray tables, put all your baggage in the overhead lockers. Stow footrests and in-seat video units.

系紧安全带。

Fasten your seat belt tight and low.

现在航空服务人员将向您介绍两种防冲击姿势，请跟随航空服务人员练习。

Now, we will explain you brace positions to against impact. Please follow the instructions and practice.

当您听到"低下头，全身紧迫用力！"指令时，把两腿分开，两脚用力蹬地，双臂交叉，两手抓住前面的座椅靠背，额头放在双臂之上。

When you hear "Heads down, brace!", you should put your legs apart, place your feet flat on the floor. Cross your arms like this and hold the seatback in front of you. Rest your face on your arms.

如果无法抓到前面的座椅靠背或者前面没有座椅，请弯下腰，双手抓住脚踝，把头埋在双膝之中。如果抓不到脚踝，撑住双膝。

If you can't hold the seatback, or there is no seatback in front of you, please bend over, grab your ankles and head down on to your knees. If you can't grab your ankles, brace your knees.

在飞机着水时，可能会有多次撞击，保持防冲击姿势直到飞机完全停稳。

While ditching, there may be more than one impact, keep your brace position until the aircraft comes to a complete stop.

现在航空服务人员将向您演示救生衣的使用方法。

Now the cabin crew will demonstrate the use of life vest.

从座位下取出救生衣，随同航空服务人员演示穿上救生衣，但在客舱内不要充气。

Take out the life vest under your seat and follow the demonstration of cabin crew to put it on. But do not inflate it in the cabin.

撕开包装，将救生衣经头部穿好。

Tear the package, to put the vest on, slip it over your head.

将带子扣好，系紧。

Then fasten the buckles and pull the straps tight around your waist.

离开飞机时，拉下救生衣上的红色充气把手，但在客舱内不要充气。

Just before leaving the aircraft, pull the red tabs to inflate your vest. But do not inflate it in the cabin.

充气不足时，可将救生衣上部的人工充气管拉出，用嘴向里吹气。

If your vest is not inflate enough, you can also inflate it by blowing into the tubes.

现在航空服务人员将告诉您应急出口的位置，请确认至少两个以上的出口。安装在地板上的应急灯光将引导到出口处。撤离时，不准携带任何物品。

Now we will show you the location of your nearest exit. The track lights on the floor will lead you to those exits. Leave everything while evacuating.

在前面的座椅口袋内有安全须知，请仔细阅读。如有疑问请向邻座旅客询问。

Take out the safety instruction card from the seat pocket in front of you, and read it carefully. If you have any inquiries, ask your neighbors.

现在请拿下眼镜、假牙和助听器，并将它们放在袜套中或外衣口袋内。

Now remove glasses, dentures, hearing-aids, and put them in your sock or pocket.

女士们、先生们，如果您是航空公司的雇员、执法人员、消防人员或军人，请与航空服务人员联络，我们需要您的协助。同时，根据机长的要求，我们将调整一些人的座位。

Ladies and gentlemen, please contact our cabin crew if you are an employee of airlines, law enforcement personnel, firefighter or military service personnel. We appreciate your assistance, we may need to change some passengers' seats according to the instructions from captain.

女士们、先生们，我们将调暗客舱灯光。

Ladies and gentlemen, now we will dim the cabin lights.

全体乘务员做好着水准备。

All cabin crew ready for ditching.

思政拓展

265名援吉人员和1.43万千克医疗物资！东航MU2271医疗包机成功抵吉

2022年3月20日18点34分，由东航西北分公司执行的MU2271西安—长春医疗包机稳稳降落在长春龙嘉机场。此次航班护送了265名来自西安交通大学第一、第二附属医院的医护人员，共搭载陕西援助吉林的1.43万千克医疗物资，充分体现了陕西人民连同吉林人民并肩作战、共同战胜疫情的决心和信心。

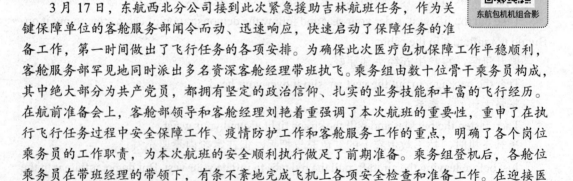

东航包机机组合影

3月17日，东航西北分公司接到此次紧急援助吉林航班任务，作为关键保障单位的客舱服务部闻令而动、迅速响应，快速启动了保障任务的准备工作，第一时间做出了飞行任务的各项安排。为确保此次医疗包机保障工作平稳顺利，客舱服务部罕见地同时派出多名资深客舱经理带班执飞。乘务组由数十位骨干乘务员构成，其中绝大部分为共产党员，都拥有坚定的政治信仰、扎实的业务技能和丰富的飞行经历。在航前准备会上，客舱部领导和客舱经理刘艳着重强调了本次航班的重要性，重申了在执行飞行任务过程中安全保障工作、疫情防护工作和客舱服务工作的重点，明确了各个岗位乘务员的工作职责，为本次航班的安全顺利执行做足了前期准备。乘务组登机后，各舱位乘务员在带班经理的带领下，有条不紊地完成飞机上各项安全检查和准备工作。在迎接医疗援助人员登机的过程中，积极帮助医护人员完成座位引导、行李安放等各项服务工作。

"今天，我和全体机组成员非常荣幸，能够一起护送265名白衣天使奔赴吉林，共克时艰。你们是新时代的英雄，是陕西人民的骄傲！期待你们早日凯旋，我们再接你们回家——"飞机平飞后，客舱广播中响起了本次航班机长的声音，他代表全体机组人员播报了这篇特殊的广播词。话音未落，客舱内已经响起了阵阵掌声。

傍晚18点34分，来自西安的MU2271航班稳稳降落在长春龙嘉机场，顺利地将援助吉林的医疗队和医疗物资送抵目的地。在与援吉医疗队伍道别的时候，全体机组人员都再次表达了对每一位医护人员的敬意和祝福，希望他们能在抗疫前线平平安安、健健康康，并与他们相约——战胜疫魔之时，必定春风千里颂赞歌，相携万里回秦川！

案例来源：http://finance.sina.com.cn/jjxw/2022-03-21/doc-imcwiwss7271350.shtml.

思政分析：

在全国人民携手抗击新冠肺炎疫情的过程中，中国民航人也贡献了一份自己的力量。一次次的飞行，就是为了把人员和物资送到最需要的地方去。航空服务人员也践行了当代民航精神，在一次次为疫情书写的特色广播中，表达着对抗疫医护工作者的敬意。民航人要把忠诚担当的政治品格、严谨科学的专业精神、团结协作的工作作风、敬业奉献的职业操守传承下去，谱写中国民航更加美好的未来。

思考题

1. 航空播音语言表达的要求包括哪些？
2. 航空播音中话筒前的准备工作有哪些？
3. 航空播音表达的内部技巧和外部技巧有哪些？
4. 语气和节奏指的是什么？

实训题

1. 请在景色风光介绍的训练中设计播讲内容，写出飞机经过的名胜景点的播讲稿，并进行现场口语表达。单人练习，时长在 2～3 分钟，主要练习记忆能力和有声语言表达能力。

2. 模拟情景训练，理解和掌握客舱广播词。

题目：今天在客舱中，乘务员偶遇了这样的乘客：

A．乘坐飞机赴张家口的冬奥运动员。
B．赴某地支援的白衣战士。

请模拟以上情景，撰写一则机上特色广播词并进行航空播音。

单人练习，根据所给题目，设计并撰写相应的广播词，要求内容符合题目情景设定，凸显航空公司品牌形象。内容积极向上，传递正能量。广播词撰写完成后，利用所学语言表达内外部技巧，结合客舱广播词播报要求进行客舱播音。

荐读

1. 殷亚敏．练好口才的第一本书[M]．北京：民主与建设出版社，2015．
2. 公众号：中播网、播音主持艺术网、播音中国。
3. 民航资源网：https://www.carnoc.com。

第五章　航空特定场景主持训练

【学习目标】

知识目标：明确航空特定场景主持的范畴和作用；掌握航空特定场景主持人有声语言和体态语的运用原则及技巧。

能力目标：提升航空特定场景主持人的即兴口语表达能力；能够使用规范的动态式、静态式体态语进行航空服务和特定场景主持活动；通过各类活动主持场景设计及训练，提升主持人的综合驾驭能力。

素质目标：提升航空从业者在不同场景主持活动中的综合素养。

思政目标：为航空服务的规范化奠定基础，进而提升航空公司的服务质量和行业影响力，促进我国航空业更好地发展。

【导引案例】

共庆团圆年，扬帆启新程
海航航空旗下乌鲁木齐航空开展新春主题航班活动

新春佳节到，共庆团圆时。为让春节期间出行的旅客在万米高空感受到欢乐祥和的节日气氛，经过精心策划，乌鲁木齐航空在除夕当天推出两个新春主题航班，为春节出行的旅客送上新年祝福。

"您好，欢迎登机，祝您新年快乐。"乘客开始登机，所有乘务员为旅客送上新年祝福。随着飞机进入平飞状态，客舱内响起机上广播，"欢迎您乘坐乌鲁木齐航空由2021年飞往2022年的春节限定航班，请您保持好美丽的心情迎接新年的到来……"随后，在乘务员的邀请下，旅客们纷纷参与互动活动，分享自己的新年愿望。"新的一年希望我的家人身体健康，希望我自己的工作能够更进一步。""新的一年希望疫情赶快过去，我能去更多地方走走……"在分享完新年愿望后，乘务员在客舱内开展了有奖问答活动，并为参与旅客送上

UQ2513 乌鲁木齐—绵阳—海口新春主题航班活动

了乌鲁木齐航空定制礼品，客舱内洋溢着欢庆春节的喜悦。

当天，在乌鲁木齐航空 UQ2525 乌鲁木齐—成都航班上，以"喜迎新春，群心向党"为主题的庆祝活动在万米高空热闹展开，该航班为乌鲁木齐航空打造的"党员先锋岗"航班。

UQ2525 乌鲁木齐—成都航班"喜迎新春，群心向党"主题庆祝活动

春联、"福"字将客舱装点得喜气洋洋，旅客开始登机，在乘务长的带领下，大家主动帮助旅客安放行李，细心进行安全检查，以亲切、专业和热情的态度，为旅客提供优质服务。在客舱互动过程中，乘务长带着旅客们回顾了党的光辉历程，为大家讲解了春节相关的典故，并带领旅客开展了"百年党史猜猜看""新春祝福"等互动问答活动。

除趣味横生的有奖竞猜环节，乘务组还邀请旅客们在万米高空共同说出对祖国的祝福、对党的祝福以及对家人的祝福。每一句祝福都承载着旅客们在新春佳节的美好期盼。随后，乘务员集体为旅客带来一段《万疆》手势舞，将客舱氛围推向了高潮。

资料来源：中国民用航空网，http://www.ccaonline.cn/hqtx/692985.html.

案例分析

飞机是旅客出行的重要交通工具之一，在重要节日或者纪念日，航空公司开展独具特色的主题活动，不仅可以为旅客送上祝福，消除旅客乘机的枯燥感，还可以拉近与旅客的距离，提升服务质量和航空公司的行业影响力。案例中，在中国最重要的节日——春节，乌鲁木齐航空在万米高空为旅客送去新春佳节的浓浓祝福，打造温馨喜庆、年味十足的旅途。充满节日氛围的宣传画，精心准备的鲜花、贺卡、小礼物，送去的是航空公司的满满祝福。飞机上相聚的时光虽然短暂，但却是弥足珍贵的记忆，相信这次旅途一定给旅客们带来了愉悦、美好、贴心的出行感受。这场"温暖客舱"的新春主题航班活动不仅体现了航空公司优化服务流程、服务细节，不断探索服务新形式、新内容和新内涵，更好满足社会公众出行需求的服务理念，更深化了企业文化内涵，打造了企业文化品牌。

航空公司开展各种特色活动，既丰富了服务内涵，又提升了行业影响力。担任民航活动主持工作的人员要具备专业性、灵活性、真切性、互动性、贴近性、交流性、服务性的素质，引发旅客的兴趣和参与意识，让旅客放松身心、欢欣愉悦是活动开展的主要目的。民航活动主持人的语言包括有声语言和副语言（即体态语）两个方面。其中，口语表达的能力要求是表现力、感染力，既包括声音弹性的基本功，又包括言语的组织能力、非常态下机智的控场能力；副语言的表达包括得体的举止、善解人意的眼神、恰当的肢体动作，以及能给人带来欢乐和美感的演播能力。

第一节　航空特定场景主持有声语言

航空特定场景主持的范畴主要指航空公司在特定空间，如客舱、机场候机厅、机场室外空间、大型活动场地、舞台等，举办公司新航线、新航班开通运行纪念活动、特定节日主题活动、周年庆纪念航班主题活动、跨界合作特色航班活动等，由航空服务人员担任活动主持人，通过串联既定环节、营造氛围、互动沟通、调动旅客参与等，推进活动有效展

开,旨在拉近航空公司与旅客的距离,提升航空公司的服务质量和行业影响力。

在航空特定场景活动中,推进活动进程的核心人物是主持人。虽然不同于广播电视节目主持人需要进行大众传播的舆论引导、开展采访评述、树立鲜明的个性形象,但二者在有声语言表达、推进活动(节目)进程以及代表航空公司(媒体)形象等方面却有着相通之处。在主持航空主题活动时,主持人的有声语言表达是推进活动程序、营造良好氛围的关键。语言表达专业化、亲切自然口语化、坦率真诚情感化、交流沟通互动化和独具魅力人性化是航空场景主持有声语言的运用原则。要提高主持语言功力,主持人要在语音、词汇、语法规范方面掌握一定技巧,同时还要加强主持过程的动态调节,基于此进行场景主持的即兴口语表达训练。

知识拓展

主持人的控场能力

控场能力是主持人素质结构中的核心部分,是决定活动开展成功与否的重要因素,直接决定着活动的精彩程度、旅客的参与度和旅客对航空公司的印象。举行特定主题活动虽提前设计了流程和主持词,但现场具体开展却属于即兴主持的范畴,并对主持人的控场能力提出了较高要求。

主持人要具有较强的控场能力,主要体现在两个方面:一是对活动主题基调的整体把握,对情感分寸、时间节奏的控制能力,即所谓的常规控场能力;二是活动中出现突发事件时的应变控场能力。优秀的控场能力离不开主持人充分的准备工作和对活动内容、旅客身份、旅客情绪、环节设置和公司形象推广等各个环节的熟知和把握,同时要求主持人能根据现场情况即兴发挥。

常规控场能力中最重要的是对活动开展节奏的把握,有精心设计的开场、高潮和尾声,任何一个环节没有按照预定时间准确到位都会影响整场活动的效果。旅客身份的不确定性使得节奏的把握变得困难,旅客积极性和参与性的调动,大多数情况下要靠主持人的直觉和经验来掌控。而应变控场是对突发状况做出的反应,好的应变不但能"力挽狂澜",起到"四两拨千斤"的效果,而且能让主持人和活动闪现出智慧的火花和真实的感染力,有利于树立航空公司的品牌形象。因此,主持人是否能很好地驾驭和完成活动的各个环节,能否将活动的主题和意义表达到位,都将是衡量航空公司开展活动是否成功的重要标准。

一、特定场景主持有声语言运用原则

有声语言是主持人主持航空特定场景活动的重要传播交流工具。主持人的有声语言是指主持人开口说出的语言,是相对于无声的体态语而言的。

航空特定场景活动主持人的有声语言传播不同于媒体节目主持人的大众传播,它带有明显的人际传播特征,因此互动、交流、沟通、亲切、自然是其语言表达的主要要求。既然有声语言是民航活动主持人传情达意、服务旅客最重要的工具,航空公司的服务理念、开展活动的意图等都要通过有声语言传达出去,这就对主持人的语言功力、语言表现力、语言魅力等提出了更高要求。

航空特定场景活动主持人的有声语言和航空广播播音语言也有着明显不同。播音语言是有稿播音，是把视觉的书面语言转换成听觉的有声语言的再创造劳动，是以书面稿件为依据，在正确理解、具体把握的基础上，以准确、鲜明、生动地传达稿件内容为根本目的。而主持语言则要用有声语言、形态来操作和推进活动进程。"有稿播音锦上添花，无稿播音出口成章"，这是对播音和主持有声语言表达的最高要求。

主持航空特定场景活动时，主持人既是活动的中心，又是现场导演，活动进行的节奏、环境气氛的烘托、旅客参与度的调动等都掌握在主持人手中。这是一种带有人际传播特征的有准备的即兴表达，主持人的有声语言除了语音标准，最关键的是得体而自然地达到服务目的，提升航空公司的行业竞争力和影响力。因此，主持人必须意识到其语言服务能力的特殊性、专业的规范性、表达的丰富性、沟通的交流性、思维的敏捷性、临场的发挥性。

 微课　　　　　　**特定场景主持有声语言运用原则**

1. 语言表达专业化

经济全球化时代，各国之间政治、经济、文化交流日益频繁，航空服务人员要想提高自身的服务水平，赢得广大航空游客的高度认可和支持，就必须主动提升自身的专业化素养。在航空播音的信息传递、旅客的疑惑询问、突发问题的应急处置方面，航空服务人员能够熟练掌握运用各项专业技能，应对各项状况、履行自身职责，才能为广大航空旅客提供优质的服务。那么在航空特定场景主持中，主持人要在符合航空公司规范化、标准化的前提下，进行专业化的内容表达，才能达到有效传达航空公司服务理念和服务宗旨的活动目的，起到良好的传播效果。

2. 亲切自然口语化

在主持航空特定场景活动时，主持人以第一人称的口吻出现，与旅客构成如同和朋友交谈一般的非常和谐的传播情境，娓娓道来，亲切而自然，通俗而明白。这与播音员的字正腔圆、规范、庄重的语言风格是有所不同的。

然而，口语化所追求的是语言的通俗化，而非粗俗化、低劣化，是亲切而不是媚俗，是自然而不是随意。主持人语言的口语化是对日常口头语言进行筛选、加工、提炼后的再创造。主持人对民间口头语言的选择使用，是一个净化、纯化的过程，即抛弃其中不规范、不纯洁的语言表达，努力使之更准确、流畅、健康，达到良好的传播效果。

3. 坦率真诚，情真意切

航空特定场景活动是在客舱或者地面航空公司等特定空间环境中展开的，面对的观众以旅客为主，因此，这种主持活动的开展带有鲜明的人际传播特征，吸引旅客参与、激发旅客兴趣、烘托和谐旅途氛围是主要目的。那么，主持人在传播过程中不可避免地要以"情"为先导，与旅客进行面对面、直接、平等、亲切的沟通与交流，坦率而和善、真诚而质朴的情感化语言是缩短与旅客心理距离的最佳途径。主持人要始终用一颗真诚坦荡的心对待每一位旅客，诚于中必形于外，慧于中必秀于形。主持人语言有了真诚的情感因素做催化剂，才会让活动的开展实现最终的服务性。

4. 交流沟通直接化

航空特定场景活动的场域一般较小，主持人与旅客进行的是一对一、面对面的交流。因此，主持人的语言具有明显的对象感、交流感，要有应答性、互动性，而不是此地无声、有去无返的感觉。旅客是主持人服务的对象，更是朋友，在主持人的心中，眼前始终要有旅客，旅客的一言一行、神情变化等反映着活动开展的效果，默默地牵引着主持人的思路，激发着主持人的灵感火花，促使主持人及时调整活动进程。这与航空播音员以第三者身份播读固定稿件，单纯地做代言人，我播你听的间接交流所形成的语体有所不同，因此在主持活动时，要时刻以旅客为中心进行互动交流。

5. 独具魅力人性化

航空服务的标准化有利于对航空服务质量的量化管理，保障了中国航空的整体服务品质，也成为引领交通服务的标杆。但是，过度的标准化、唯标准的标准化服务也制约了中国航空服务品质的进一步提升。因此，近些年来，航空业逐渐倡导人性化服务，以旅客满意为出发点，而不是以标准为目的，强调更多的换位思考、更多的通情达理、更多的感同身受，灵活处理好旅客提出的各种要求。

航空特定场景活动的开展是航空企业进行人性化服务的一个特色。在活动开展过程中，人性化服务不仅体现在活动的环节设计中，更体现在主持人语言表达的人性关怀中，亲切自然、热情爽朗、幽默机智、真诚入微……以真诚自然的语言发自内心地与旅客沟通、交流、互动，才能实现人性化服务的目的。

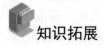

知识拓展

航空特定场景主持空间处理

航空特定场景主持都是借助特定的"场"来完成的，如地面候机室、客舱、舞台等，在这里可以把它们称为现场，主持人在不同的场域，要处理好与现场（空间）的关系。不同场域的空间，对主持人在主持情境和主持张力上的要求是不同的。比如，客舱内特定节日的活动主持，主持人往往以一种亲切温和的语气来进行互动，根据现场旅客（观众）的动态反馈进行恰当的语言组织和互动，以充分调动旅客的参与性，一起互动游戏。那么此时在这样相对封闭且狭窄的空间里，其实更多的是营造了一种类似"家"的温馨氛围，走到旅客身边，用温和的语气交流、互动、沟通，更能引发旅客的情感共鸣。当进行新航线开通活动主持时，这类活动的场地相对开阔，一般会选择在室外或者空间开阔的室内，现场有嘉宾、观众、媒体记者等，主持人的主持舞台空间相对变大，观众组成不再是单一的旅客，而变得多元。主持人在这样的舞台空间内，首先要明白活动的目的和意义，充分调动自己的情绪，把活动开展的意义表达清楚，营造喜悦、充满希望的活动氛围。

二、特定场景主持有声语言技巧训练

航空特定场景活动主持人的语言技巧是从实践中来又服务于实践的。主持人要运用好有声语言，就要在语音、词汇、语法规范的前提下掌握一定的技巧。针对不同类型的活动性质和活动形式，语言技巧的选择与运用也有所不同。以下从语言表达的几个主要方面综合介绍主持人语言表达中的有关技巧，具体操作时要根据活动内容灵活运用。

（一）词汇

1. 注意口语用词和书面语用词的差别

口语化是民航活动主持人语言的突出特征。口头语和书面语的差别在词汇上表现较为明显。例如：

  生日—诞辰 睡觉—睡眠
  马上—即将 到达—抵达
  吓唬—恐吓 行礼—鞠躬
  这几天—连日 来信—函

以上各对词组中，左面为口语用词，右面为书面语用词。主持人在主持民航活动时应尽量选用口语用词。口语的用词非常丰富，主持人一定要有选择地使用，去掉繁杂、不规范、不纯洁的用语，使主持用语成为高层次的口头语言。

2. 避免使用同音异义词

汉语中有许多读音相同、意义不同的同音异义词。主持人的语言直接诉诸听觉，没有字形辨析的过程，因此主持人在选择使用词汇时，要尽量回避使用同音异义词，以免产生歧义。例如：

（1）长期食用菌类食品可以治癌。
   长期食用菌类食品可以致癌。
（2）胃病患者切记饭前服用胃舒平。
   胃病患者切忌饭前服用胃舒平。

可见，对于容易产生异义的同音词，在使用中要特别慎重，尽可能不用或更换使用。例如，"期终考试"与"期中考试"同音异义，口语中应用"期末考试"。可变单音节字词为词义明了的双音节字词，如"治"—"治疗"，"致"—"导致"。另外，注意明确该词出现时的上下文语境，从而界定该词的语义，不产生异义。

3. 多用响亮词、双音节词，少用简称

有声语言传播稍纵即逝，要让人在短时间内听得明白、听得悦耳，就应该选择词义明确、响亮悦耳的词汇。

汉字语音响亮与否主要取决于元音的开口度大小。一般来说，开口呼的字音比合口呼、撮口呼、齐齿呼的字音响亮、清晰。例如：

  立即—马上 比如—好像
  旭日—朝阳 美滋滋—喜洋洋

要使语义明确，就要少用单音节词。例如，一个"时"字，可以拓展为"时候""时节""时间""时期""时光""时段"等许多双音节词。因此，应该尽量将单音节词扩展为词义明确的双音节词，避免误解、漏听。例如：

  虽—虽然 如—如果
  因—因为 但—但是

应—应该 为—为了

另外，尽可能少用简称，这也是避免产生歧义，使语言清晰的方法之一。

4. 多质朴、少华丽，求简练、避烦琐

主持人与旅客的交流是在朋友式的氛围中进行的。朋友之间的语言是不需要任何雕琢、装饰的，唯有质朴才能让人感受到亲切自然的人情味，华丽的词藻总有矫揉造作之感，只会拉开距离，让人生厌。朱光潜先生在谈到文学语言时曾说："我并非要求美丽的词藻，存心装饰的文章甚至使我嫌恶；我所要求的是语文的精确妥帖，心里所要说的与手里所写出来的完全一致，不含糊，也不夸张，最适当的字句安排在最适当的位置，那一句话只有那一个说法，稍加增减更动，便不是那么回事。"用鲁迅先生的话来说，就是"有真意，去粉饰，少做作，勿卖弄"。这些名人箴言对于主持人的语言修养颇具指导意义。

5. 追求生动、形象、幽默，避免重复

主持人的语言应该是富有感染力的，因此对词汇的选择要力求生动、形象、幽默、活泼，避免枯燥、抽象、沉闷、呆滞。

为了追求语言的丰富性，当同一种词义反复出现时，应换用同义词、近义词，避免在一次或一类节目中重复使用相同的词汇。例如：

高兴—愉快—快乐—兴奋

气愤—生气—愤怒—恼火

（二）句式

主持人语言的句式特点主要体现在口语句式与书面语句式的差别上。

1. 句子简短，结构精练

主持人语言一般在句式上既不能像书面语句式那样严谨、完整，把相互关联的内容组成复杂的长句，也不能像日常口语句式那样随意、松散，具有跳跃性。主持人语言的句式应该简洁明了；句子的附加成分和并列成分少。当要表达较为复杂的意思时，采用短句加短句的形式较好，尽量不要用结构复杂的单句或关系复杂的复句。例如：

今天，要和朋友们谈的是一位年纪轻轻，相貌平平，却干出了大事业的王长柱。

今天，要和朋友们谈的是干出了大事业的王长柱，尽管他年纪轻轻，相貌平平。

同样的内容，表达句式不同。第一种表达为书面语，在"王长柱"前面有长长的定语成分，说、听都比较困难。第二种表达将附加成分改为分句形式，句子短、结构简练，说起来、听上去较为顺畅，是主持人适宜的口语句式。再如：

成为学校中的体育明星是很多孩子的梦想之一。今天，6岁的亚当终于又能像正常的孩子一样，圆他的棒球梦了——由于医生创造的奇迹，身患骨癌的亚当保住了他的右臂。

很多孩子都渴望成为学校中的体育明星，6岁的亚当也是其中之一，可骨癌差一点打碎他的棒球梦。而今，由于医生的努力，亚当奇迹般保住了他患有骨癌的右臂。

第一种表达是倒装句式，不适合听觉的接受。第二种表达调整了叙事顺序，使语言更口语化了。

2. 自问自答，句式活泼

主持人为了启发和开阔受众的思路，或者为了加强语气、引人注意，可以采用自问自答的设问句来引出下文。这样的句式变化多，有起有伏，语气流畅、活泼、自然。例如：

条条道路通罗马。大家好，欢迎收看今天的《道路》，我是主持人李莎旻子。今天这条路，我们要走回家看看。首先问大家一个问题，每天叫醒你的是什么呢？是闹钟吗？是梦想吗？我的答案是：我想吃长沙早上六点的一碗米粉。

——2019年央视主持人大赛

最近这天儿特别热，今天的节目呢，要给大家推荐到的是一个避暑胜地——江西的井冈山。很多人说，哎呀，你给热糊涂了吧？井冈山不是革命圣地吗？没错，井冈山是中国革命的摇篮，但是呢，它七八月份的平均气温只有24℃左右，所以说呢，这个季节您上井冈山，不但可以接受革命传统教育，还能顺道儿避个暑，是不是一举两得呢？

——2019年央视主持人大赛

富于交流感的设问、无疑而问或自问自答等形式，可扣住受众的心弦，使其充满好奇、疑问，容易被吸引。

3. 语气词、感叹词、象声词较多

为了吸引观众，活动主持人在音色、语气、语调中追求变化，往往像日常口语一样，语气词、感叹词和象声词用得比较多。例如：

嘿，我们兰州哇，可真是个好地方，到夏天哪，瓜果可多呢，白兰瓜呀，香瓜呀，西瓜呀，又多又便宜，你就可劲儿吃吧！

短短的一段话，用了8个语气词和感叹词，易于口语表达，语气活泼，富有感情。语气词、感叹词可以用在句首、句中或句尾，不仅用来表示各种语气，还来表示停顿。像上面这段话，在主语后面加了语气词，有了停顿，表达的意思也更突出了。

语气词多是口语的突出特点，但是主持人不能为了追求口语效果，而盲目地添加语气词，这样反而会弄巧成拙，显得语言拖沓、啰唆、琐碎，甚至让人感觉无话可说，硬拖时间。

（三）修辞

航空特定场景活动有效开展最关键的是气氛的烘托和调动。其中，主持人的有声语言表达得绘声绘色、有景有情、生动有趣、活泼动听很重要，要想达到这样的效果，主持人需要运用各种各样的修辞手段。例如：

如果说苏州的河是这座城市的五线谱，那么桥便是这座城市的音符。水和桥结合在一起，就谱成苏州的交响曲。

——《话说运河》解说词

汉语的修辞方式很丰富，常用的有比喻、对比、比拟、夸张、排比、对仗、借代、引用、反复、顶真、双关、衬托等。民航活动主题多种多样，主持人的语体风格要根据活动内容和旅客对象选择合适、贴切的修辞手段。

（四）节奏、韵律

主持人语言的节奏、韵律除了体现在重音、字调、语调随着感情、内容的变化而有抑有扬、有起有落，主要还是从句式的长短变化和句子类型的交替使用中产生。句型的变化以陈述句、抒情句、问句、感叹句、议论句为主。例如：

朋友，你到过天山吗？天山是我们祖国西北边疆的一条大山脉，连绵几千里，横亘准噶尔盆地和塔里木盆地之间，把广阔的新疆分为南北两半。远望天山，美丽多姿，那终年积雪高插云霄的群峰，像集体起舞时的维吾尔族少女的珠冠，银光闪闪；那富于色彩的连绵不断的山峦，像孔雀正在开屏，艳丽迷人。

……

如果你愿意，我陪你进天山去看一看。

——《天山景物记》片段

这样的文字读起来确实是朗朗上口，富有韵律感的。句式有长有短、错落有致，句型交叉更替、活泼生动，很有感染力。

海航举办27周年庆纪念航班主题活动

2020年，海航集团旗下海南航空控股股份有限公司（简称"海南航空"）成立27周年，5月2日13:00，HU7281航班从海口美兰国际机场平稳起飞，飞往北京。航班上特别举办"潮起海之南 逐梦自贸港"27周年庆主题航班活动，以温馨热烈的活动氛围，重温首航蓝天初心，展望未来浩瀚征程。

27年前，海南航空正是从海口—北京这条航线起步，开启万里蓝天的拓荒。曾保障首航航班的值机员谢怡珊同与海航同岁的王蓝一起用坚守岗位的方式为海航庆生，候机厅地服人员用拍立得为旅客拍下准备搭乘周年庆航班的美好纪念，贵宾室地服人员为与海航同天生日的旅客送去带有双份祝福的长寿面，多彩气球装扮的值机柜台、贵宾室、登机口，让欢乐氛围在出发前就已涌动在旅客身旁。

飞机平飞后，客舱灯光渐暗，星光投影亮起，小旅客与第一代乘务员共同启动"点亮27周年"仪式，被点亮的27周年字样映射于机舱壁板。乘务员伴着机组人员合唱的生日快乐歌，手推生日蛋糕与甜点，缓缓步入客舱。"女士们、先生们：欢迎您搭乘海南航空的班机。"乘务长广播道，"27年光阴流转，27载匠心传承，一路走来，海航的发展离不开党和国家、社会各界人士以及每一位旅客朋友的关心与支持。风雨同舟，一路有你，在这里谨代表海航集团感谢您一直以来的支持和陪伴。让我们一同祝愿我们的祖国更加繁荣富强，祝愿海南航空的明天会更好！"

乘务员与小旅客一同切分海航27周年生日蛋糕

在旅客分享生日蛋糕时，客舱内开启"海航时光秀"篇章。5名身着海南航空历代制服的乘务员将航班幻化为时光机，以历代制服为回忆载体，以飞机过道为时光T台，用手中历代机型的机模和绘画作品演示海航的发展轨迹。随后，乘务员在"幸运大抽奖"环节为旅客送上5份历代机模奖品，以回馈广大旅客朋友们27年来对海南航空一如既往的支持。旅客也在抽奖环节踊跃分享自己与海南航空的故事与渊源。

用历代机型的机模和绘画作品演示海航发展轨迹

卓越廿七，载誉前行。作为海南本土企业，海航创业27年来，积极践行"敢闯敢试、敢为人先、埋头苦干"的特区精神，秉持中国民航"真情服务"理念，传承"店小二"服务精神。自 2011 年起至今，海南航空凭借高品质的服务及持续多年的创新，九次蝉联 SKYTRAX "世界五星航空公司" 称号，并在2019年SKYTRAX "全球航空公司 TOP10" 榜单中位列第七名，打造了享誉全球的世界卓越航空品牌。在走向世界舞台的同时，海航将继续扎根海南特区，深耕海南市场，勇当自贸港建设排头兵，向世界展示一张了解海南的靓丽名片。

资料来源：中国民航网，http://www.caacnews.com.cn/1/6/202005/t20200504_1300648.html.

练习材料

2022年中央广播电视总台春节联欢晚会
开场主持词

（训练提示：分工合作，表达时注意情绪饱满、声音洪亮、气息充足，要求语言连贯、语气贴切、个性鲜明、符合语境）

任鲁豫：亲爱的观众朋友们！大家——

合：过年好！

任鲁豫：这里是中央广播电视总台2022年春节联欢晚会的直播现场，我们和全国各族人民、全世界的中华儿女相约守岁，喜迎壬寅虎年的到来！

李思思：这里是欢乐吉祥、喜气洋洋的团圆夜。天涯共此时，无论天南海北，无论荧屏内外，春晚让我们成为一家人。

尼格买提：这里是播种梦想、收获希望的丰收年，过去一年我们全面推进乡村振兴，意气风发地向着全面建成社会主义现代化强国奋进！

马凡舒：这里是张灯结彩、迎春纳福的北京城，还有四天北京2022年冬奥会就要开幕了。双奥之城北京已经做好了准备，向全世界敞开怀抱。

撒贝宁：这里是坚韧不拔、欣欣向荣的大中国；这里有可亲可敬的人民；这里有日新月异的发展；这里有赓续传承的伟业。

任鲁豫：今夜让我们奏响新征程上的迎春曲，今夜让我们唱起中国年里的欢乐颂，我们掌声欢迎易烊千玺、李宇春、邓超带我们共同感受这风华正茂的《时代感》。

零点拜年

任鲁豫：来吧，新的一天，来吧，新的一年。此刻我们已经站在了春天的大门前！

李思思：新的一年，祝福大家身体健康、平平安安、生龙活虎，希望我们可以早日彻底战胜疫情。

尼格买提：新的一年，祝福大家日子越过越红火、事业顺意、如虎添翼，我们都用双手创造更美好的生活。

马凡舒：新的一年，祝愿马上就要开幕的北京2022年冬奥会圆满成功，祝所有的奥运健儿都能在赛场上虎虎生风。

撒贝宁：新的一年，祝愿我们伟大的祖国蒸蒸日上、藏龙卧虎、龙腾虎跃、虎啸风生。

任鲁豫：此时此刻，我们要向坚守在疫情防控一线的工作人员道一声感谢。谢谢你们

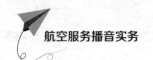

的默默奉献，守护的是我们的平安幸福，辛苦了！

李思思：此刻，我们要对正在收看直播的观众朋友说声感谢。谢谢你们四十年的相知相守，陪伴春晚一同成长。

尼格买提：别忘了，我们还要对自己说一声谢谢。谢谢我们自己在过去的每一天认真生活，努力前行。我们每一个人都是自己的英雄。

马凡舒：告别过去的一年，我们隆重庆祝中国共产党成立一百周年，正式宣布全面建成小康社会，实现第一个百年奋斗目标。

撒贝宁：迎来新的一年，我们奋进在全面建设社会主义现代化国家，向第二个百年奋斗目标进军的新征程上。

任鲁豫：于高山之巅方见大河奔涌，于群峰之上更觉长风浩荡。梦在远方，路在脚下，光在心中，点点星光汇聚成万千气象。亲爱的朋友们，让我们共同祝福国富民强。朋友们，零点的钟声马上就要敲响了，各位大声地告诉我你们准备好了吗？来吧，壬寅虎年马上就要来到，准备倒计时——

10、9、8、7、6……

晚会结束

任鲁豫：难忘今宵，我们将欢乐的记忆收藏。

李思思：难忘今宵，我们将真挚的希望点亮。

尼格买提：告别今宵，一个朝气蓬勃、斗志昂扬的时代不断蒸蒸日上。

马凡舒：告别今宵，一个勤劳勇敢、自强不息的民族即将再创辉煌。

撒贝宁：告别今宵，一个坚韧不拔、欣欣向荣的中国就要全新起航。

任鲁豫：朋友们，新的一年让我们更加紧密地团结在以习近平同志为核心的党中央周围，以虎虎生威的雄风、生龙活虎的干劲儿、气吞万里如虎的精神，埋头苦干、勇毅前行，为实现第二个百年奋斗目标、为实现中华民族伟大复兴的中国梦做出新的更大的贡献，以优异的成绩迎接党的二十大的顺利召开！今宵神州同怀抱——

合：明年春来再相邀！

三、特定场景主持即兴口语训练

语言训练是主持航空特定场景活动、提高主持人语言表达能力的重要环节。由于语言本身是一个人内在素质和言语能力的综合体现，因此，事实上语言训练也是一种综合素质的训练，只是在这里侧重于对主持人说话能力，即语言的即兴口头表达能力的训练。

主持人语言训练的综合性不仅体现在主持人自身素质要求和训练的方式、方法、目的和效果的综合性上，而且显示出主持人语言训练理论建构自身的边缘性和与其他学科的交融性。它除了与传统语言学的词汇学、语法学、修辞学、逻辑学和文章学密切相关，还直接涉及现代语言学的诸多方法论，同时，它与大众传播学、社会心理学和美学等学科紧密相关。

无疑，主持人语言训练不是单纯地解决语音、词汇和语法上的问题，还要塑造主持人有声语言的完美形象。

微课　　特定场景主持即兴口语训练原则和方式

（一）训练要求与目的

主持人语言训练以口语、无稿和现场的即兴训练为主，其目的总体上说是提高主持人的语感，增强其语言表现力，追求美的声音形象。

所谓语感，狭义上指一个人天赋语言的感受力，广义上则是指天赋与实践训练后的语言感受、表达能力的总和，是把接收、鉴别、储存信息和发出、丰富、驾驭信息全部融入语言感受中的能力。所以，语感几乎可以涵盖语言能力的全部，提高语感，最终的体现便是主持人有较强的语言表现力、驾驭力，形成独具魅力的语言风格。这是从宏观角度说的，具体的要求体现在以下三个方面。

1. 提高语言的生发组合能力

主持人的内在语言生发组合能力是形成现场语言表达能力的第一要素。面对现场的事件、人物等，主持人应该能够迅速、敏锐地切入话题，明确主题，生发联想，组织材料，厘清脉络。这是语言得以流畅、清晰表达的基础。缺乏这种能力，势必主旨不清，脉络混乱，词不达意，而丰厚的内涵、积累是语言迅速生发组合能力的坚实后盾。

2. 增强语言的捕捉、应变能力

主持人现场发挥成败与否，关键在于思维的敏捷性上，具体表现为语言捕捉应变能力的强与弱。面对现场随时可能出现的稍纵即逝的信息点、出人意料的突发事件，主持人必须具有很敏捷的捕捉力和非常强的应变力。处理得好，不仅会化险为夷，还会锦上添花。这是主持人智慧的火花。

3. 强化语言的操作能力

主持人通过系统、严格的语言训练，在主持活动时对语言的操作应该表现出轻松自如的驾驭能力。具体体现为：语技扎实熟练，语气亲切自然，语流连贯通畅，语脉清晰明了，语态得体自如。

没有无准备的即兴

你认为"即兴"应该被理解为"毫无准备"吗？如果二者相等，主持人在多大范围内存在绝对毫无准备的说话？如果二者不相等，你如何理解"即兴"？有学者认为，"即"字加上兴致的"兴"，便有了带着兴致临时发挥的意思。你认可这一解释吗？如果认可，你认为在临场说话的过程中说话者的"兴致"受何激发？

如果将"即兴"理解为"没有准备"，那么实际上并没有毫无准备的即兴口语表达。

我们对"即兴"应该作宽泛的理解，比如：说话者在某一方面已有较深积淀，但具体的表达话题是临时指定的；针对某一话题的内容是事先考虑好的，但具体的语言是当场组织的；在有准备的说话中，面临的提问和报道任务是临时的。

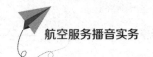

另外，人们提起即兴的时候，往往将其作为一个时间概念使用，指的是时间很短或者几乎没有时间。即兴口语表达的现场准备时间的确很短，或者说狭义备稿的时间比较短，但"短时间"不等于"没时间"。即兴口语表达一般都是"想想再说"或者"边想边说"，总有思考时间。而且，即兴口语表达中，虽然评述的话题和任务是临时的，口语组织是当场的，但用于判断事实的价值标准、知识储备、思辨能力等内在素质却源自长久的积淀。

可见，看似"即兴"的即兴口语表达有太多的非即兴元素参与。而这些元素往往决定着评述的质量。

资料来源：周云. 即兴评述入门与提高[M]. 北京：中国传媒大学出版社，2011.

（二）训练方式

1. 复述

复述包括详细复述、概要复述、扩展复述和加工复述。

1）详细复述

详细复述是对材料进行"原汁原味"的复述，要求忠于原材料的内容和结构，并转化为口语，目的是训练瞬时记忆力和注意力的集中。

将下面的材料大声慢速朗读一遍，再快速朗读一遍，然后进行声情并茂的详细复述。

当情人节遇上元宵节——湖南航空"'90后'双飞家庭"的浓情蜜意

2022年的情人节邂逅了元宵节。2月15日，当许多人还沉浸在浪漫的节日氛围里的时候，湖南航空客舱部乘务员潘怀丽正在执行昆明—长沙航班。节假日执行航班对潘怀丽来说已是非常平常的事了，而同样作为湖南航空乘务员的丈夫赵剑波今天没有航班任务，对此潘怀丽说她非常知足，起码有一个人能陪三岁儿子过节。

这对"90后"夫妻组成了民航业内特有的"双飞家庭"。在外人看来，郎才女貌的飞行家庭让人羡慕，走进这样的"双飞家庭"，他们的生活充满酸甜苦辣，更有浓情蜜意。

不悔蓝天坚守

赵剑波和潘怀丽都是湖南航空的乘务员，既是同事又是夫妻，赵剑波飞了11年，潘怀丽飞了9年，飞机就是他们的第二个家。每逢春节、国庆等假期，他们多数在飞机上度过。每年他们在空中的时间比在地面的时间长得多。

"从谈恋爱到结婚，八年以来，这是我们第三次一起在家过年。"回忆起2022年春节，潘怀丽说。已经习惯了坚守蓝天的二人，过年休息期间依然时刻关心工作群信息，时刻准备着春节期间的特殊"抓飞"任务。"我们也和普通人一样，想陪家人、父母、孩子，但干一行，爱一行，既然选择了这个行业，就站好每一班岗，护送好每一班旅客回家！看到旅客回家，我们内心也有一种满足感，这是我们共同的矢志不渝的蓝天梦。"赵剑波说。

你是我最坚实的后盾

2021年7月，南京突发疫情，潘怀丽正在南京驻站执行航班，根据防疫政策，潘怀丽在南京隔离9天后转至无锡进行集中隔离28天，整整37天的隔离让潘怀丽至今记忆犹新。

"当时儿子才两岁，孩子长时间看不到母亲以及长时间的隔离让人很煎熬。"潘怀丽说。但是作为一个有着10年党龄的老党员和乘务长，她迅速调整状态，一边坚持每天与儿子视频以解思念之苦，一边带头给自己和小伙伴们制订学习计划、健身计划，隔离期间整个班组充实而有收获。

作为客舱分部干部的丈夫赵剑波在忙于飞行和中队管理工作之余，也以实际行动支持妻子。"放心吧，家里有我。"这是他对妻子最有力的真情表白。8月26日，潘怀丽解除隔离返回昆明的当天，因飞行工作无法亲自去接妻子的赵剑波特意提前定好鲜花，委托当班机组将鲜花第一时间在航班上送给了妻子，并送上了最温暖的祝福。

做儿子的榜样

这对"90后"小夫妻面对工作和生活对他们的考验，依然充满希望，但谈到儿子时不禁红了眼眶。从儿子出生到现在他们很少有时间全身心地照料，特别是每当儿子说"爸爸妈妈，可不可以不去上班，在家陪我呀"时，二人内心特别愧疚。

"有时候外出驻站十天半个月都无法见到孩子，我会非常想念他。"潘怀丽说，"飞行虽然很累，但到家看到可爱的儿子，就什么疲劳都没有了。"每当儿子骄傲地说"我的爸爸妈妈在飞机上工作"的时候，二人都觉得自己的付出值了。坚守蓝天，做优秀的民航"摆渡人"既是他们的梦想，也是他们为儿子做好榜样的矢志承诺。

他们出色的飞行工作表现也得到了旅客和公司的认可，潘怀丽在2021年被评为湖南航空年度服务明星，赵剑波也获得了客舱服务部2021年度"优秀管理干部"荣誉称号。

在民航业内，像赵剑波和潘怀丽这样的双职工家庭并不少见。他们或许没有惊天动地的戏码，却有相伴而行的身影；他们既是最亲密的伴侣，也是最得力的战友。不管是"小爱"还是"大爱"，他们都未曾辜负。也正是因为他们的辛苦付出，湖南航空在2021年实现了3.31万个小时安全运营，旅客运输量达到185.4万人次，航线网络不断优化，新开长沙—重庆、长沙—乌鲁木齐/吐鲁番等29条航线。

谈到未来的时候，赵剑波和潘怀丽都表示，尽管受到新冠肺炎疫情的影响，过去几年全球民航业都备受打击，但是他们相信阴霾终会过去，立足湖南本土发展的湖南航空也将迎来更好的发展机遇，他们要与公司一起，书写锦绣潇湘蓝天传奇的新篇章。

资料来源：民航资源网，http://news.carnoc.com/list/578/578801.html。

2）概要复述

概要复述要求对原材料进行简明扼要的复述，厘清线索，抓住中心，舍去旁枝，保留主干，既能反映全貌，又能缩减语量，转述出材料的核心论点或事实。

将下面的材料连续朗读数遍，一遍比一遍快，不要求感情表达的细腻，但是要断句合理、字字清晰，然后强记梗概，将文章简述一遍。讲述时，可以用原文句子，也可以是自己的表达，但要求句式完整，语句连贯、流畅，忠于文章原意。

<h3 style="text-align:center">乘务员张延：我们的暖心乘务长</h3>

沿着扶梯走上飞机，阳光照在她的脸上，让人感觉到了暖。一身整洁的制服衬托着她骨子里的优雅，这是职业赋予的美丽与自然。很亲切，像是邻家的姐姐，一抹明媚的微笑，精致盘起的发髻，身上飘着淡淡的香气，让人不禁沉浸在这蓝天下的美——她就是国航客舱服务部的乘务长张延。

工作有心

天未亮，空气中还夹着一丝冷，张延乘务长拉着飞行箱，衣袂飘飘地率先来到了客舱部，今天她将迎来两位新学员，而作为带飞教员，她提前半小时与新学员见面，大概了解他们的性格特点，进行带飞前准备，包括模拟航前准备会、复习机型设备和空防安全知识等，她尽量以轻松的气氛和更贴心的话语提出自己对飞行的要求，尽可能降低新学员的紧张感从而拉近彼此的距离。她告诉学员，对待同事也要谦和有礼，主动问好、主动拿乘务长包、主动写乘车记录本，养成处处为他人着想的好习惯。上了飞机，她指导学员熟悉工作程序、了解号位职责，教会他们一些工作技巧，任何事她都亲力亲为悉心指导。航后，她让每位学员仔细梳理自己的工作并且相互交流。她是一名优秀的乘务教员，更是一名卓越的客舱乘务员。

教徒有方

随着带飞过的学员越来越多，张延教员也就能够更加精准地把握每位学员的特点，遇到性格张扬、喜欢表现的学员，她往往略施严厉，而对于偏内向且理论知识扎实的学员，则多一点鼓励，多一份亲切，多给予练习的机会。在采访中我曾问过她当遇到难以沟通的学员时要如何处理，她说："我曾经有过一位学员，她有些抵制教员并且拒绝和我交流，甚至在工作中她给我的感觉是有些不适合这份工作，但是我认为既然她选择来到国航，我就有责任尽自己最大的努力、用各种不同的方式让她对我放下戒备。工作中我发现她似乎有点晕机，后来每次航前我都会自己准备一些话梅给她，至少她会从心里认可我是真的关爱她。"用充满爱心的态度与技巧对待每位学员，及时伸出温暖的双手拉他一把，或许就改变了一个乘务员的职业生涯。

虽然谨遵"因材施教"的教学方式，但是在她心里却永远有一把标准的尺子——《乘务员手册》，在采访中她多次强调要做手册乘务员，从踏上飞机的第一天起脑中就要牢记手册，无论是日常仪表着装还是对机上设备的使用，都要以手册为基准，做一名有标准职业规范的乘务员，而正因如此，作为乘务教员的她更是手册不离手，所谓教学相长也正是如此吧。

飞行有范

作为一名带飞教员，在过去的一年里，她坚持没有下过任何带飞航班，这就是她身上映射出的职业风范，因为在她心中总有一双双期盼的眼睛和一句句"教员我希望一直和您飞"提醒着她，学员们需要她，国航也需要她，坚持再坚持，她高质量地完成每一次带飞任务。她曾说过希望学员在航班上遇到点棘手的事情，这样会让学员进步得更快，出现的失误绝不会再次出现，而谁都知道，在带飞期间有任何问题教员也是有连带责任的，但是张教员却从容地说："我相信世界上没有解决不了的事。"责任是沉重的，背负起这两个字并不轻松，但责任是一种使命，是最基本的职业精神，它可以使人坚强，发挥潜能。在工作中，清醒明确地认识并勇于承担工作责任，那么工作就会由被动变为主动，由消极应付转化为积极解决。

生活有味

飞行之余，她换上一身休闲装，和家人、朋友一起去近郊自驾游，组织露营烧烤。她又建立了师徒微信群，有时间拉大家出来聚聚餐、聊聊天。她用充满阳光的心态，温暖着生活的每个角落，用心对待每一天，活出一个真性情的自我，收获着不一样的欢喜。

资料来源：中国民航网，http://www.fuwu.caacnews.com.cn/3/wqhg/201504/t20150408_1180485.html.

3）扩展复述

扩展复述要求对原材料加以丰富扩展。在忠于材料原意和结构的基础上，进行合理的想象再创造，通过渲染、描述，使内容更丰富、生动、有趣。

尝试将下面的材料扩展成一个更加生动丰富的故事。

为进一步增强长春机场宾馆员工的消防意识，贯彻落实"预防为主、防消结合"的工作方针，切实提升机场宾馆从业人员消防"四懂四会"相关能力，2021年7月23日，长春机场宾馆组织60余人参与消防救援演练。演练科目设置灭火器、灭火毯的有效使用及如何疏散逃生。

4）加工复述

加工复述要求根据自己的理解和语境的需要，对材料进行创造性的加工和改造，突出个人的语体风格。

根据下面材料，模拟客舱活动主持，进行创造性的加工复述。

女神节，南航贵州"他服务"空中致敬"她力量"

2022年3月8日是第112个"三八"国际妇女节。节日期间，南航贵州公司男性空乘人员共同执飞由贵阳飞往乌鲁木齐的CZ6577航班，在万米高空开展"木棉巾帼，致敬'她'力量"主题航班活动，以"他服务"真诚致敬"她力量"。

南航三八国际妇女节主题航班活动现场

为给女性旅客带来尊重、愉悦、美好的出行感受，航班起飞前，帅气的"男乘"不仅在客舱内粘贴了"女神节"宣传画，还为女士们精心准备了鲜花、贺卡等特色小礼品。"您好女士，女神节快乐！"登机后，"男乘"们一句句温馨的问候，让不少女性旅客倍感温暖。

飞机起飞平稳后，"男乘"通过机上广播，再次向机上全体女性致以节日的祝福，同时分享了"燃灯校长"张桂梅、我国首个新冠疫苗专利发明人之一陈薇院士、冬奥会为国争光获得金牌的谷爱凌、全国劳动模范张海迪、南航获得"全国抗击新冠肺炎疫情先进个人"称号的优秀乘务长田静等"巾帼英雄"的先进感人事迹，饱含深情与敬意的讲述赢得了所有旅客的阵阵掌声。

随着活动的热烈推进，"男乘"排好队列，将热情似火的玫瑰花与写有祝福的卡片发放到了每位女性旅客手中。航班抵达后，每位女性旅客都笑逐颜开，并在下机前纷纷与乘务组合影留念，表示在祖国的和煦春光中，在这个特殊而美好的节日里，感受到了犹如春风拂面般真挚、深切的出行关怀与亲和、精细的阳光服务。

资料来源：民航资源网，http://news.carnoc.com/list/580/580165.html.

知识拓展

主持过程的动态调节

主持活动是一个动态的系统过程，主持人在现场既要注意内容的协调、活动目的的实现，又要注意现场信息反馈，还要控制活动进程，尤其主持人还有强烈的主持活动成功的期望，这就给自己增加了心理负担，容易导致表达焦虑和思绪紧张。主持人对活动进程的

动态调节是主持状态的重要方面，主要包括主持现场的注意力控制和主持现场的心理调节。

主持现场的注意力控制

主持人必须具备良好的注意品质，有"外松内紧"的外在表现，"松弛"合理地分配注意力，并且随时排除可能出现的抑制和干扰，通过有效的听辨和反馈，在意识处于清醒、敏锐的兴奋状态下，才可能保证思维的灵敏。

主持人现场注意力控制要注意以下几点。

（1）增强注意的稳定性。进入主持状态就要排除一切杂念的干扰，以一种"平常心"去表述，要始终清醒地把握语意指向，这样就可以避免表达失畅。因为只有自己注意稳定，才可能抗御干扰。

（2）增强注意的广泛性。强调注意的稳定性并不是主张注意过于"稳定"（俗话称之为"咬得太死"）。其实注意过于"稳定"是脆弱的，它可能导致顾此失彼。注意的稳定并不是简单的平面直线，它应该是一条具有空间动感的曲线，这样，注意力在一定范围内的游移就体现了注意的广泛性。所以说，主持人一定要训练自己"一心二用""一心三用"的能力。

（3）增强注意的发散性。它指的是注意力的合理分配。人的注意力是一种有限的资源，人不可能"注意"世界上的一切事物，所以应当合理分配自己有限的注意力资源。

主持现场的心理调节

进入状态是主持成功的前提。具体地说，进入状态就是：第一，排除杂念，完全进入内容、进入氛围，与之融为一体；第二，感觉系统处于兴奋灵敏的状态，包括对语境、主旨的整体性知觉、理解性知觉和连贯性知觉；第三，正确把握心态松弛与兴奋之间的调节。进入这样的状态才可能处于与氛围直觉同化的灵动状态。

主持人现场主持心理调节的要领是：要有积极主动的自信力，要有主导控制的意志力，要有突发奇想的创造力。

2．描述

主持人生动的语言离不开描述，描述是对材料进行加工，注入对主观想象和感情色彩的叙述。在描述中，表达者可以运用语言塑造栩栩如生的听觉形象，增强语言的生动性和直观性。在描述时，尽量避免使用抽象语言，多用具象语言或显像语言。

描述的基本要求有：①准确，即符合逻辑，不应为了追求生动而夸张渲染；②鲜明，即注意观察，抓住细节，抓住主要特征；③生动，即运用修辞等富有表现力的词汇、语法等加以描述。

（1）优秀例文。

月光曲

两百多年前，德国有个音乐家叫贝多芬，他谱写了许多著名的乐曲。其中有一首著名的钢琴曲叫《月光曲》，传说是这样谱成的：

有一年秋天，贝多芬去各地旅行演出，来到莱茵河边的一个小镇上。一天夜晚，他在幽静的小路上散步，听到断断续续的钢琴声从一所茅屋里传出来，弹的正是他的曲子。

贝多芬走近茅屋，琴声忽然停了，屋子里有人在谈话。一个姑娘说："这首曲子多难弹啊！我只听别人弹过几遍，总是记不住该怎么弹，要是能听一听贝多芬自己是怎样弹的，那有多好啊！"一个男的说："是啊，可是音乐会的入场券太贵了，咱们又太穷。"姑娘说："哥哥，你别难过，我不过随便说说罢了。"

贝多芬听到这里，推开门，轻轻地走了进去。茅屋里点着一支蜡烛。在微弱的烛光下，男的正在做皮鞋。窗前有架旧钢琴，前面坐着一个十六七岁的姑娘，脸很清秀，可是眼睛失明了。

皮鞋匠看见进来个陌生人，站起来问："先生，您找谁？走错门了吧？"贝多芬说："不，我是来弹一首曲子给这位姑娘听的。"

姑娘连忙站起来让座。贝多芬坐在钢琴前面，弹起盲姑娘刚才弹的那首曲子。盲姑娘听得入了神，一曲弹完，她激动地说："弹得多纯熟啊！感情多深哪！您，您就是贝多芬先生吧？"

贝多芬没有回答，他问盲姑娘："您爱听吗？我再给您弹一首吧。"

一阵风把蜡烛吹灭了。月光照进窗子，茅屋里的一切好像披上了银纱，显得格外清幽。贝多芬望了望站在他身旁的兄妹俩，借着清幽的月光，按起了琴键。

皮鞋匠静静地听着。他好像面对着大海，月亮正从水天相接的地方升起来。微波粼粼的海面上，霎时间洒遍了银光。月亮越升越高，穿过一缕一缕轻纱似的微云。忽然，海面上刮起了大风，卷起了巨浪。被月光照得雪亮的浪花，一个连一个朝着岸边涌过来……皮鞋匠看看妹妹，月光正照在她那恬静的脸上，照着她睁得大大的眼睛。她仿佛也看到了，看到了她从来没有看到过的景象——月光笼罩下的波涛汹涌的大海。

兄妹俩被美妙的琴声陶醉了。等他们苏醒过来，贝多芬早已离开了茅屋。他飞奔回客店，花了一夜功夫，把刚才弹的曲子——《月光曲》记录了下来。

资料来源：瑞文网，https://www.ruiwen.com/wenxue/kewen/455385.html.

我身边的"雷锋"

记得雷锋说过这样一句话："人的生命是有限的，但为人民服务是无限的，我要把有限的生命投入到无限的为人民服务中去。"雷锋的这句话不是人人都能做到的，也不是人人都有这样美好的心灵。在首都机场安检现场，就有这么一位"活雷锋"，他就是张艳宗。

把旅客当成自己的亲人

一个明媚的下午，首都机场一号航站楼的前端迎来了一位旅客，她就是演员王丽云。王丽云拿着一面印有"为民热心热情，为首都机场争光"字样的锦旗，说是要送给安检员张艳宗，她说："本来不抱希望找回充电宝，没想到小张这么热心地帮助我找到，真是太感谢了！"张艳宗腼腆地接过锦旗，送走王丽云后继续在现场通道里面替岗。

有一次，在旅客乘机高峰期间，张艳宗看见一位年近八旬的老人颤抖着排队，他立即上前询问情况，了解后得知老人刚在北京做完手术，要独自返回家中，却不了解乘机流程。张艳宗立即搀扶起老人，但发现老人步履艰难，基本不能前进，于是他毫不犹豫地背起老人。通过安全门后，安置老人坐在通道后方座椅上等待检查，检查后，又背起老人，拿上老人的行李，走向登机口。

当时大家都很诧异为什么张艳宗要如此对待一位素不相识的老人，张艳宗淡淡地说：

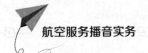

"小时候都是父亲背着我去医院看病。看到生病的老人,就想起了自己年迈的父亲。"

心系旅客,感动无处不在

那次背老人的举动,不仅震撼了当时在场的每一位安检员,更是感动了当时过检的每一位旅客。他用实际行动告诉身边人,安全检查并不仅仅是严格细致的检查,还有温暖如春的服务。

据他的同事张倩倩讲,有一次几位同事一起下早班,在去乘公交车的路上,张艳宗发现有两位老人在大厅内焦急地四处张望着。他立即上前询问情况,得知初次乘机的老人刚下飞机,由于语言不通、电话没有开通漫游业务,联系不到接机的女儿。这时张艳宗不顾刚下夜班的疲惫,毫不犹豫地拿出自己的手机帮老人拨通女儿的电话,取得联系后,又陪同两位老人前往机场快轨等待家人的到来。等待期间,张艳宗一直陪在两位老人左右,安抚老人。大约四十分钟后,老人的女儿、女婿到达机场,见到家人的老人激动地抱住张艳宗,并告诉女儿,如果没有安检员的帮助,他们真是要走丢了。老人的女儿也十分感激地握住张艳宗的手,久久不能放开。

后来,有同事问他,为什么不让他们写封表扬信或者打个表扬电话呢?张艳宗说:"咱们帮旅客并不是出于什么目的,在给他们帮助的同时,我也收获了幸福。"

看着继续忙碌的张艳宗,笔者想起了一句话:真正的幸福不是得到,而是给予。

资料来源:中国民航网,http://www.caacnews.com.cn/3/rwzx/201505/t20150527_1182823.html。

(2)口头写生训练。

① 对新闻图片或眼前景象进行观察后,按照自己的理解进行描述。

② 请以一场校园活动为例,进行新闻现场目击描述。

 **航空故事**

海南航空开展两会学习主题航班活动,掀起学习新风潮

随着十三届全国人大五次会议11日上午闭幕,2022年中国"两会时间"画上圆满句号。海南航空3月11日HU7582北京至海口的航班上,开展了"两会蕴红心赞歌凌云霄"主题航班活动,通过丰富多彩的客舱活动向旅客传递爱党爱国情怀。

本次航班由海南航空"党员示范组"乘务组执飞,她们通过手势舞表演、两会热点分享、接龙合唱红歌等形式多样、活泼生动的活动环节,带领旅客学习两会知识,重温红色经典,活动得到了旅客们的积极参与和热烈响应。

"蓬勃的希望在春天升腾,奋进的力量在心中激荡,搭载着民生民意的全国两会于今日上午胜利闭幕。海南航空积极响应这场'春天之约',坚定传承红色基因,听党话、感党恩、颂党情、跟党走,万众一心向未来!"随着主持人慷慨激昂的介绍,此次主题活动拉开了序幕。

在《我们生在红旗下》的动人旋律中,乘务员们为旅客做了一段精彩绝伦的手势舞表演,听觉的共鸣和视觉的美感相互交融,旅客们随着乘务员们悦动的舞姿挥舞起小国旗,一同感受歌词中"人民有信仰,国家有力量"的民族自豪感和自信心。

为庆祝两会胜利闭幕,让旅客能够真正贴近两会,了解两会与老百姓生活密切相关的

民生热点、重点举措等内容,乘务员们带领旅客共同学习《政府工作报告》等两会知识点,就住房、就业、医疗报销等热点议题展开热烈的讨论,旅客们踊跃发言,航班上掀起了浓厚的两会学习氛围。

在两会学习与讨论的热烈气氛中,为歌颂在中国共产党正确引领下繁荣富强的祖国,"赞歌凌云霄"红歌歌词接龙环节随之开展。乘务员们与旅客们合作接龙完成经典红色歌曲《唱支山歌给党听》,随后大家自发唱起了礼赞中国共产党、奋斗新时代的昂扬旋律——《我和我的祖国》,嘹亮的歌声响彻客舱,画面仿佛让人回到峥嵘岁月,重温党的奋斗历程。

机组人员和旅客齐唱歌曲《我和我的祖国》

此次主题航班活动营造了浓厚的客舱红色文化氛围,引导旅客们关注党和国家的发展方向,抒发热爱祖国、热爱中国共产党的真挚情感,让旅客们在万米高空接受了精神的洗礼。

资料来源:中国民航网,http://www.caacnews.com.cn/1/6/202203/t20220312_1340951.html。

3. 话题训练

以全国普通话水平测试话题为例,进行话题练习。要求:话题要说够 3 分钟,内容要完整,逻辑顺畅,表达生动、流畅、自然,对话感强。

话题内容:

(1) 我的愿望(或理想)。
(2) 我的学习生活。
(3) 我尊敬的人。
(4) 我喜爱的动物(或植物)。
(5) 童年的记忆。
(6) 我喜爱的职业。
(7) 难忘的旅行。
(8) 我的朋友。
(9) 我喜爱的文学(或其他)艺术形式。
(10) 谈谈卫生与健康。
(11) 我的业余生活。
(12) 我喜欢的季节(或天气)。
(13) 学习普通话的体会。
(14) 谈谈服饰。
(15) 我的假日生活。
(16) 我的成长之路。
(17) 谈谈科技发展与社会生活。
(18) 我知道的风俗。
(19) 我和体育。
(20) 我的家乡(或熟悉的地方)。
(21) 谈谈美食。
(22) 我喜欢的节日。
(23) 我所在的集体(学校、机关、公司等)。

（24）谈谈社会公德（或职业道德）。
（25）谈谈个人修养。
（26）我喜欢的明星（或其他知名人士）。
（27）我喜爱的书刊。
（28）谈谈对环境保护的认识。
（29）我向往的地方。
（30）购物（消费）的感受。

知识拓展

广播电视节目主持人主持现场的设备控制

广播电视节目主持人在主持节目或现场活动时，经常要面对多台摄像机、现场灯光、音响、不同种类的话筒（手持话筒、立杆话筒、无线麦克风等）、耳麦、屏幕等设备，那么如何处理好与现场设备的关系呢？

主持人最常用的设备是话筒，其有声语言表达主要通过话筒这一设备进行传播。但是，如何正确使用话筒呢？有些主持人在拿到话筒后，在上台前会拍打话筒头或者用嘴对着话筒头吹气，试图在扩声中制造一些响声来确保话筒能够正常使用，类似的做法并不可取。在使用话筒时，不要拍打话筒头，不要吹话筒头，应将话筒头斜上正对嘴部，并间隔一拳的距离，手握话筒时不要握住话筒头，也不要握住话筒尾部。在音箱前站立或走动时最好不要使用话筒说话，站在舞台上不说话时，握话筒的手最好放在腹部或胸前，不要握着话筒自然下垂。

在一些活动主持中，现场还会通过摄像机转播或录制。那么，主持人在活动现场不仅要处理好与观众的关系，进行互动，还要处理好与摄像机镜头的关系，也就是调整好镜前状态。首先，要调节表情神态。主持人的镜头前状态，最直观的表现便是主持人的表情神态与动作姿势，对表情神态的调节往往隐含着主持人的个性表达与情感流露。主持人的表情神态要准确地反映主持人内心的活动与情感变化，从而引导观众产生情感共鸣。其次，要注意动作姿势。主持人的动作姿势是其肢体语言的重要组成因素，体现着主持人的精神面貌与心理状态。主持人最细微的动作姿势也能被摄影镜头无限放大，这就需要主持人克服自身的习惯性动作，避免无意识的动作。

此外，活动现场还有音响、灯光、屏幕等设备，这些都需要主持人在实际主持时提前走位，做好配合，以防发生意外情况。主持人对这些设备的合理、恰当运用，将极大提升活动的现场效果。

第二节　航空特定场景主持体态语

在人际交往中，人们除了运用声音进行表达，表情、眼神、动作等体态语也占据了非常重要的地位，直接作用于受众的视觉与知觉，成为大众传播效果中最重要的元素。航空活动主持人的有声语言传播区别于媒体节目主持人的大众传播，它带有明显的人际传播特征。

主持航空主题活动时，语言是主持人最重要的交流工具，是摆在第一位的。但在人际传播中，主体的表情、动作和眼神等元素也是主持人与受众交流的重要方式，被称为态势语言，也叫体态语。体态语虽然在传播过程中起辅助性的作用，但是相比语言来说，体态语能够更加真实地反映一个人的内心世界，主持人的眼神、动作、笑容，甚至微表情都是重要的传播要素，都会影响受众对节目内容的价值判断，也正因为这种真实性，观众对于那些体态语运用恰当的主持人更加青睐，他们认为这样的主持人更加平易近人，具有人情味。优秀的航空播音主持人员除了具备静态的仪表美，还应该在具备专业基础技能和主持经验的基础上，适当地拓宽知识面，提高审美品位，做到内外兼修，通过高雅的举止、得体的礼仪、善解人意的眼神、诚恳温柔的语言等有形的或可以被受众体会到的动态美，加强体态语的表达能力，以人格魅力感染受众。

一、体态语的概念

体态语作为非语言传播符号在传播信息的有效性中占比非常高，由此可以看出，体态语的表达是航空服务工作中非常重要的元素。

体态语是一种表达和交换信息的可视化符号，它由人的面部表情、身体姿势、肢体动作和体位变化等构成，又叫无声语言、体态语言、动作语言、行为语言、非言语技巧等。

在节目主持中，除了书面语和口语，还有一种辅助性的语言，那就是体态语。体态语不用文字，也不用语言，而是通过表情、神态、体态、服饰、道具等来传达、补充、强调、替代信息和交流感情，它包含了其他语言所不能或不便表达的情绪内容。在交际中，它主要对有声语言起辅助作用，与有声语言（也包括有声语言的书面形式）一起构成交际手段的总和，两者相辅相成，共同表达确定的信息，完成交际的过程。

体态语是用身体的动作来表情达意、交流信息的一种手段，主要包括姿态、手势、表情等无声语言。体态语既不是从语言系统中剔除出来的剩余部分，也不是语言系统的额外的补充，它是一种不能缺少的行为，为弥补口头语言在交际中的不足而存在。体态语与每一次的言语交际有着不可分割的关系，是语言活动中具有功能的组成部分。陈望道先生在《修辞学发凡》中提出了语言的分型，指出语言（广义上）包括声音语、文字语和"态势语"（即体态语）三种，充分肯定了体态语的地位。美国心理学家爱德华·霍尔在《无声的语言》中说："无声语言所显示的意义要比有声语言多得多，而且真实、生动得多。"体态语在航空服务人员信息传播中也发挥着不可替代的作用。体态语虽然是一种无声语言，但它同有声语言一样，也具有明确的含义和表达功能，有时连有声语言也达不到其效果，这就是所谓的"此时无声胜有声"。

二、体态语的分类

航空特定场景主持的体态语，特指传播主体的表情、动作、妆容、服饰等，作为传播形象的有机组成部分，体态语和有声语言表达一起，构成了航空播音主持的重要创作手段。在机场候机厅、机场室内外空间以及客舱等特定场景中，无论是客舱主持活动还是与旅客之间的交流，明确体态语的分类，在不同场景下运用恰当的体态语进行表达，能够从整体上提升航空服务质量。

体态语一般分为两类：一类是动态式体态语，一类是静态式体态语。动态式体态语包括亲切生动的表情、传情达意的动作、优雅大方的体势等。静态式体态语包括精致美丽的妆容、得体的服饰、合理的空间环境等。

航空特定场景主持中，节目的主体内容、言语环境、对象主体一旦确定，传播主体面对受众或镜头，就如同来到所涉及的语境、所设想的接受主体前，着装、发型、妆容，特别是面部表情、神态、体态等都将一览无余地被呈现。在有声语言表达过程中，随着传播主体思想感情的不断运动，体态语会不自觉地起着辅助表达作用，对经过专业训练的传播主体来说，自觉运用好体态语，则更有利于对内容主题的推进和深化。

（一）动态式体态语

1. 亲切生动的表情

表情是依靠眼睛、眉毛、口等来展现的，其中起主导作用的是眼睛。

（1）眼神。眼睛是心灵的窗户，这对航空主持人来说，特别值得重视。在面对旅客或者面对镜头时，航空主持人要将自身以及文本主体和接受主体连接起来，做到声声相应、心心相通，眼神的作用是无与伦比的，尤其在特定场景的节目主持中，传播主体的眼神如何与有声语言配合，特别能够影响旅客的注意力。

眼神交流是运用眼神、目光来传递信息、表达情感、参与交际沟通。常用的有四种眼神语。

①前视。即视线平直向前流转，统摄全场听众。视线落点放在全场中间部分的受众脸上，适当变换视线。

②环视。即有节奏地或不时来回环顾听众，增强双方的感情联络。运用环视时，要防止头部摆动过分有规律，防止眼睛频繁乱转。

③点视。即偶尔进行的有重点地把视线集中到某一点。根据内容表达的需要，集中注视某一听众或某一区域，同个别或部分听众进行目光接触。

④虚视。即运用一种没有具体指向性的目光，似看非看。运用虚视可以克服怯场心理，显出稳重大方的神态，还可把思想集中到讲述内容上。在回忆和描述某种情景时，虚视可以表示思考，引导听众进入想象的境界。

眼神传情的关键点：一是眼神的流露要符合表达目的的情绪；二是抓住要点流露眼神，避免为流露而流露的情况；三是要依据不同内容、对象，赋予眼神以不同的表现。

（2）面部动作。面部动作依靠眼、眉、脸、口、鼻的组合运动，如咧嘴笑表示愉快，咬牙切齿表示痛恨，皱眉表示痛苦、忧伤或焦虑等。

传播主体在使用有声语言传达内容信息的同时，所有的体态语也在诉诸受众的五官，刺激和影响着受众的心理活动。在这个过程中，主持人的眼神、表情、形体等的配合对传受双方来说是必要的。在传播过程中，接受主体的注意力能否被传播主体所吸引，面部表情和眼神是最主要的影响因素。这个因素的重要性有时甚至可以和有声语言相媲美，直接反映传播主体的内心感受，它是主持人内在情绪的直接流露。

2. 传情达意的动作

传情达意的动作主要是指手势动作，是指表达者运用手指、手掌、拳头和手臂的动作变化来辅助有声语言表情达意的一种体态语。在语言表达过程中，手势语言可以弥补有声语言的不足，起辅助或强化作用。在航空节目主持中，手势语的应用应较为规范，这也是语言表达中不可或缺的一种表达方式，恰当地使用手势语可以增强语言表达的形象性和生动性。航空主持活动中适当的手势语言可以活跃活动氛围，提升节目效果。

（1）手指。根据手的不同形状和活动部位，手势动作可分为手指动作、手掌动作和握拳动作。例如，伸出拇指或小指分别表示赞扬和鄙夷；单手手掌向前推出，显示信心和力量；双手由分而合表示亲密、联合、团结；握拳显示情感异常激烈；等等。

（2）手臂。手臂的活动范围有上、中、下三个区域。

① 上区。肩部以上为上区。手臂在这一区域活动，一般表达理想、希望、喜悦、激昂、祝贺等内容和感情，手臂向内、向上，掌心也向上，一般表示积极肯定的意思。

② 中区。肩部至腰部为中区。手臂在这一区域活动，多伴随叙述事物或说明事理，一般表示平静的思想和情绪。

③ 下区。腰部以下为下区。手臂在这一区域活动，一般表达憎恶、鄙视、批判、失望等内容和情感。手臂向外、向下，掌心也向下，传递出消极否定的信息。

在口语表达时，用单手较多，但在必要时，也可用双手共同动作。在表达一个意思时，没有固定的手势、身势，表达者要根据自己的理解进行合理的设计。

知识拓展

首语

首语是通过头部活动来传递信息的，包括点头语和摇头语。

点头表示肯定，也可以表示致意、理解、顺从等意思，摇头则表示否定，还可以表示对抗、高傲等意思。航空人员在服务中应当经常运用点头语，以表达致意、理解、顺从之意。

3. 优雅大方的体势

体势语又叫作身姿语，是人的静态和动态等各种身体姿势所传递的交际信息。静态的身姿语包括立、俯、坐、蹲、卧等姿势语，动态的身姿语是步姿语。播音主持的体势语一般分为三种。

（1）坐姿语。坐姿语是通过各种坐姿传递信息的身姿语，可分为严肃坐姿、随意坐姿、半随意坐姿三种。

坐姿的一般要求：入座时应轻而稳；坐的姿势要端正、大方、自然；腿的姿势配合要得当，不跷二郎腿；交谈时，上身要稍许前倾，以表示自己专心和对对方的尊重。

（2）立姿语。立姿语是通过站立的姿态传递信息的语言，主要通过肩、腰、腿、脚等动作的变化来传情达意。它和坐姿都属静态造型。

站姿的一般要求：两腿站直，胸部挺起，双手自然下垂，双目平视，形成一种优雅挺拔、精神饱满、充满自信的体态。

（3）步姿语。步姿是站姿的延续动作，属于动态造型。它通过行走的步态传情达意。

步姿的一般要求：步态从容、平稳，身体直立，收腹直腰，两眼平视，双臂放松，在身体两侧自然摆动，跨步均匀，步伐稳健，有节奏感。

由于航空播音主持的特殊性要求，航空播音主持人通常保持微笑，面部表情自然放松，坐姿、站姿、步姿文雅，大方得体。在大型航空庆典类节目中，主持人通常坐姿挺拔，两肩放松，两脚平稳，显得稳重大方，彰显睿智沉稳的气质。在航空主题活动节目中，主持人轻盈舒缓，从容自如，彰显自信洒脱的气质。因此，航空主持人采用的体态语要保持动作的协调性，在形体语言和声音语言上保持一致性，让形体语言更协调、更真实、更大方得体，以更好地提升节目效果。

（二）静态式体态语

1. 精致美丽的妆容

妆容指的是一个人的面容和相貌，由发式、面容以及人体未被服饰掩盖的肌肤（手部、颈部）组成。妆容在个人整体形象中居于显著地位，反映出人的精神面貌，它能够在第一时间向其他人传达最生动的个人信息。通过修饰美化和精神气质的培养，妆容也可以在一定程度上有所改变，从而提高美感，能够加深自己在他人心目中的印象，也更容易使自己为他人所喜爱和接受。

航空服务人员保持良好仪容需要从头开始，用粉底修正脸型，注意眉毛的修饰，关注眼部妆容，学会正确地涂抹口红，保护好自己的双手，护理好自己的皮肤，恰当地使用香水。

在特定场景主持活动中，精致的妆容不仅是主持人自身素养的体现，更是节目的整体协调性中必不可少的一部分。

 微课　　　　　　　　精致美丽的妆容　　　　　　　　

 行业信息

中国国际航空股份有限公司对乘务员和安全员仪表的要求

女乘务员

（1）发型：乘务员身着制服时，注意保持发型整洁美观、大方自然、统一规范、修饰得体。发型以乘务业务规定的标准发型为主，不留怪异发型。

（2）化妆：女乘务员执勤时必须化工作妆，即时补妆，保持良好的精神面貌，保持手和指甲修剪整洁。不使用不健康颜色及亮色彩等的口红，不佩戴过大的饰物、时装手表，不在旅客面前补妆、修饰。

男乘务员及安全员

发型以平头、分头、背头为主，随时保持整洁。双侧鬓角不得盖住双耳，前侧头发保持在眉毛上方，头发不得长于衬衣衣领上线。不留胡须，保持手和指甲的整洁。

资料来源：《国航客舱服务部乘务员、安全员管理手册》。

（1）化妆的原则。化妆的原则包括对时间、地点、场合的规定。

①时间：具体指时代、季节等，时间不同，妆容也有所不同。

②地点：具体指妆容要适合所处空间环境。

③场合：具体指妆容要顾及活动场所的气氛和规格。

通常妆容有工作妆、社交妆、上镜妆、舞台妆等多种形式，它们在浓淡的程度和化妆品的选择使用方面都存在一定的差异。一般要求空乘人员化淡妆，以简约、清丽、素雅，具有鲜明的立体感为宜，既要给人以深刻的印象，又不容许显得脂粉气十足。总的来说，就是要清淡而又传神，恰到好处地强化可以充分展现女性光彩与魅力的面颊、眉眼与唇部，不能过分地突出航空服务人员的性别特性，不过分地引人注目。

（2）化妆的注意事项。

①避免浓妆艳抹。

②避免过量地使用芳香型化妆品。

③避免妆面出现残缺。

④避免当众化妆或补妆。

知识拓展

皮肤护理

（1）注意皮肤清洁。

（2）皮肤护理的基本步骤：清洁、爽肤、精华素、面霜（日霜或晚霜）、眼霜、防晒。

（3）周期护理：去角质、补水面膜、深层清洁、SPA、控油。

（4）保证充足的睡眠时间。

（5）多喝水，多吃水果和蔬菜。

2. 得体的服饰

在服饰语言方面，人的服饰同人的行为举止一样，有着丰富的信息传播功能，它可以在一定程度上显现一个人的职业、爱好、性情气质、文化修养、信仰观念、生活习惯及民族地域的风俗等。

饰品是指人们身上佩戴的各种装饰品，它本身无意义，但一旦使用在交际中，便是一种象征，一种媒介。例如戒指，戴在食指上，语义是"求婚"；戴在中指上，语义是"在恋爱中"；戴在无名指上，语义是"已婚"；戴在小指上，语义是"独身"。这是一种约定俗成的信息代码，不可弄错。

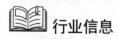行业信息

中国国际航空股份有限公司对乘务员着装的要求

（1）执勤时，同一航班乘务组乘务员可根据航线季节、天气变化及个人身体素质着装，空中女乘务员一律着裙装；迎送客时，乘务员可着马甲，寒冷地区可着大衣。

（2）皮鞋应保持光亮、无破损，空中应着单皮鞋，平底鞋只能在空中服务时穿。

（3）着制服时须扣好纽扣，女乘务员着大衣、风衣时要系好腰带，佩戴围巾、手套。

（4）围裙在为旅客提供餐饮服务时穿戴，保持熨烫平整、干净。

（5）男乘务员着制服时，必须佩戴帽子；女乘务员着制服外套、风衣、羊绒大衣时要佩戴帽子。

（6）登机证应佩戴在制服、风衣、大衣胸前，上机后摘掉；服务牌应佩戴在制服右上侧、衬衣和围裙的左上侧。

资料来源：《国航客舱服务部乘务员、安全员管理手册》。

（1）服饰的搭配原则。得体的服饰应该与个人妆容、体形、肤色等因素相配合。

①服装与妆容的搭配。妆容的风格决定服装搭配，服装的完美表现也需要通过和谐的妆容展示出来。如果妆容新潮，服装必然前卫；如果妆容古典，服装必然典雅。另外，最好根据妆容的颜色来决定服装的色彩。

②服装与体形的搭配。人们的体形条件千差万别，并非所有人的体形都十分理想，着装原则为直线条使人产生延伸感，横线条使人产生收缩感；紧束的衣服使形体某些部位后收，皱褶的装束可使某部位看起来丰满；深颜色有缩拢的效果，浅颜色有膨胀的功能。因工作中的着装、化妆等职业要求较为统一，航空服务人员应该加强自身锻炼，保持良好的体形。

③服装与肤色的搭配。适当的服装搭配会对肤色起到提升美化作用，会使人显得精神焕发，不适当的搭配可起相反的效果。服装款式的选择要注重与肤色的搭配效果。例如，肤色偏暗的人的服装款式应趋于自然、简洁；肤色偏白的女性的服装款式的选择范围比较大；肤色偏黄的女性的服装款式应以优雅、娴静的或古典的、小家碧玉式的款式为主，强调服装的领、袖、肩等处的造型。

（2）航空活动主持人服饰——礼服。礼服是航空活动主持人出席庆典、晚会、宴会等礼仪活动所穿着的服饰。根据航空活动的主题和场地不同，应该选择恰当的礼服。礼服一般分为西式礼服和中式礼服，例如活动主题为中国传统节日春节，则选择中式礼服较为恰当；活动主题为大型周年庆典活动，根据舞台布景不同选择西式和中式皆可。

女性的礼服多以高贵优雅、雍容华贵为基本着装原则。主持大型室外活动多以西式礼服为主，西式的礼服一般是长及脚背但不拖地的露背式单色连衣裙服装，既可以是一件式连衣裙，也可是两件式，还可以是三件式服装。主持特色节日活动或者小型室内活动，多以中式礼服为主，中式礼服多以中式上衣配长裙或长裤、连衣裙、旗袍以及其他民族服装为主，其中，旗袍是中国女性最佳的礼服，既端庄典雅，又凸显身材，还能显示出东方女性的魅力。主持晚宴等活动，在礼服面料的选取上，为迎合夜晚奢华、热烈的气氛，较多选用绸、缎等柔滑并富有光泽的面料，并搭配钻石等高品质的配饰、修饰性强的高跟鞋、精巧雅致的晚礼服用包。

男性晚礼服传统的有晨礼服、小礼服、大礼服之分。但是，大多数国家在礼服穿着方面均趋于简化，很少有人穿着传统的礼服参加活动，目前国际上渐以深色西服套装取代礼服。对于航空活动主持的男性礼服选择，主持大型室外活动，西式的礼服可选深色西装，西装要求黑色、灰色等深色系，双排四粒扣或六粒扣，双开线无兜盖，搭配黑色领结或银灰色领带。此外，还有一些着装细节需要注意。男性在穿西装之前，务必将位于上衣左袖袖口之上的商标、纯头号毛标志等先行拆除，衬衣袖口应露出 1 厘米左右，衬衫衣领应高出西装衣领，以保护西装衣领，增添美感。上衣小兜只放折叠扁平的手帕，并浅露小边，除此不宜放其他东西，以保持绅士风度。正式场合穿着西装必须打领带，打好之后领带的下端应当正好抵达皮带扣眼处，领带夹应夹在七粒扣衬衫自上而下数的第四、第五粒衣扣之间。西服裤长前面以盖及皮鞋面，后面离地面约 2 厘米为最佳。主持特色节日活动优先选择中式礼服，礼服材质多为毛料中山装或民族服装。

最后，主持活动礼服的选择还应注意男女主持之间的搭配如何、色系是否统一、风格是否统一，尽量做到大方得体、恰如其分。

知识拓展

着装的注意事项

（1）色彩鲜艳的短袜子不宜与深色服装搭配。
（2）不宜穿着破洞或走丝的长筒袜。
（3）避免毛衣扎束在裙子或裤子里。
（4）不宜一只手戴一枚以上的戒指。
（5）不宜在公务场合戴色彩较深的眼镜或太阳镜。

3. 合理的空间环境

空间环境一方面指文本内容或活动所在的具体环境，另一方面指不同环境下的空间距离。

具体环境是体态语运用的非常重要的决定因素之一。体态语的运用是否恰当，是否得体，与环境密不可分。根据不同的场合特点，做出不同的动作展示，才能达到整体的协调统一。航空特定场景中的播音主持工作，无论是对待客舱内的广播词文本，还是在航空活动主持的现场，传播主体都应该认真感受文本或现场所需要的情境，结合具体环境，进行信息传播。

 微课　　　　　　　　　合理的空间环境　　　　　　　　　

空间距离指的是个人与个人、个体与群体、群体与群体交往时，因彼此的关系不同，周围的环境不同，在无形中感到彼此间应保持的一种特定的距离。美国心理学家罗伯特·索默经过观察与实验认为，人人都具有一个把自己圈住的心理上的个体空间，它像生物的"安全圈"一样，是属于个人的空间。一般情况下，每个人都不想侵犯他人的空间，也不愿意他人侵犯自己的空间。双方关系越亲密，人际距离就越短。

空乘服务人员与乘客之间的距离在这里通常指的是社交空间距离。它是一种理解性的社交关系距离。社交距离的接近状态为 120～210 厘米，其语言特点为声音高低一般、措辞温和，它适合于社交活动和具体环境中的社会交往等。社交距离的疏远状态为 210～360 厘米，其语言特点为声音较高、措辞客气，它适合于比较正式、庄重、严肃的社交活动，如谈判、会见客人等。

航空活动主持与受众之间的距离，通常属于公共距离，这种公共距离通常保持在 360 厘米以上，这种距离还适用于大型报告会、演讲会、迎接旅客等场合。

个人空间是无形的，但它又是实际存在的。显然，人们相互交往时空间距离的远近是交往双方是否亲近、是否喜欢、是否友好的重要标志。因此，在航空客舱服务和人际交往时，选择正确的距离是至关重要的。

（1）交谈双方的关系、社会地位、文化背景、性格特征、心境等不同，国家、民族不同，其交往距离也不同。

（2）在空间距离的处理上应注意交往对象生熟、性别、性格等方面的差异。

（3）人们对自我空间的需要也会随具体情境的变化而变化。

知识拓展

服务空间的色彩对乘客的影响

蓝色：宁静、平和；

绿色：青春、活力、生机勃勃；

白色：纯洁无瑕、纯真、神圣；

红色：热烈、兴奋、喜庆；

紫色：高贵、典雅、庄重；

灰色：平凡、沉稳；

黄色：明亮、高贵、娇媚；

橙色：活泼、热闹、壮丽。

三、体态语的运用原则

从心理学的研究来看体态语的运用，著名的人类学家霍尔教授认为，一个成功的交际者不但需要理解他人的有声语言，更重要的是要观察他人的无声信号，并且能在不同的场合正确使用这种信号。

体态语在人类语言信息的传播和情感的交流中，作为信息的补充，在眼神、动作、面部表情、手势等非语言因素中起到了相当大的辅助作用。事实上，体态语的使用已经成为语言交际的明显标志。我们在实际的运用过程中，要把握体态语的规律，合理使用体态语，将其在不同语境中的特殊作用充分发挥出来。

在航空特定场景中，主持人不仅使用有声语言，也会根据不同场景、不同主题使用大量的体态语，以辅助有声语言传递信息。因此，要注意体态语的使用原则，使体态语在不同场合得到最有效、最合理的运用。

1. 自然

自然原则要求动作自然。自然见纯真，自然是体态语得体优雅的前提，是对体态语的第一位要求。从事航空主持活动时，体态语的表达与有声语言的表达应协调默契，由衷而发，不矫揉造作；契合主题思想，真实自然。

2. 准确

准确原则要求体态语的表达契合主题、契合内容、契合环境，每一个体态动作都具有一定的词汇含义和表意功能，一定要准确把握，恰当地运用，一定要使自己的一举一动都与主题内容相符，与自己的性别、年龄、职业及个性特征相吻合，当然也要顾及特定环境。体态语的表达与有声语言所表达的内容相协调，借助体态语的表达可以强化和补充有声语言内容。当体态语准确地契合了主体、情境、身份地位等要素，得以自然而真实地展现时，会提升受众的接受能力和好感度，取得良好的效果。

3. 适度

适度原则要求体态语的精练和简洁。所谓适度，即动作运用要适量，以不影响受众获取信息的注意力为度，不要用得过多。要求航空服务人员所使用的体态语应该是服务内容所需要的，而不应该超出需要。在航空特定场景活动主持中，应该把手势用在关键性的、最需要强调的内容上，而对于语意不强的习惯性动作和毫无意义的下意识动作，则应尽量剔除。

4. 得体

得体指的是身体姿态、动作幅度、眼神交流、面部表情、手势动作等控制在一定的范围，以辅助活动主持的语言表达，达到最佳的表情达意，不过分夸大。体态语表达的得体性和优美性，要求体态语表达自然得体、通俗易懂、优美雅观。

体态语是人类社会交际的重要信息载体，也是信息传播的重要组成部分，清楚地了解体态语在活动主持中的重要作用是十分必要的。掌握体态语表达的运用原则可以帮助航空服务人员准确把握体态语的表达技巧，正确理解，使得体态语能更好地辅助有声语言，弥补有声语言的不足。

四、体态语运用综合训练

航空服务中特定场景主持离不开体态语的综合运用。体态语的综合训练要求结合亲切生动的表情、传情达意的动作、优雅大方的体势以及精致美丽的妆容、得体的服饰、合理的空间环境，将语言内容和体态语的运用合理地结合，提升航空服务品质。

（一）面部表情训练

活动一：

活动名称：眼波流动。

活动要求：

（1）通过两个小游戏，进行眼睛灵活性的练习。

（2）在教室或室外进行，6~10人一组。

活动准备：乒乓球若干。

活动流程：

（1）学生自由分组（6~10人一组）。

（2）通过游戏进行眼神练习。

游戏一：

用眼神在空中写字母，如写个 M，转个 O，让眼神变得有灵气。

游戏二：

两人打乒乓球，组内其余学生看球的移动，轮流进行练习。

活动延伸：鱼儿游呀游。课后观察金鱼的游动，金鱼游动时路线不规则，动作也很快，眼睛随着金鱼的游动而移动，可使眼睛有神采。

活动二：

活动名称：读读练练。

活动要求：

（1）为短句选择适当的目光语，边读短句边练习。

（2）分组活动（6～8人一组）。

活动流程：

（1）在括号里填入适当的目光语。

A．点视　　B．前视　　C．虚视　　D．环视

森林的早晨真美。　　　　（　）

蝴蝶飞来飞去。　　　　　（　）

看！草丛里有什么？　　　（　）

我想变成一只鹰，翱翔蓝天。（　）

（2）学生分组练习，边读短句边练习目光语。

（3）每组请1～2名学生在全班学生面前进行目光语练习的展示。

活动三：

活动名称：你说我做。

活动要求：

（1）一名学生说表情词语，全班学生做相应的表情。

（2）分组活动（4～6人一组）。

活动准备：每人一面小镜子，或者在有镜子的形体教室进行训练。

活动流程：集体练习——分组练习。

（1）请老师或一名学生说表情词语，全班学生做相应的表情。

例如，老师说"兴奋"，同学们对着镜子做兴奋的表情。

（2）分组对着镜子进行表情的练习。

表情参考：

（1）愉快：嘴角向后及向上拉，眉毛平展，眼睛微眯。

（2）抑郁：嘴角下垂，眉毛紧锁，面孔显长。

（3）高兴：眉毛上抛，嘴角向上，口微张。

（4）蔑视：双眼微闭，视角下斜，抬面颊。

（5）痛苦：紧皱双眉，半眯双眼、嘴角下拉。

（6）生气：眼睛睁大，眉毛倒竖，微闭口唇，咬紧牙关。

活动延伸：课后可观看以夸张的动作和表情表演见长的好莱坞喜剧影星金•凯瑞的

影片。

（二）手势设计训练

活动一：

活动名称：跟我做。

活动要求：根据提示，在老师的带领下做动作，动作自然、得体。

活动流程：

1. 用词语练手势

托起（双臂在中区平伸）

加油（单臂握拳在上区举起）

无奈（手臂放在下区——腿的两侧，手心向外）

爱心（双手的拇指和其余四指相对，组成心形）

2. 用短句练手势

（1）明天更美好！（右手臂在上区举起，五指并拢）

（2）您旅途辛苦了，请坐下休息。（左手臂在中区平伸，做"请"的动作）

（3）你的书摔到地上了。（手臂向下在下区伸出，食指指地）

（4）放学了，你们走吧。（右手臂弯曲在中区，手心朝内轻轻摆动）

活动二：

活动名称：花开的时候。

活动要求：用心体会，有意识地支配手势动作，克服紧张或兴奋时的手足无措，达到对手势的自如运用。

活动准备：在有镜子的形体教室进行练习。

活动内容：

（1）将两手手心相对，合掌于脚前，想象有一粒种子埋在土中。

（2）双手手心微开，想象幼芽萌发了，以手尖表示嫩芽。

（3）手指微开，想象花蕾开始绽放了，脸上要露出笑容。

（4）手指渐渐打开，想象花开了三分，花开了五分、七分，脸上的笑容随之灿烂。

（5）手掌合拢，手指打到最开，感觉花儿完全盛开，笑容也最灿烂。

活动流程：

（1）老师带领学生按活动内容进行练习。

（2）学生自由分组或个人单独按活动内容进行练习。

（三）体势设计训练

活动一：

活动名称：我型我秀。

活动要求：

（1）面对镜子站好，练习正确的站立姿势。

（2）排成纵队沿形体教室的周围走，练习正确的走姿。

（3）分组活动（12～15人一组）。

活动准备：

（1）课前观看模特走秀或明星走红地毯的视频。

（2）在有镜子的形体教室进行练习。

活动流程：

1. 站姿训练

（1）靠墙站立法。背靠着墙，让后脑勺、肩胛骨、臀部、脚后跟与墙面呈点的接触，靠墙站立5～10分钟，体会正确站立时身体各部位的感觉。

（2）收腹立腰站立法。肩放松下沉，腰背自然挺立，双手叉腰，好像头顶中间有一根绳子从上面拉着，整个身体往中间收拢成一根棍的感觉。站立1分钟左右休息一下，反复地练习几遍，长期练习有利于形成挺拔身姿。

2. 走姿训练

（1）平衡练习。将一本书或小抱枕（或靠垫）放在头顶上，两眼平视前方，手叉腰或自然下垂，坚持走2～3米，纠正走路时左右晃动或弯腰驼背的习惯。

（2）走直线练习。在地上放一条宽5厘米左右的带子，迈脚时脚跟内侧碰到带子，不能踩到带子。这一练习可以让我们走姿变得优美。

活动二：

活动名称：找一找，说一说。

活动要求：认真思考，回答问题。

活动流程：请谈谈你知道的体态语运用得体、自然的例子。

活动三：

活动要求：

（1）根据以下材料，设计体态语。

（2）分组活动（6～8人一组）。

活动流程：熟悉内容—分组练习—展示设计。

（1）熟悉作品的内容。

（2）学生分组设计体态动作。

（3）每组请1～2名学生展示设计的体态动作。

民航晚会主持词

需要主持人：四人（主持人甲、主持人乙、主持人丙、主持人丁）。

主持人丙：刚才大家欣赏的精彩的舞蹈——《归航》，曾在庆祝新中国民航成立六十周年全国民航职工大型文艺晚会上荣获最佳表演奖。

主持人丁：我们用舞蹈和歌声来纪念四十岁的生日，来表达机场人对这座城市的感恩和爱恋。

主持人丙：让我们高歌一曲《××之恋》。

（演唱结束，主持人丙、主持人丁登台）

主持人丙：××的灿烂笑容在我们机场的窗口里四季绽放，让众多的旅客都感受到了我们机场的温暖阳光。

主持人丁：接下来我们要请出的这位嘉宾是机场的老客，他每年都会有半年在我们机场进出，大家都对他非常熟悉，对他的演技赞叹不已。

主持人丙：有请著名京剧表演艺术家杨赤先生登台。

（表演结束，舞蹈《红红火火》直接上）

（《红红火火》结束，主持人甲、主持人乙登台）

主持人甲：红红的火焰是今日的写照，舞动的热情是明朝的彩虹。

主持人乙：一个崭新的世界，最大的海上机场正在这火红的时空里向我们款款走来。

主持人甲：让我们一起拥抱这个××空港中国梦！

（合唱结束后，主持人甲、主持人乙、主持人丙、主持人丁登台）

主持人甲：梦在你脚下，梦在我手中。

主持人乙：让我们拥抱更广阔的天空。

主持人丙：怀着同样的感动，让我们有请各位领导和嘉宾登台。

主持人丁：掌声有请！

（在反复合唱声中，领导、嘉宾和演员握手合影。）

主持人甲：××机场通航四十周年职工文艺演出到此结束！

主持人乙：谢谢大家！

合：再见！

资料来源：新浪博客，http://blog.sina.com.cn/s/blog_488a89dc0101ju5f.html.

（四）妆容设计训练

活动要求：

（1）根据所学知识，完成一个文雅秀气的乘务妆。

（2）根据所学知识，自拟主题，完成某一主题类型节目主持妆容。

（五）服饰设计训练

活动要求：

（1）根据自己的妆容选择适合自己的服装。

（2）根据自己的体形选择适合自己的服装。

（3）根据自己的肤色选择适合自己的服装。

（4）自拟活动主题，设计得体的服饰搭配。

（六）空间环境设计训练

活动一：

活动名称：短语练习。

活动要求：

（1）根据实际主持环境的不同，结合主题内容进行适当的体态语设计。

（2）体会迎送宾客时的空间距离。

活动内容：

（1）欢迎光临！请往这边走。

（2）您好！请问您还要添加饮料吗？

（3）小心脚下，请慢走。

活动二：

活动名称：主持词练习。

活动要求：根据实际主持环境的不同，结合主题内容进行适当的体态语设计。

活动内容：

材料一：

主持人甲：尊敬的各位领导、各位来宾，各位先生、女士，大家好！庆新年春节晚会正式开始！我是××。

主持人乙：我是××。今天，是喜悦让我们相聚在一起；今天，是共同的畅想让我们手拉手来到这里；今天，是我们共同走过的一年的终点，也是我们畅想新的一年的起点；今天，让我们用真诚的火花将激情的火焰点燃；今天，让我们为××的明天更添绚丽一笔；今天，让我们迈着有力的步伐，登上××年的大舞台。

主持人甲：春风是寒冬的向往，丰硕是金秋的向往，雨露是大地的向往，海岸是风帆的向往。剪一缕清冷的月光，点燃我们热切的呼唤。

主持人乙：让悠悠的思念飞过天涯，走向你；让泪水涔涔的祝福漫过海角，走向你。许一个美好的心愿，祝你新年快乐连连；送一份美妙的感觉，祝你来年万事圆圆；送一份漂亮的礼物，祝你微笑甜甜。

材料二：

主持人甲：尊敬的各位领导。

主持人乙：尊敬的各位来宾。

主持人丙：亲爱的××机场的兄弟姐妹们。

主持人丁：电视机前的观众朋友们。

合：大家下午好。

主持人甲：一段激情飞扬的开场舞，点燃了我们××机场四十岁生日的蜡烛。

主持人乙：我们怀着喜悦的心情欢歌起舞，表达对我们家园的祝福。

主持人丙：忆往昔，难忘峥嵘岁月。

主持人丁：看今天，携手大展宏图！

主持人甲：在××国际机场通航四十周年的日子里，我们得到了各级领导的热切关注和美好祝愿。

主持人乙：中国民航总局发来了贺电。

主持人甲：××省委常委××、××市委书记××，××市市长×××也分别做出批示，对机场通航四十年表示了热烈的祝贺，提出了殷切的希望。

主持人丙：让我们表示衷心的感谢！

主持人甲：此时此刻，此情此景，我们机场人都有一个共同感觉，那就是我们今天所创造的一切荣誉，都是这座城市托起的辉煌。

主持人乙：怀着对这座城市深深的感恩之情，让我们一起回顾成长历程。请看大屏幕。

(10分钟大专题)

......

材料三：

主持人甲：尊敬的各位领导、各位来宾。

主持人乙：亲爱的同事们、朋友们。

合：大家下午好！

主持人甲：今天是 6 月 28 日，昆明长水机场转场五周年的纪念日。五年来，我们携手走过了 1800 多个日夜，如今的长水机场已从一个孩子成长为有担当、有抱负的勇者。

主持人乙：五年来，长水机场保障了航空安全，为广大中外旅客提供了优质的服务，机场的面貌也发生了翻天覆地的变化。

主持人甲：五年前的今天，随着东航云南公司 MU5939 次航班的成功首航，云南航空发展史开启了崭新的篇章。

主持人乙：从此，云南民航人依依惜别了百年巫家坝，满怀喜悦的心情走进了长水新时代，这是一个让长水机场全体员工欢欣鼓舞的日子，也必将成为长水机场发展史上的一个历史性的时刻。

主持人甲：今天，我们邀请各方来宾共聚一堂，既是回顾，也是展望。当前，昆明国际航空枢纽建设正提速加码，一幅云南民航的宏伟蓝图正徐徐展开。面对机遇与挑战，我们充满了期待与希望。

......

——来源：百度文库，https://wenku.baidu.com/

活动三：

活动名称：练习效果检测。

活动要求：结合上述练习材料，进行体态语运用的检测。

活动内容：

（1）结合上述练习材料，你认为进行语言交流时不良的体态动作有（　　　）。

  A. 翻白眼　　　B. 摸头发　　　C. 手足无措　　　D. 拉衣角

  E. 手舞足蹈　　F. 噘嘴　　　　G. 无手势

（2）你认为自己和同学自然、得体的体态动作有哪些？

（3）你认为在语言表达中运用体态语应注意（　　　）。

  A. 准确　　　B. 得体　　　C. 自然　　　D. 适度

  E. 简洁　　　F. 精练　　　G. 协调　　　H. 生动

（七）特定场景设计训练

根据以下主题设计体态语。

1. 生日

活动主题：庆贺生日。

活动内容：

××先生/女士/小朋友：我们非常高兴能够在您生日之际与您相会在万里蓝天，请接受我们全体机组人员的真诚祝福（我们还特别为您送上一份小礼物，希望这段旅途给您留下美好的回忆）。祝您生日快乐，平安如意！

活动安排：

（1）送生日祝福。

（2）发放生日礼物。

活动要求：根据活动主题，结合主持环境，设计体态语。

2. 元旦

活动主题：庆元旦。

活动内容：

亲爱的旅客朋友们：

新年好！

我是本次航班的乘务长，请允许我代表中国南方航空公司及机组全体人员向您致以新年的问候。感谢您在过去的一年中对南航的信赖和支持！衷心祝愿您及家人在新的一年里阖家幸福，出入平安，身体健康！同时，我们真诚地与您相约南航"空中之家"，希望在新的一年里能继续为您服务！

活动安排：

（1）发放迎新糖果。

（2）有奖问答。

活动要求：根据活动主题，结合主持环境，设计体态语。

3. "三八"妇女节

活动主题：祝福妇女节。

活动内容：

尊敬的各位旅客，美丽的女士们：

你们好！

今天是"三八"国际劳动妇女节，是属于我们女性的节日。在这里，我们乘务组全体成员特别向今天航班中的女性朋友们致以衷心的问候！祝您健康、美丽、快乐！

活动安排：

（1）送鲜花。

（2）分享美丽心得。

活动要求：根据活动主题布置客舱，结合主持环境设计体态语。

4. "五一"劳动节

活动主题：劳动人民最光荣。

活动内容：

亲爱的旅客朋友们：

今天是"五一"国际劳动节，是所有劳动者的节日，我们全体机组人员在这里向大家致以崇高的敬意和节日的问候！同时，今天还是"五一"黄金周的开始，祝您和家人度过一个轻松愉快的假期！

活动安排：

（1）送纪念品。

（2）有奖竞答。

活动要求：根据活动主题，结合主持环境，设计体态语。

5. "六一"儿童节

活动主题：快乐六一。

活动内容：

亲爱的旅客朋友们：

今天是"六一"国际儿童节，是所有小朋友的节日。在这里，我们向今天航班上的各位小朋友致以节日的问候，希望你们健康成长，快乐地度过每一天！

活动安排：

（1）送玩具。

（2）唱儿歌。

活动要求：根据活动主题，结合主持环境，设计体态语。

6. 七夕

活动主题：岁月无声，真爱永恒。

活动内容：

亲爱的旅客朋友们：

有缘与您相聚于万米高空。今天是中国的传统节日"七夕"，在这个属于情侣们的节日里，我们诚邀您一同参与"岁月无声，真爱永恒"机上活动，开启美好的爱的空中旅程。

活动安排：

（1）有奖问答。

（2）默契大考验。

（3）爱情故事动人心。

活动要求：根据活动主题，结合主持环境，设计体态语。

7. 中秋节

活动主题：悦赏中秋。

活动内容：

女士们、先生们：

花好月圆人团圆，今天金凤姊妹组将与您同行，相聚在万米高空，共庆中秋……

活动安排：

（1）发放月饼。

（2）中秋和航空安全知识有奖问答。

活动要求：根据活动主题布置客舱，结合主持环境设计体态语。

8. 国庆节

活动主题：欢度国庆。

活动内容：

亲爱的旅客朋友们：

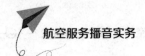

今天是我们伟大祖国建国××周年的纪念日，在这举国欢庆的日子里，让我们一起衷心祝愿祖国国泰民安，繁荣富强！祝您和家人度过一个轻松愉快的假期！

活动安排：

（1）发放糖果。

（2）航空安全知识有奖问答。

活动要求：根据活动主题，结合主持环境，设计体态语。

9. 春节

活动主题：欢度春节。

活动内容：

亲爱的旅客朋友们：

新年好！

我是本次航班的乘务长。今天是中华民族传统的新春佳节。在这个喜庆祥和、阖家团圆的节日里，请允许我代表中国南方航空公司及机组全体人员向您致以最真诚的问候！祝您××年吉祥，万事如意，身体健康！愿我们的祝福在新的一年里能给您带来好运！

活动安排：

（1）送纪念品。

（2）有奖竞答。

活动要求：根据活动主题，结合主持环境，设计体态语。

第三节 航空特定场景主持设计与训练

一、创作准备

1. 备稿

备稿就是指平时的日常积累。想要创作出好的稿件，就要有深厚的文字功底和知识储备。民航活动的主持人应该具有较高的政治觉悟和理论水平、深厚的专业功底等。不管是有稿还是无稿的主持，都需要一个长期备稿的准备状态，才能够使语言表达连贯生动。

 拓展案例

上海人民广播电台播音指导陈醇谈读书与播音工作的关系

播音员（节目主持人）必须音色优美，语音规范，吐字清晰，语言不但能打动人，还要有真情实感，这就要求播音员深入挖掘文字作品的内涵，准确把握它的思想。对内容理解得越深刻，播音才会越有激情，越有感染力。这要求播音员多读书、广读书，使自己具备较深厚的文化积淀。可以说播音和读书的紧密联系是与生俱来的，读书是播音员语言表达艺术的基石。[①]

[①] 陈醇. 播音与读书[M]//陈醇播音文集. 北京：中国广播电视出版社，2007：169.

2. 主题

主题是核心思想，能够表达创作者的意图和愿望。任何一次创作都围绕着目的性展开，能够清晰表达出来的这个目的性就是主题。文章的主题要有明确性、深度，一般一篇文稿的主题具有唯一性。

3. 背景

作品的创作要符合职业背景、时代背景和创作背景。

职业背景是指作品创作的内容要符合职业特点、习惯，在创作内容时有的放矢。

时代背景是指在当下的大环境中，创作要符合政治路线、职业需求，与党中央步伐保持一致。

创作背景是指作品具体内容符合创作要求，能够把创作要求清晰、准确地表达出来。

这些背景形成有机的整体，在有声表达作品时，能够使作品主题明确，风格独特。

4. 基调

基调是指创作的基本格调，能够表达创作主体的情绪、心态、感受等。在转化为有声表达时，能够体现作品中的思想和感情色彩。

二、活动策划

在特定环境、特定岗位下的活动策划，一般都要符合环境特点和岗位要求。制订活动方案时要从活动时长、流程、受众定位等方面考虑活动的策划。根据活动策划的特点，将其分为正式和非正式两个类型。

1. 正式活动策划

正式活动策划是指在特定主题下开展活动策划，要将活动主题、管理层导向和普通员工的喜好充分结合，找准定位，不能盲目策划。

一场活动一般由开场白、串联词、活动内容、结束语四个部分组成。

正式活动中的开场白具有职业特点、时代背景等因素，要在开场时介绍清楚主要人物和事件，语言特点是庄重华丽，一般有领导讲话。开场白跟导语不尽相同，但需引出全文，语言要围绕活动主题展开，巧妙地引出活动主题及接下来的内容。全篇文稿中如果开场白的文字比重比较大，那么串联词和结束语就可以适当简化平实，起到结构完整、重点突出的效果。结束语涵盖了总结全篇、明确意义、表达祝贺、提出希望等内容，语言逻辑性强，层次递进，这部分语言在整体活动策划中具有画龙点睛的作用。

 拓展案例

正式场合集体活动类

案例一：××机场集团庆祝中国共产党成立××周年职工书法、绘画、摄影获奖作品展览开幕式

活动流程

1. 开场白

2. 领导致辞
3. 宣布成绩
4. 颁奖
5. 集团领导讲话
6. 市领导讲话
7. 剪彩
8. 参观

××机场集团庆祝中国共产党成立××周年
职工书法、绘画、摄影获奖作品展览开幕式主持词

尊敬的领导、各位来宾，亲爱的同志们：

大家上午好！

在这举国同庆中国共产党××华诞之际，在Ａ集团公司工会领导的精心组织和指导下，在各兄弟单位的大力支持下，经全体工作人员的精心策划和准备，系统内广大书法、绘画、摄影爱好者踊跃投稿，今天，由Ａ集团公司主办、Ｂ机场承办的"Ａ公司职工书法、绘画、摄影获奖作品展"，在Ｂ机场隆重开幕了。

为弘扬中华文化和Ａ集团公司企业文化，打造企业品牌，本届展览以"庆祝中国共产党成立××周年"为主题，旨在丰富和活跃职工文化生活，突出展示Ａ集团公司系统员工的精神面貌。本次展览共收到书法、绘画、摄影作品××件。每件作品都饱含着广大干部员工对中华文化的眷恋之情和对Ａ集团公司的深情厚意，具有较高的艺术性和思想性。

下面，非常荣幸地由我向大家介绍出席今天书法、绘画、摄影作品展开幕式的各位领导和嘉宾。

参加今天开幕式的××市各位领导和嘉宾有：

××市工会主席××；

××省书法家协会副主席、××市书法家协会主席××；

××市书法家协会副主席××；

××市摄影家协会副主席××；

××市某公司工会主席××。

参加今天开幕式的上级领导和参赛单位的各位领导有：

Ａ集团公司党组成员、纪检组长、工会主席××；

Ａ集团公司工会副主席××；

（兄弟市）××有限责任公司纪委书记、工会主席××；

某有限公司纪委书记、工会主席××；

Ｂ机场工会主席××；

（兄弟市）××有限公司纪委书记、工会主席××；

（兄弟市）××有限公司××；

（兄弟市）××有限公司纪委书记、工会主席××；

（兄弟市）××有限公司纪委书记、工会主席××；

Ａ集团公司某分场工会主席××；

（合作单位）××公司；

……

参加今天开幕式的B机场领导有：

总经理××，党委书记××，副总经理××、××，纪委书记、工会主席××，副总工程师××。

参加今天开幕式的还有各单位获奖选手及A集团公司部分干部员工。

下面让我们以热烈的掌声向出席今天开展仪式的各位领导、各位嘉宾、各位获奖选手表示热烈欢迎和由衷祝贺！

……

下面，请B机场党委书记××致辞，大家欢迎！

……

请A集团公司工会副主席××宣布A集团公司庆祝中国共产党成立××周年职工书法、绘画、摄影作品展获奖作品及人员名单，大家欢迎！

……

接下来为获奖人员颁奖。首先请获得本届展会优秀奖人员上台领奖，请各位领导为获奖人员颁奖。

……

请获得本届展会三等奖人员上台领奖，请各位领导为获奖人员颁奖。

……

请获得本届展会二等奖人员上台领奖，请××市工会主席××、A集团公司工会主席××、A集团公司工会副主席××、B机场负责人××、B机场党委书记××为获奖人员颁奖。

……

请获得本届展会一等奖人员上台领奖，请××市工会主席××、A集团公司工会主席××、B机场党委书记××为获奖人员颁奖。

……

下面，请A集团公司党组成员、纪检组长、工会主席××讲话！大家欢迎！

……

请××市工会主席××讲话，大家欢迎！

……

下面，请××市工会主席××、A集团公司工会主席××、A集团公司工会副主席××、B机场负责人××为展会剪彩。大家欢迎！

……

最后，请各位领导、各位嘉宾参观展览。

案例二：××市××机场集团职工巡回演讲

活动流程

1. 开场白
2. 介绍与会领导及成员
3. 领导讲话

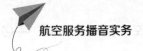

4. 各位选手进行演讲
5. 结束语

××市××机场集团职工"践行中国梦,奉献劳动美"先进事迹巡回演讲主持词

尊敬的各位领导、亲爱的朋友们:

大家上午好!

岁月流转,总有一个一个的故事感动我们心灵;情怀依旧,总有一股一股的力量激励我们前行。弘扬劳模精神,学习劳模事迹,争当劳模标兵,这是时代赋予我们的一种无比荣光的追求!

在这个初冬季节,让我们怀着一种期盼、一份敬仰走近劳模标兵,追寻他们不同寻常的人生轨迹。在这个寒冷的季节,让我们揣着一种热忱、一份激情向他们致敬,学习他们敬业爱岗的奉献精神。

亲爱的朋友们,让我们满怀期待一起走进××市××机场集团职工"践行中国梦,奉献劳动美"先进事迹巡讲中,用敬意分享感动。

为深入贯彻十八大精神,充分发挥工人阶级主力军作用,××市××机场集团公司工会今天在这里举办"践行中国梦,奉献劳动美"主题教育巡讲活动。

此次巡讲团的团长是××市××机场集团公司工会主席××。

副团长是××市××机场集团公司工会副主席××。

巡讲团成员有:

(略)

让我们以热烈的掌声对他们的到来表示欢迎!

首先,请巡讲团副团长××讲话,大家掌声欢迎!

……

好,感谢××主席的热情洋溢的讲话。

……

下面有请××建设公司××为我们带来演讲——《××》。

……

有请××有限公司××,他演讲的题目是《××》。

……

有请××分公司××为我们带来演讲,他演讲的题目是《××》。

……

亲爱的朋友们,感谢××市××机场集团公司总工会组织这样精彩的巡讲活动;感谢各位演讲人员给我们带来的精彩演讲。让一个个先进事迹成为我们前行的动力,使我们共同践行中国梦,奉献劳动美。

谢谢大家!

 拓展案例

竞赛型集体活动类

案例一:××机场集团公司专业技能竞赛开幕式

活动流程

1. 开场白
2. 本公司领导致开幕词
3. 选手代表发言
4. 裁判员代表发言
5. 上一级公司领导讲话
6. 结束语

××机场集团公司专业技能竞赛
开幕式主持词

尊敬的各位领导，亲爱的同志们，各位裁判员及参赛选手：

大家上午好！

由××机场集团公司主办的××专业职工技能竞赛今天在××隆重开幕了。此次活动得到了集团公司的亲切关怀和正确领导，并得到各参赛单位的高度重视和积极参与。本次技能竞赛的参赛选手都通过了理论考试和实际操作考核的层层选拔，裁判员都是来自各个岗位的技术精英，经过工作人员精心筹备，希望各位选手能够赛出水平、赛出品格，展示我公司职工应有的风采和风貌。

参加今天开幕式的领导有：

集团公司党组成员、纪检组长、工会主席××；

集团公司工会副主席××；

人力资源部副主任××；

技术部副主任××等。

让我们用掌声对各位领导的光临表示热烈的欢迎！

参加今天开幕式的还有本次竞赛七家参赛单位的参赛选手和兄弟单位的部分员工代表。在此，让我们用热烈的掌声预祝各参赛单位和参赛选手取得优异的成绩。

下面进行开幕式第一项议程。请工会副主席××致开幕词。

大家欢迎！

……

进行开幕式第二项。请参赛选手代表××发言。

……

进行开幕式第三项。请裁判员代表××发言。

进行开幕式第四项。请集团公司党组成员、纪检组长、工会主席××讲话，大家欢迎！

……

同志们，"有知识才能成就未来，有技术才能更有力量"，希望参赛选手比出最佳的水平，赛出最佳的成绩，并把××主席的讲话精神落实到竞赛活动中，落实到工作岗位上，充分发挥技能人才的典型示范和引领作用，提升核心竞争能力，为集团公司的科学、健康、持续发展和振兴做出更新更大的贡献。

案例二：××机场集团公司主题演讲比赛决赛

活动流程

1. 开场白

2. 介绍评委
3. 宣读比赛规则
4. 进行比赛
5. 颁奖
6. 结束语

"青春、责任、成长"主题演讲比赛
决赛主持词

女：岁月恍如昨日，歌声如潮，潮起潮落，逝去无悔青春。

男：光阴似水流年，心语随风，风起云涌，吹走如意年华。

女：尊敬的各位领导、各位评委。

男：各位团青朋友们。

合：大家下午好！

女：青春是一道靓丽的风景，是一串跳动的音符，是一幅精妙的画卷。

男：青春是一个永恒的话题，是一首悦耳的旋律，是一部壮美的诗篇。

女：今天，我们共同追忆青春，放飞梦想，

男：明天，我们一起感悟成长，收获希望。

女：我宣布，××机场集团公司"青春、责任、成长"主题演讲比赛决赛——

合：现在开始！

男：经过预赛的激烈争夺，有10名选手入围今天的决赛，究竟他们的表现如何呢？让我们拭目以待。

女：接下来，要隆重介绍今天比赛的评委，他们是公司总经理××、党委书记××、纪委书记（工会主席）××、副总经理××、副总经理××。

男：政治工作部主任兼团委书记××、办公室主任××、人力资源部主任××、工会办公室主任××、××分场党支部书记兼分工会主席××。

女：让我们以热烈的掌声，欢迎各位领导及各位评委的到来！

男：今天的比赛，各位参赛选手要围绕"我与岗位对话"这一主题，进行5~8分钟的演讲。评分标准和预赛相同，去掉一个最高分、去掉一个最低分，其他评委所给分数的平均值，就是每名选手的最终得分。

女：是的。今天的比赛，我们将评出一等奖1名，二等奖3名，三等奖6名。现在，比赛马上就要开始了，希望参赛选手都能超常发挥，赛出风格，赛出好成绩。

男：首先将要上台演讲的是1号选手，来自××分场的××，他演讲的题目是《××》。

女：有请！

……

男：××的演讲极富感染力，奏响了今天比赛的主旋律。青春是用来怀念的，面对梦想和成功，我们已然在路上。接下来将要上台的是2号选手，来自××分场的××，他演讲的题目是《××》，有请。

……

女：感谢××的精彩演讲，他说出了我们每一个（××分公司）人的心声。去掉一个最高分，去掉一个最低分，1号选手的最后得分为××分。下面，请3号选手上台演讲，3

号选手××，来自财务部，她演讲的题目是《××》，有请。

……

男：青春的誓言是面对困境的自信与豪迈，更是对理想信念的执着与坚守，这就是最好的自己，谢谢××。去掉一个最高分，去掉一个最低分，2号选手××的最后得分为××分。4号选手××因特殊原因退出了今天的比赛，所以，接下来将要上台演讲的是5号选手，来自××分场的××，她演讲的题目是《××》。

……

女：可以平凡，不能平庸，不论我们从事何种工作，只要你热爱它，都能创造出不平凡的业绩，感谢××的深情演讲。去掉一个最高分，去掉一个最低分，3号选手××的最后得分为××分。下面，有请6号选手××上台演讲，让我们一同分享××和他工作伙伴的故事。

……

男：是责任赋予青春艳丽的色彩，是责任给青春插上了建功立业的翅膀，感谢××的深情演讲。去掉一个最高分，去掉一个最低分，5号选手××的最后得分为××分。下面将要上台演讲的是7号选手，来自人力资源部的××，她演讲的题目是《××》，有请。

……

女：感谢××的精彩演讲。去掉一个最高分，去掉一个最低分，6号选手××的最后得分为××分。青春不仅仅是明媚的花季和迷蒙的雨季，青春更是勤奋的探索和不倦的追求，是执着的信念和勇敢的拼搏。接下来，将要上台的是8号选手，来自办公室的××，她演讲的题目是《××》，有请。

……

男：工作不是尽力而为，而是全力以赴，这不仅是一种态度，更是一种品质，感谢××的演讲。去掉一个最高分，去掉一个最低分，7号选手××的最后得分为××分。下面，有请同样是来自办公室的9号选手××，他演讲的题目是《××》，有请。

……

女：我们不去想未来是否能够成功，既然选择了，便只顾风雨兼程，谢谢××声情并茂的演讲。去掉一个最高分，去掉一个最低分，8号选手××的最后得分为××分。接下来将要上场的是今天的最后一位参赛选手，来自××分场的××，他演讲的题目是《××》，有请。

……

男：去掉一个最高分，去掉一个最低分，9号选手××的最后得分为××分，祝贺××。好的，各位领导、各位观众，现在参赛选手的演讲全部结束了，工作人员正在核算10号选手的得分情况，10号选手的成绩出来后，我们今天比赛的最终排名也将揭晓。

女：经过了预赛、决赛，不管是参赛选手，还是在场的观众，相信大家对"青春、责任、成长"这一主题都会有更深的理解和感悟。

男：的确是这样，对于参赛选手来说，不管名次如何，只要敢于站到这个讲台上，我觉得就是一种历练和成长。作为××机场集团公司的青年员工，应倍加珍惜今天的一切，切实发挥好生力军的作用，用乐观积极的心态和踏实上进的工作作风，立足本职岗位，为

公司发展建功立业。

女：说的没错。各位观众，10号选手的最终成绩已经出来了，去掉一个最高分，去掉一个最低分，10号选手××的最后得分是××分。现在所有参赛选手的最终排名也已经在我们的手上了，究竟谁是今天的冠军呢？让我们马上揭晓。

男：我宣布，荣获××机场集团公司"青春、责任、成长"主题演讲比赛三等奖的是……

女：荣获二等奖的是……

男：荣获一等奖的是……

让我们以热烈的掌声恭喜所有的获奖选手！

女：下面，有请公司党委书记××为所有获奖选手填写获奖证书，有请工作人员。请大家耐心等待，稍后我们将当场进行颁奖。

……

男：接下来进行颁奖环节。首先有请公司纪委书记、工会主席××，为获得三等奖的选手颁奖。

女：有请公司总经理××，为获得二等奖的选手颁奖。

男：有请公司党委书记××，为获得本次演讲比赛一等奖的选手颁发证书和奖金，有请××书记。

……

女：尊敬的各位领导、各位评委、团青朋友们，××机场集团公司"青春、责任、成长"主题演讲比赛即将圆满落下帷幕，感谢各位领导、各位评委以及工作人员的辛勤工作，同时也感谢广大团青员工的参与和支持。

男：祝大家身体健康，工作顺利，万事如意！朋友们，再见！

女：再见！

2. 非正式活动策划

非正式活动策划是指策划没有特定环境、非正式场合的集体活动。语言在规范性的基础上具有一定随意性、口语化的特点，可以融合新鲜词汇，转化为有声表达时可以在原有文本基础上进行二次创作，或无文本即兴表达。

这一类作品的串联词设计形式非常灵活，可以幽默诙谐，可以引经据典，具有承上启下的作用，巧妙地融合了上一个流程的事件，又引出了即将发生的事件。

拓展案例

××机场集团公司趣味运动会

活动流程

（开幕式）

1. 开场白及入场式
2. 领导致开幕词
3. 运动员及裁判员宣誓

4. 结束语

（闭幕式）

5. 颁奖

6. 结束语

迎全运暨庆祝××机场集团公司成立××周年
趣味运动会
（开幕式）主持词

尊敬的各位领导、员工，各位运动员和裁判员：

大家上午好！

缕缕春风，吹绿了大地，一切充满勃勃生机，在这春色满园的美好季节里，我们迎来了××机场集团公司××周岁生日。今天我们欢聚一堂，举办迎全运暨庆祝公司成立××周年趣味运动会。希望各参赛运动员发扬"友谊第一，比赛第二"的体育精神，将本届趣味运动会召开成团结、热烈、和谐的盛会。

请裁判员、运动员及工作人员各就各位、准备就绪，入场式即将开始。

进行运动会第一项——入场式。

……

接下来，请公司党委书记××致开幕词。

……

进行运动会第三项，请运动员代表宣誓。

……

请裁判员代表宣誓。

……

下面，我宣布"××机场集团公司迎全运暨庆祝公司成立××周年趣味运动会"现在开幕，比赛正式开始。

……

（闭幕式）主持词

尊敬的各位领导、同志们，各位运动员和裁判员：

请各代表队在场内列队，现在进行闭幕式。

让我们以热烈的掌声有请公司副总经理××宣布团体比赛成绩。

……

有请公司副总经理××宣布"优秀组织奖"和"道德风尚奖"评选结果。

……

现在开始颁奖仪式。

首先，请获得团体前三名的单位上台领奖。

……

请获得"优秀组织奖"和"道德风尚奖"的单位上台领奖。

……

各位领导、同志们，各位运动员和裁判员，××机场集团公司迎全运暨庆祝公司成立××周年趣味运动会，经过全体裁判员、运动员、工作人员的共同努力，在公司广大干部员工的积极广泛参与下,取得了圆满成功。此次活动不仅为大家提供共同比赛、相互交流、增进友谊、团结协作的机会,更是为了展示我们××集团公司的企业精神。这样的比赛,不仅可以锻炼我们的身体,增强我们的体质,更重要的是可以磨炼我们的意志,激发我们的团结协作精神,增强荣誉感和责任感。公司将以此次趣味运动会为契机,继续发扬"锐意进取,顽强拼搏"的精神,努力完成年度各项目标任务,体现我们应有的价值。

现在,我宣布,××机场集团公司迎全运暨庆祝公司成立××周年趣味运动会胜利闭幕。

案例一:××学校联欢会

案例二:"相约你我 缘定七夕"活动方案及主持词

三、活动场景制作

活动文本最终都要通过有声表达的方式执行,有时候还需要主持人与参与活动的人员共同配合、互动。为了达到活动策划最佳效果,需要结合灯光、音响、投影等道具。

一场活动要达到让人耳目一新的效果,不仅要主题明确、文字流畅,更要做到立意新颖、形式多样。适当运用新兴科学技术、新媒介等手段为主持活动服务,在活动中添加音频、VCR、微电影、网络点播等元素,能够使策划形式有新颖展现。

拓展案例

活动场景制作

案例一:××机场集团××年度先进表彰会

"践行中国梦想,礼赞空港榜样"
××机场集团××年度先进表彰会主持词

开场:VCR《××》(20分钟)

开场词:

男:践行中国梦想。

女:礼赞空港榜样。

男:尊敬的各位领导。

女:亲爱的各位同事。

男:××机场管理集团有限公司××年度先进表彰会——

合:现在开始!

男:大家好!我是集团××工作部的××。

女:大家好!我是××工作部的××。

男:国家主席习近平在2015年新年讲话中,16次提到了一个词语——人民。习近平指出,没有人民支持,这些工作是难以做好的,我要为我们伟大的人民点赞。

女：刚刚看过开场的视频，相信每一位同事的心情都不能平静，当××年的日历合上时，集团公司的全体员工共同收获了一个词语——价值，为××年画上了一个圆满的句号。

男：今天集团公司召开这次表彰会，就是要为××机场的先进员工点赞，因为他们是空港的英雄、发展的先锋！

首先颁发的是双十佳，有请10个先进集体、10位先进个人上台。

颁发奖项：双十佳

双十佳先进集体10个、标兵10位。

双十佳先进个人10名。

董事长致辞：

略

第一篇章　舞动中国（15分钟）

女：如果寻找2013年中国最温暖的一个词语，一定是"中国梦"。

男：是啊，实现中国梦必须走中国道路，必须弘扬中国精神，必须凝聚中国力量！

女：接下来请大家欣赏"中国美""民族风"系列歌舞，具体节目内容和演出单位请看舞台两侧的屏幕。

1. 组舞：《中国美、民族风》

《中国美》（各分公司联合）

《中国味道》（××部）

《最美中华情》（退休老干部）

2. 歌伴舞：《鸿雁》（××部）

3. 朝鲜舞：《丰收》（××机场）

4. 歌伴舞：《美丽中国》（××部门）

颁发奖项：××杯优胜单位、服务明星

第二篇章　××礼赞（30分钟）

男：2013年，××机场集团喜事连连。××机场继完美转场之后顺利运行××周年，××新航站楼投入使用，××机场旅客吞吐量突破××万人次。

女：以下一组节目都是集团一线岗位员工自编自演的，充分展现了集团公司的工作重心——安全、正常、服务。请欣赏。

1. 小品：《反恐演练》（××机场）

2. 组舞：《魅力空港》（LED："美丽空港"）

3. 武术表演：《精忠报国》（××机场）

4. 音乐情景剧：《虚惊一场》（××公司）

颁发奖项：优秀班组、专业技能大赛获奖个人

第三篇章　青春旋律（20分钟）

男：青春是一种心境，心纳万物，就老不了。

女：青春是一种体验，身向前方，就落不下。

男：青春是流动的旋律，高歌轻抚，都留真音。

女：青春是累加的数字，没有归零，只有倍增。

男：接下来让我们一起感受集团的青春旋律！

1. 街舞：Bad boy、《青春修炼手册》
2. 歌曲串烧：《只要有你一起唱》《最美的太阳》《等待》《春暖花开》
3. 舞蹈：《再青春》（各单位演员快闪互动）

颁发奖项：党建工作先进单位

党风廉政建设先进单位、社会综合治理先进单位

第四篇章　同心筑梦（10分钟）

1. 诗朗诵：《同心筑梦》
2. 合唱：《共筑中国梦》《空港恋歌》

《放飞爱的诺言》（全体演员）

结束语：

女：因为梦想，我们一直不彷徨。

男：因为责任，我们一直在路上！

女：感怀时光，让我们共同成长。

男：感动付出，让集团创造辉煌。

女：各位领导，各位同事，先进表彰会到此结束，谢谢大家。

男：请各位领导、全体演员上台合影留念。

案例二：××首航仪式

××首航仪式开场白

开篇播放 VCR。播放到集体合影时，主持人上场。VCR 结束后，主持人开场讲话。

绿叶传递友情，玫瑰见证合作！VCR 中小朋友的愿望已经实现了，从今天起，"玫瑰之城"与"绿叶之都"紧紧相拥，美丽在两地同步绽放！我宣布——××—××首航仪式正式开始。

首先，请允许我介绍参加首航仪式的领导、嘉宾，他们是……（名单略），以及省市各相关部门和驻场单位、新闻界的各位朋友。让我们以热烈的掌声对各位领导、嘉宾的莅临表示欢迎！

四、主持应对

1. 常态

正确的主持状态应该具有情感饱满、精神集中等特点，有声语言创作者对传播内容要有充分的理解和感受，并据此调动自己的内在情感和强烈的播讲愿望。

文本稿件应该在头脑中与思维结合起来，形成活的文字，变成生动的语言。这个状态应该从播讲初始持续到结束，是始终运动着的。

表现为：沉着自信，积极能动，逻辑清晰，声情并茂。

2. 即兴

有声语言创作者在播讲过程中，应该具有即兴创作和随机应变的能力。即兴创作和随机应变是在节目范围内系统地组织语言，积极调动学识积累和语言技巧，做到出口成章、恰到好处。一场好的活动离不开好的策划，更需要主持人具备扭转形势、化险为夷的能力。

 **拓展案例**

联谊活动

男主持人：在我们活动现场，××号男嘉宾想要展示自己的才艺，他为我们带来一首独唱歌曲《××》，请大家掌声欢迎。

（话音落后，音响出现故障，伴奏音乐不能正常播放，工作人员需要时间调试）

女主持人：现在我们的音响师在调试设备，美丽的事物总是值得等待的。让我们在等待的时间里互动起来，我来采访一下现场的男女嘉宾，看看大家都有一种怎样的恋爱观和对爱情的期望。

（采访几个嘉宾以后，音响设备调试成功，可以进行演唱）

女主持人：好的，我们现场采访就进行到这里，让我们把目光重新聚焦在舞台上，欣赏××号男嘉宾为大家带来的歌曲。

一个有经验的主持人能够灵活应对活动现场出现的突发意外，以上案例中的女主持人就用自己的机智，利用采访现场嘉宾的采访活动，为幕后的音响工作人员争取了维修故障的时间，不露声色地成功化解演出危机。因此，一名优秀的活动现场主持人应该眼观六路、耳听八方，在平时的训练中，可以多设计一些活动中可能出现的意外障碍，多积累应对方法，以应对不同的突发事件。

 思考题

1．航空特定场景主持人的主要角色特征是什么？
2．在活动现场，主持人如何调节好心理状态？
3．在主持航空特定场景主题活动时，如何体现较强的思想政治素质和职业素养？
4．服饰、妆容等体态语在旅客对航空服务的第一印象形成过程中的作用是什么？
5．结合"生日活动"特定场景主持，谈一谈体态语的运用原则。

 实训题

1．2022年，中国共产主义青年团成立100周年，为继承和弘扬五四精神，进一步引导、激励团员青年听党话、跟党走，汇聚青春正能量，某航空公司航班要开展一场五四青年节主题航班活动。

请设计活动流程，撰写主持词，并进行实践演练。要求：

（1）请假定举办活动的航空公司和航班航线，活动主题要突出企业文化，贴合航班航线。

（2）活动各环节的内容要丰富，突出创意性、参与性，时间节奏安排合理。

（3）根据活动流程撰写主持词、串联词，并设计主持活动过程中可能出现的问题，给出应急解决方案。

（4）合理安排人员分工，准备道具。

2．特定场景模拟训练，掌握体态语的运用规范。

要求：5人为一个小组，以"快乐六一"客舱活动为主题，将活动内容与妆容、服饰、动作相结合，讨论设计方案，包括活动时间、活动地点、活动流程等，并进行活动模拟。

活动设计参考

模拟活动结束后，从妆容、服饰与主题活动契合度、动作设计与主题内容的适用性两个方面进行活动总结。

 荐读

1．周云．主持人即兴口语表达[M]．北京：中国传媒大学出版社，2016．

2．康国剑．主持人实用手册[M]．汕头：汕头大学出版社，2014．

3．殷亚敏．练好口才的第一本书[M]．北京：民主与建设出版社，2015．

4．李鹏．主持人形体与体态语实训教程[M]．北京：中国传媒大学出版社，2021．

5．洪涛，杨静．空乘人员仪态与服务礼仪训练[M]．2版．北京：旅游教育出版社，2014．

6．李勤．空乘人员职业形象设计与化妆[M]．北京：清华大学出版社，2017．

第六章 航空跨文化播音及沟通

【学习目标】

知识目标：了解航空跨文化沟通的内涵及意义；了解跨文化航空播音与表达的特点；了解影响航空服务中跨文化沟通的因素及原则。

能力目标：具备航空服务中跨文化播音与表达的一般专业能力；能够灵活运用跨文化表达中的非语言符号表达。

素质目标：具有多元文化环境的航空服务意识，并具备在多元文化环境下履行航空服务工作职责的能力。

思政目标：加强对中国传统文化的了解，提升中华文化的国际传播影响力和感召力；培养高度的职业责任感和忠诚度、涵容与开放的职业态度及良好的情绪稳定性。

【导引案例】

某航班餐饮服务阶段，乘务员为一位活动不便的犹太旅客准备好了他的犹太餐，但送餐时误以为是穆斯林餐，未经旅客同意便"细心"地为旅客打开了外包装，引起了旅客的强烈不满，意欲投诉乘务员。

案例分析

航空服务中常常因一些意思表达或理解不够到位和准确而影响有效的沟通。中国有句俗语：入乡随俗。犹太餐服务要求餐食应在完好无损的盒中保存，整套地提供给旅客，供其打开检查。打开后，应由旅客本人将餐食交给乘务员加热，餐食由锡纸封严，加热后送给旅客时必须确保餐食封严。不同民族和地域风俗习惯繁多，在航空旅客运输的过程中，航空工作人员在工作中应尽可能广泛地了解不同地域的经济、文化、风俗习惯等，尊重不同民族和地域的文化习俗和宗教礼仪，展示良好的乘务员职业素养。

第一节　跨文化的相关概念和航空跨文化播音的特点

航空服务是"讲好中国故事、传播好中国声音"中"讲"和"传"的重要媒介。航空工作人员承担了传播本民族文化、促进文化融通的责任，其跨文化服务能力是民航国际化服务的重要保障。航空跨文化交流是建设新时代国际化民航航空服务人才队伍的需要，也是深入开展人文交流活动的需要，是提高国外公众认知中国形象的有效途径正确认识文化的多元性及差异性，将有助于促进服务的有效进行。航空服务人员跨文化服务能力是民航国际化服务的重要保障，其承担了传播本民族文化，促进各国、各民族间文化融通的责任。在多元文化背景下的航空服务中，语言及其所承载的文化内涵的多样性和复杂性成为有效交流的重点。因而培养航空服务人员跨文化沟通能力、跨文化适应能力和跨文化行动能力是提升航空服务质量的关键环节。强调跨文化知识、行业知识与语言表达能力相结合，从而达到培养学生跨文化沟通能力、跨文化适应能力和跨文化行动能力的目的。

知识拓展

中国航空服务的特点

中国航空服务是一个相对特殊的行业，作为一个高端服务业，其具有特有的高技术需求，自身有着鲜明的特点。

一是专业化水平高。中国航空服务是集中体现高端科学技术的行业，从业人员必须具备操作各类专业设施的技能。

二是国际化程度高。国际化和跨地域经营是中国航空服务业固有的特点，因此，对不同国家和地区的文化、习俗等知识的理解，是对从业人员，尤其是服务人员的基本要求。

三是服务标准要求高。中国航空服务从业人员需要具有很强的服务意识、服务技巧和专业水准。

四是安全性要求高。规范化、标准化是中国航空服务的灵魂，需要很高的安全要求和管理水平。

思政拓展

讲好中国故事，传播好中国声音

2021年5月31日下午，中共中央政治局就加强我国国际传播能力建设进行第三十次集体学习。中共中央总书记习近平在主持学习时强调，讲好中国故事，传播好中国声音，展示真实、立体、全面的中国，是加强我国国际传播能力建设的重要任务。要深刻认识新形势下加强和改进国际传播工作的重要性和必要性，下大气力加强国际传播能力建设，形成同我国综合国力和国际地位相匹配的国际话语权，为我国改革发展稳定营造有利外部舆论环境，为推动构建人类命运共同体做出积极贡献。

一、跨文化的相关概念

人类传统观念认为，文化是一种社会现象，它是由人类长期创造形成的产物，同时又是一种历史现象，是人类社会与历史的积淀物。确切地说，文化是凝结在物质之中又游离于物质之外的，能够被传承和传播的国家或民族的思维方式、价值观念、生活方式、行为规范、艺术文化、科学技术等，它是人类相互之间进行交流的、普遍认可的一种能够传承的意识形态，是对客观世界感性上的知识与经验的升华。文化具有鲜明的独特个性，不同文化之间存在着各种各样的差异，这些差异不仅表现在物质成果上，也反映在人们的社会规范、组织构成、风俗习惯、价值观念、思维方式等方面。

语言是文化的符号，是文化的反映和记录，不同语言折射出不同的文化特性，传递着不同的文化信息。由于语音、语法、词汇、习语和语言习惯的不同，民航服务双方常常因一些意思表达或理解不够到位和准确而影响充分有效的沟通。

从学理上讲，跨文化是指在交往中，参与者不只依赖自己的代码、习惯、观念和行为方式，而是同时也经历和了解对方的代码、习惯、观念和行为方式的所有关系。

从文化学理论看，所谓"跨文化"，即跨越不同国家、不同民族界线的文化，即具有两种及其以上不同文化背景的群体之间的交互作用。文化认同，是指人类群体或个体对于某一特定文化的归属和接纳，它带有文化价值的特定指向性。

所以说，"跨文化"是指通过越过体系界限来经历文化归属性的所有的人与人之间的互动关系。

从广义角度来看，跨文化沟通是指跨文化组织内有不同文化背景的沟通双方，在情感、信息和知识方面的信息传递、相互理解及交流的过程。跨文化沟通同样也是不同文化背景下，人类之间存在的沟通行为。

跨文化沟通一般发生在国家之间，以及同一国家不同语言环境、文化、种族、地域等差异下出现的沟通。跨文化沟通也存在于不同文化群体间。对跨文化沟通的理解和判断，可以以信息发出者和信息接收者是否为同一种文化下的成员作为依据和标准。而对文化差异性的观察，可以从交流与语言、衣着与打扮、自我意识与空间、食品与饮食习惯、工作习惯与实践、时间与时间意识、各种人际关系、信仰与态度、价值观与规范、思维过程与学习等方面是否存在差异角度来判断。

二、航空跨文化播音的特点

航空跨文化播音是指在航空服务过程中所产生的跨语言和跨文化播音与表达，通常是指航空工作人员在地面或客舱中对外国旅客或者非汉族旅客的信息播报或言语交际。航空工作人员面对不同语言和不同文化的服务对象，应准确和熟练运用相关专业知识，通过不断了解不同航线语言、文化的差异，丰富自身语言文化底蕴，以更好地进行跨文化播音与沟通。

跨文化是指越过体系界限来经历文化归属性的所有的人与人之间的互动关系。跨文化航空播音具有以下特点。

1. 语境明确，表达话题相对单一

航空跨文化播音发生的语境是在航空旅客运输的过程中，基于不同航空服务环节和功能的明确性和单一性，地面和客舱内所有信息播报及言语交际所涉及的基本内容，一般情况下是可以提前预知和充分准备的，而基础设施、宣传图片、指引符号等可以作为非言语表达的途径。

2. 存在文化差异，媒介语灵活调整

文化背景和语言表达的差异不仅指不同国家和民族之间的差异，还包括同一国家、民族的主流文化与亚文化之间的差异，如中法、中俄文化的差异，我国国内不同地区与民族之间文化的差异，等等。在航空旅客运输的过程中，常常会遇到多个国家、不同民族的旅客，因此播音的对象常因文化差异而有着多样性的特点。航空工作人员要想与不同语言背景和文化背景的旅客进行有效的信息传递和沟通，就要广泛了解文化和语言的差异性，熟练而准确地切换不同语言、沟通方式，及时、有效地为旅客提供高质量服务。

面对非汉语语言旅客，航空服务人员往往无法以汉语作为媒介语进行沟通，而凭借身体语言的交流是不充分的。英语是世界上使用最广泛的语言，是航空服务人员对外交流中使用最广泛的语言，也是航空客舱乘务员在服务过程中使用的最主要的媒介语。例如，客舱乘务员在客舱内与法国旅客进行沟通时，如果乘务员不会讲法语，而法国旅客不会讲汉语，一般使用英语作为媒介语进行口语表达。我国航空信息播报和服务用语一般使用汉语、英语、地方语言。随着国际化交流的日益增多，对航空服务人员的英语语言能力要求也越来越高。此外，对于一些专门的航线，如中国与西班牙的国际航班，客舱乘务员在工作中最好可以灵活使用英语、西班牙语。

国内飞少数民族地区的航班上，一般以汉语作为媒介语。客舱乘务员在工作中可灵活使用地方语言，以便与旅客更好地沟通交流，但通用媒介语仍然是汉语，因为客舱播音员和乘务员进行表达时，不仅是为了提供及时全面的服务，也是为了更好地宣传和普及普通话，同时还是客舱服务员职业形象的良好体现。因此，方言和少数民族地区语言只能是辅助性媒介语。

在航空旅客运输的过程中，跨文化播报和沟通首先需要明确使用何种媒介语，并需要了解和掌握媒介语的形式及语言中包含的文化内涵。例如，表达赞美时，东方人一般含蓄委婉，西方人一般直接热烈，二者的差异取决于所使用的语言形式，是由语言形式中蕴含的文化内容所决定的，这种差异可能使跨文化播报和口语表达的效果受到影响甚至产生误解。因此，必须强调，旅客语言的多样性会在更大程度上反映文化的差异性。

在航空客舱服务过程中，媒介语的使用可以分为以下三大类。

（1）使用对方母语进行交流。例如，中国客舱乘务员与美国旅客交流时，使用英语或汉语进行交流。跨文化表达中，一方可以准确而顺利地使用对方母语，同母语表达者进行沟通交流，表明其对对方母语的熟练程度较高，一般能够有效化解沟通障碍。航空客舱优质服务往往要求乘务员熟练掌握外国旅客的母语及相关文化，并使用相应的沟通策略，如简单而不会产生异议的词语和句型、适当的身体语言、放慢语速等，提高沟通与表达的准确性。

（2）双方均使用非母语进行交流。例如，中国客舱乘务员与法国旅客交流时，如果乘务员不会讲法语，法国旅客不会讲汉语，而双方都会讲英语，那么双方可以用英语进行交

流与表达，但可能由于对跨文化的掌握程度有差异、口音和用语习惯等不同，双方往往会利用宣传图片、指引符号、身体语言等作为非语言表达辅助沟通。

（3）双方通过第三方翻译进行交流。例如，中国客舱乘务员与法国旅客交流时，如果乘务员不会讲法语，法国旅客不会讲汉语，双方可使用英语及指引符号、身体语言等进行简单沟通；对于复杂的沟通内容，可以在有条件的情况下，借助第三方翻译来完成。第三方翻译要同时能够听、说双方的语言，并愿意协助翻译。

第三方翻译的介入往往使交流更为复杂。因为交流的双方不能直接完成信息沟通，所以双方会聚焦于翻译。因此，第三方翻译是交流双方的纽带。有些问题翻译可以直接代替航空服务人员进行答复，而有些问题，特别是涉及安全方面的专业性和规范性要求较高的问题，翻译不可以草率回答，否则会导致信息传递上的偏差，这类偏差轻则会影响民航服务质量，重则将直接影响民航安全。此外，由于航空旅客运输过程中旅客的流动性非常大，选择第三方翻译介入交流时，航空服务人员应采取多种交流方式不断进行信息确认，以确保通过第三方翻译交流的信息准确有效。

第三方翻译的人选最好是与航空工作人员为同一母语的援助者。例如，中国的航空服务人员与法国旅客需要第三方翻译协助沟通时，一般会说法语的中国人优于会说中文的法国人，因为航空服务人员与第三方翻译使用同一母语，将更有利于把握服务中信息传递的节奏、跨度、准确性。

第二节　航空跨文化沟通的特点和原则

一、航空跨文化沟通的特点

沟通是一个较为完整的双向过程，沟通双方中信息发送者必须将其拟表达的思想、信息、情感等按照语言的方式发送到接收者处，接收者接收到思想、信息、情感等之后会以问题的形式向信息发出者反馈意见。当反馈意见到达信息发出者时，较为完整的双向沟通过程即可达成。

航空服务中跨文化沟通是在航空服务过程中产生的，一般发生在航空服务人员在地面或客舱中对外国旅客或者非汉族旅客服务过程中，以沟通过程本身为基础，需要在不同的文化背景下进行双向沟通。因此，航空跨文化沟通因为沟通障碍的存在而表现出复杂性，文化的差异性是使跨文化沟通存在差异的主要因素，可能导致思维方式、价值观、表达方式的差异。

　微课　　　　　　　　航空跨文化沟通的特点　　　　　　　　

1. 思维方式和价值观的差异大于理解差异

人们长期生活在相对固定的区域内，并长期受到本土文化的影响和教化，容易形成一种固有的行为模式和价值体系，无外界干扰时会形成无意识的集体惯性规律，此规律往往隐藏在人们的意识中，并产生潜移默化的影响，习惯和传统文化的沉淀同样也是固化的形式,一般很难被改变。

航空服务过程中,航空服务人员与乘客如果是在跨文化的交流背景下,即不同文化背景、不同宗教、不同风俗习惯下,他们在思维方式、价值观和表达方式等方面有极大的差异性,由价值观和思维的差异性所造成的理解偏差很容易引发跨文化沟通中出现意思表达、理解等方面的偏差。比如东方人对责任、协作、团结的关注度较大,而西方人则更重视个人价值观的塑造和表现,相对于团结合作,他们更重视创新和竞争。不同的思维方式和价值观在同一事件的处理过程中,更容易导致沟通和交流出现障碍。

2. 双方容易受到成见制约

航空跨文化表达的双方在自身已有知识结构、工作和生活经验、宗教信仰、价值观、态度、观念等的影响下很容易就某些问题或观点形成先入为主的主观判断。此种主观判断一般主要隐藏在人的内心,在日常生活和工作中无明显的表现,但是在跨文化沟通时却很容易表现出来,因此极易造成跨文化交流中出现误解,甚至引发矛盾、冲突。

3. 双方之间缺少共鸣

航空跨文化沟通交流需要双方对某项问题有共同的思想认知或者双方通过某种方式使思想保持在相对统一的层面、维度进行沟通和交流。但是就跨文化沟通本身而言,其产生误区最主要的原因是沟通双方无法将思想、情感放在统一维度。在不同的文化作用下,即便沟通双方认识到对方的文化并有所了解,但是由于长期受到本国、本民族文化的影响,在理性思维下也很难直接构成角色的互换和沟通思维的转化。沟通者依然按照本国、本民族的风俗文化和人文习惯进行表达。

4. 沟通双方的文化对接难度大

在跨文化沟通中,文化对接难度比较大。文化对接作为沟通双方在某一个文化符号上所获得的一致性的意见,需要双方对此文化有一致的理解。跨文化沟通的背景是在两种或者两种以上文化间,因为受到传统习俗、生活方式、地理环境等影响,不同的文化体系下其特殊性和个性表现均不同,其所表示的符号体系、智慧体系、编码体系、组织体系、规范体系等所体现的结果同样也有较大的差别性。由于认同感差、对接能力差、共享性差,在跨文化沟通和交流的过程中就会出现各类障碍。

5. 沟通难度与文化距离大小成正比

航空跨文化沟通中,文化差距加大,文化之间的共性就会降低,文化个性就会增多,这就是跨文化交流沟通中出现沟通障碍的主要原因。同一文化群体间的文化距离较大时,跨文化沟通的难度相对较大;同一文化年龄的距离较大时,相应的跨文化沟通难度也会随之增加。同一文化条件下,共性增多会使个性差异降低,文化之间距离缩小,跨文化沟通难度也会随之缩小。比如中国与同属于儒家文化的新加坡之间的文化距离相对于中国与德国之间的文化距离更小。

6. 沟通成本高于一般沟通成本

在航空服务行业跨文化沟通和交流的过程中,主要以达成共识为目标,跨文化沟通需要克服不同文化带来的沟通障碍,克服的过程中可能会使用更多的时间、精力、脑力、方法及更为频繁的往返沟通,以防止引起冲突和矛盾。

7. 沟通引起双方文化变异

同一文化下沟通双方的沟通基础是对文化的认同性，而跨文化沟通需要将对本文化的某些特性、特征、方式等进行本质性的改变，以确保沟通双方在差异文化要求下形成相互的认同及共鸣。双方在跨文化交流的约束下，对文化共同点和交流共同点的寻找必然需要对自身思维及其维护进行一定程度的改变，这不仅是对自身文化的巩固，也是双方引入对方文化因子的一种表现，以实现自身文化在某种程度的变异。在群体层面来看，跨文化沟通对于沟通双方的任何一方而言，在导入对方文化因子之后都有可能形成第三方文化。比如中华传统文化在走向世界各国后，价值观、行为方式、思维方式、生活方式等方面会呈现国际化发展。

二、航空跨文化沟通的原则

航空跨文化沟通应遵循以下原则。

1. 尊重原则——求同存异

相互尊重是人际沟通的基准。不同文化背景下不同的人在不同的风俗习惯要求下，往往会产生不同的宗教信仰和思维方式，将对差异性的尊重作为沟通的前提，可以充分保障航空跨文化沟通在和谐的条件下进行。

2. 属地原则——和谐包容

以实现和谐航空服务为宗旨，树立为旅客提供高品质、令乘客满意的服务的目标，即迎合旅客所在地的宗教、信仰、文化习俗、行为习惯等。在航空跨文化交流的过程中，从如何促进沟通的角度出发，有选择性地在礼仪、饮食、着装等方面适当融入属地文化，以诱发对方产生亲切感，促进合作关系和友谊的构建。

3. 平等原则——服务至上

航空跨文化沟通必须建立在平等的基础上，沟通双方均需要克服文化差异性所带来的文化自卑感和文化优越感，航空服务人员与旅客均需要构建起文化没有差异、没有优劣之分的理念，双方的平等性是保证双方可以达成文化共识的源头和基础，不能因为沟通的对象来自不发达区域，就对其产生心理优越感，而来自不发达区域的沟通对象本身也不能因为自卑而与信息传递者进行文化同化。

4. 适度原则——既规范又个性化

航空跨文化沟通中做到既不固守，也不放弃本民族的文化，以跨文化沟通为前提，适当在本土文化和对方文化之间寻找合适的融合点或平衡点。严格遵照相关服务程序、服务规范和服务标准向乘客提供规范性服务的同时，应以旅客需求为导向，提供更加贴近各种乘客要求的个性化服务。任何不适度的行为和态度都会影响文化沟通的效果。

第三节 航空跨文化播音与沟通的影响因素

航空服务中，影响跨文化交流的因素一般包括跨文化知识、跨文化态度、跨文化技能和跨文化意识四个方面，具体表现在思维模式差异、价值观差异、语言迁移作用、语言认知差异，也包括航空服务人员的播音与表达基本能力、工作经验、飞行经历、性格特征等。分析航空跨文化播音与表达的影响因素，旨在更好地指导航空服务人员跨文化表达和沟通能力的培养，提升工作质量。

一、特定情境交流

情境定义属主观活动，但这种主观活动所产生的结果却是客观的。根据托马斯的观点，人们的情境定义一经确定，相应的客观行为也就随之产生，尤其是一种定义得到社会成员某种程度的认可，或成为社会共同定义后，情况更是如此。托夫勒在《未来的冲击》一书中提到，情境和情境之间的界限虽然可能不清楚，但每一个情境本身又有某种完整性，某种同一性。他认为，任何一种情境都可以用五个组成部分来加以分析：

（1）物品。由天然或人造物体构成的物质背景。

（2）场合。行动发生的舞台或地点。

（3）一批角色，这就是人。

（4）社会组织系统的场所。

（5）概念和信息的来龙去脉。

因此，情境几乎涉及与人发生关系的整个外部环境或外部世界。

有效性和适宜性是衡量情境语言选择的标准。航空旅客运输的任何一个环节都是一个情境或几个情境。在跨文化播音与沟通中，航空工作人员应注意对方文化背景及有可能存在的思维方式差异，尽可能运用更多的语言技巧，如表情、语调、口气、副语言表达等，以达到播音与表达的有效性和适宜性。

需要重视的是，符号在某些方面可以代替其他物象含义并在人类沟通中作为基本工具使用。在统一的文化背景下，沟通中的主客体使用的符号在解读时如果无法统一，必然构成沟通障碍；如果可以统一，则必然可以顺畅交流。

二、价值观差异

价值观是在时空观与思维模式的前提下所形成的拥有主观意愿的判断标准，是文化中最深层的一部分，它支配着人们的态度、信念和行动，是人们所持看法和所采取行动的根本出发点。不同文化背景的旅客具备不同的价值观（即使文化背景相同，价值观也不尽相同），不同的价值观产生不同的心理喜好，决定不同的行为反应，做出不同的判断及评价。例如，在对航空公司服务品质的重要性评价上，德国乘客与韩国乘客就存在很大的差异。德国乘客一般比较重视飞机能否准时到达预定地点；而韩国乘客一般认为飞行中的舒适与否非常重要。

除此之外，在航空服务跨文化播音与沟通中还客观存在着宗教信仰、民族性格、感性认识、行为模式和文化认同等差异，也会导致双方因对各种信息的不同理解乃至误解而影响有效表达和沟通，从而造成服务的不确定性和不可预料性。

三、沟通风格差异

航空工作人员由于性格、年龄、性别、生活阅历、语言知识掌握等差异，在航空播音与沟通时表达风格呈现差异化。我们鼓励交流风格的差异化，这样的播音和交流会丰富而生动，但应遵循职业化、专业化原则，即确保信息的传递专业、规范、简洁、明晰。

人们在具体使用语言的过程中，往往呈现个性化的特点。因此，跨文化交流时应更加注意不同国家和地区旅客的交流风格的差异，这种差异将直接影响交流信息传递的成效。

四、语言认知差异

语言是文化的载体，不同语言折射出不同的文化特性，传递着不同的文化信息。据调查，一般人只能理解相同文化背景者所讲内容的 80%～90%；而当两个不同文化背景的人进行交流时，即使使用同一种且准确无误的语言，误解和听错率仍会上升；当一方难以用另一种语言表达时，交流有可能无法进行。

语言认知差异根据语言特性及结构特征，可包含语义差异、结构差异、词汇缺乏及语音差异等。在航空服务中，主要体现在航空服务人员对不同语言系统所存在的认知缺失和不足，难以客观地对另一种语言系统进行分析、理解和内化。

认知语言学研究表明，虽然在语言形成的萌芽阶段，会呈现出较为明显的"任意性"特征，但是在语言扩充与演化中，却拥有较为固定的认知规则。语言演进与形成过程是建构在"相似性"前提下的，不同语言的产生、形成过程都拥有明显的差异性。句法与词汇等层面上的失误，产生于航空服务人员没有认识或感知到目的语言与母语语言在此方面的差异，即对目的语结构理解得不充分及受母语迁移的制约，致使句法和词汇问题成为跨文化交际过程中的障碍。

语言结构、词汇、语音及语义等层面上的失误都源于语言认知程度上的认知问题。这种认知问题不仅受目的语语言的语法体系、语用习惯的影响，还容易受到母语意义、结构及语音等层面所带来的影响。语言应用失误能够通过某种方式进行优化和破解，但文化理解失误引起的价值观差异很难在短时间内得到解决和弥补，其所带来的影响也较为深刻。

在航空旅客运输过程中，工作人员的一言一行都代表着国家和民族的形象，播音与沟通是乘务员与非母语旅客之间跨文化交流的桥梁和纽带，掌握不同文化背景旅客的交流风格，动态调整自己的表达方式，有助于快速而准确地捕捉对方表达的信息，并进行有效反馈，从而顺利实现跨文化播音与沟通。

 思政拓展

航空先进文化引领中国现代工业文明绽放光彩

1840 年鸦片战争以后，中国逐步成为半殖民地半封建社会，国家蒙辱、人民蒙难、文明蒙尘，中华民族遭受了前所未有的劫难。拯救民族危亡是无数仁人志士的夙愿。1909 年 9 月 21 日，中国人冯如驾驶自己设计制造的"冯如 1 号"飞机试飞成功，开启了中国航空

事业的新纪元，也开启了中国现代工业文明的新纪元。孙中山先生很早就认识到飞机在军事发展中的巨大潜力，提出了"航空救国"的主张，并利用自身影响力，通过各种途径培养航空人才，发展航空工业。中华五千年灿烂文化和文明史孕育了新中国航空事业，在民族觉醒和振兴过程中，航空文化责无旁贷地引领了中国现代工业文明不断绽放光彩。航空先进文化继承了中华民族优秀历史文化传统，并从中汲取了丰富的营养，成为中华民族优秀文化的有机组成部分。航空文化作为社会主义先进文化的重要组成部分，和着时代的节拍，伴着新中国航空事业的发展茁壮成长，支撑着民族工业的繁荣与进步，推动中国制造向中国创造转变、中国速度向中国质量转变、中国产品向中国品牌转变。

资料来源：《打造航空工业先进文化力，为建设新时代航空强国提供有力支撑》，中国航空报，2022年9月。

五、跨文化表达中的非语言符号

（一）非语言符号在航空服务中的意义

在航空服务中，乘客的感觉是关键信息。虽然语言是人类最重要的沟通工具，但是非语言符号同样在日常传播活动中扮演着不可或缺的角色，诸如表情、姿势、眼神、动作以及着装、香水味道和时间与空间的使用形式等都具有符号意义，都可以通过人的视觉、听觉、触觉、嗅觉等感知渠道被获取，在跨文化表达中更是扮演着重要角色。航空服务人员如果能够敏锐和准确地感受乘客发出的这些信号和表达的真实意图、情绪，并妥善地加以回应，就能够轻松快速地达到服务目的。

知识拓展

非语言符号

语言符号是人与人之间进行交际的工具，而且是人类社会中最重要的传播媒介。人们借助语言符号使思想得以表达、感情得以传达、知识得以交流。从哲学意义上来看，思想是通过语言表达的。思维是语言的内核，符号是语言的"外壳"。沟通过程中的非语言符号是指在不以人工创制的自然语言符号为语言，而是以其他视觉、听觉等为信息载体的沟通符号，也就是人类自然传播手段中的各种非语言手段。它不但可以加强、扩大语言手段的作用，还可以弱化、抵消语言手段的效果。美国学者L·伯德惠斯特尔估计，在两个人传播的场合中，有75%的社会含义是通过非语言符号传递的。

（二）航空服务中非语言符号沟通的特点

航空工作人员的沟通行为发生在航空旅客运输过程中，作为沟通交流主体，其表情、手势等非语言符号沟通是口语表达的重要补充，是提高信息传输效率和准确性的可靠手段，是航空公司形象的直观体现。航空工作人员对非语言符号沟通的运用是通过培训掌握的，得到行业认可，并在航空旅客运输服务和管理过程中得到有效运用。航空工作人员的非语言符号沟通具有以下特点。

1. 全民性和专业性

非语言符号几乎可以称之为"世界语"。要认识文字、听懂话语，通常要经过学习、接受教育，对于母语之外的语言，更是如此。但是对于非语言符号的译读、理解，似乎无须接受专门教育，并能够跨越国家、民族的界限去传递信息和表达情感，因为非语言符号与实物之间的相似性可以产生出举世通用的意义，即全民性。从生理学的角度讲，人与人之间通过四肢五官的情态相互传递信息、沟通感情的本能基本是一致的。比如，向人做威胁的姿态，向人表示乞求或可怜的行为，向人做出欢迎或喜爱的动作，这些身体符号所传达的意义，不同国家的人都能做出相近、共通的理解，这是非语言符号与语言最大的区别，也是其最大的优势。

基于非语言符号沟通具有全民性的特点，航空工作人员巧妙地使用诸多非语言符号进行表达，可排除沟通中的障碍，完成有效的信息表达。尤其是在对国际友人和涉及我国北方、吴、赣、湘、闽、粤、客家等七大方言区乘客的服务中，工作人员不可能完全掌握各国语言和各地区方言，在媒介语有限、无法完成有效沟通的情况下，可以充分发挥非语言符号表达的作用；而在有声语言可以完成有效沟通的情况下，非语言符号同样可以发挥增强情感和语义等作用。另外，航空工作人员的制服、妆容、发型等都有行业规范，代表着专业性，其仪表仪态、表情手势等都经过专业培训，如在客舱服务中乘务员的安全演示、应急撤离时乘务员的引导手势等，目的是能够让航空工作人员向旅客传递积极的情感信息。

2. 真实性和暗示性

超越自然语言的范围，通过人的感官而感知的符号系统所表达的信息常常带有某种暗示的性质，用来补充自然语言或表露感情。其有三种类型：① 动态无声的。以身体的动作表示意义，如点头、打手势、抚摸、拥抱等。② 静态无声的。利用空间距离来传播某种信息，如呼吸、气味、服饰等。③ 有声的。利用语音的特点表达意思，如叹气、呻吟等。

言语是行为的指标，眼睛是心灵的符号。除非是训练有素的演员，一般人很难以非语言符号骗人。如果你的言语同你的目光和面部表情不一致，聪明的听者总是会依据非语言符号做出正确的判断，甚至连孩子也会从父母严厉批评之后的一丝不易觉察的微笑中，将批评的分量降到适当程度。因此，非语言符号较语言来说显得更加真实。例如，旅客登机时，客舱乘务员道欢迎语"欢迎登机"，如果语调冷淡、表情冷漠、眼神游离，显然欢迎并不真诚，将致使航空公司形象大打折扣。

3. 单一性和多样性

航空工作人员使用非语言符号进行沟通既具有单一性，又具有多样性。这里的单一性是指航空工作人员在工作中所使用的非语言符号是服务和管理于旅客运输的，表达积极的情感，指向较为单一、明确。因此，对于航空工作人员而言，稳定的喜悦情绪最为重要。多样性是相对于口语表达而言的，语言是词汇的线性组合，而航空工作人员的非语言符号运用是多维度的，一般包括语速语调、面部表情、肢体语言、服装服饰、形象妆容等，并且可以同时存在于同一时间和空间，综合发挥传情达意的作用。例如，在候机厅问询处，旅客可以看到工作人员热情的面部表情、规范的肢体语言、统一的服装服饰，这些都会传递给旅客舒适的心理体验。

"美丽优雅"是客舱乘务员的代名词，包括形象美和心灵美，形象美是心灵美的外在表现。客舱乘务员学习和灵活运用非语言符号同旅客进行沟通，可以强化、补充，甚至替代语言所表达的内容，能够更好地提升沟通效果，提升自我形象。例如，在对外国旅客进行安全出口说明时，乘务员会用中英文讲解："您好！您所坐的位置是安全出口位置，非紧急情况下，禁止触碰应急把手。"同时运用相应的手势，用手指向应急把手的位置，双手交叉表示"禁止"，同时对"禁止"重读，告知旅客正确的使用方法，强化表达的内容，确保客舱安全。

非语言符号相对于口语表达而言，给予旅客的感受更加直观。当口语表达与非语言符号同时存在时，旅客更倾向于相信和接受非语言符号的传递，因为非语言符号能够更加真实地反映乘务员内心的情绪、内在的感受和真实的想法。例如，当乘务员表示感谢时，面带微笑地说："很高兴为您服务，感谢您的配合。"外国旅客能够感觉到这是一种职业化的表达；如果乘务员在说话的同时加上鞠躬等肢体语言，将会让旅客觉得更加真诚。不同文化背景下解读出的非语言符号信息也许有偏误，但往往不易察觉，且一般不会有用语言解释的机会。非语言符号在乘务员的职业生涯中潜移默化地发挥着作用，乘务员只有不断提升自我修养，提升客舱服务用语的运用能力，并灵活运用非语言符号感染旅客，才能更加充分地展示航空公司的良好形象。

4. 相同性和差异性

在不同文化中，非语言表达有的时候意义相同或相近，但有时其意义不完全相同，特别是当差异较为明显时，这些表达通常比较难理解且容易被误解，使跨文化交际过程更加复杂，导致无效沟通和矛盾、纠纷的产生，从而影响客舱服务质量。例如，许多国家习惯用点头表示同意、认可，摇头表示否定、反对，但一些国家却恰恰相反，以点头表示否定、不同意，摇头表示肯定、同意。因此，在运用非语言符号时，要提前进行了解，以免引起误会。

（三）非语言符号在航空服务中的运用

1. 表情

人类的表情丰富多样，传递的信息和情感也具有多样性，基本的面部表情可以分为以下六种：快乐、悲伤、恐惧、惊讶、气愤、厌倦。

表达或沟通时面部表情的重要性已经为大家所公认。对于同一种表情，不同文化之间的运用和理解有所不同。即使是在同一文化内部，也存在部分群体使用着与主流不同的面部表情。有专家对性别差异进行调查，结论是：同男性相比，女性的面部表情更加丰富，她们更善于表达，也更多地对人报之以笑，并且更容易为笑者所吸引。航空工作人员的微笑应该传递出开心、友善、真诚的信息，而不是简单地嘴角上扬。

在与旅客进行沟通时，应注意不同国家和地区非语言符号含义的差异。例如，一般情况下面对面沟通时，应注视对方双眼及周边面部，逃避对方的眼神被理解为不重视、不真诚、不屑一顾等，但在一些国家中，直视对方眼睛往往被认为是不尊重、挑衅等，双眼低垂的表情更能表达出尊重、恭敬和诚意。

2. 手势

手势是通过手和手臂的运动进行信息传递的，它作为跨文化沟通中重要的非语言符号，使用频率多、范围广、作用大，主要用于调控口语表达的节奏、强调说话的语气、传递口语未尽的语义、重复表达的意图等。

不同文化背景下，手势所传递的含义存在差异，且所表达的含义具有趋同性。例如，指引方向的手势、鼓掌、挥手等，在不同文化中所表达的含义相同，这样有利于口语表达不畅通时辅助信息顺利传递。

在航空旅客运输过程中，工作人员的手势也是实现跨文化沟通的有效途径，效果往往优于口语表达。工作人员的手势，尤其是客舱乘务员在客舱内使用的手势，大都是经过专业训练的，具有普适性和象征性，即每一个手势都有明确具体的含义，接收方可以准确理解，因此它可以替代乘务员的口语表达。

 微课　　　　　　　　　航空服务中手势的应用　　　　　　　　　

 知识拓展

我国常用手势与其他国家的区别

手势在不同文化背景下存在着差异性，主要表现为：

（1）不同文化背景下，人们使用手势的频次不同。例如，意大利人、希腊人、中东人、墨西哥人、犹太人手势丰富，善于使用手势传递信息、表达情感，注重沟通的情境性和实效性，而忽略沟通的仪式感。而阿拉伯人沟通时仪式感强，许多亚洲文化成员使用手势较少，认为是缺乏教养和自律的表现。

（2）同一种含义在不同文化中使用不同的手势表达。例如，同样表示问候，中国人常用握手，日本人常用鞠躬，泰国人常用合十礼。

（3）同一手势在不同文化中表示不同含义。在美国，大拇指与十指交叉成圆，其他手指伸开，表示OK（允诺和赞扬等）的含义；在日本，这个手势指"钱"；在阿拉伯国家，这个手势常伴随着咬牙的动作，表示深恶痛绝；而在法国南部，这个手势仅仅代表零，意思是毫无意义。

3. 仪态

仪态是指人的姿势、举止和动作，是身体躯干的各个部位做出的各种姿势及呈现出的各种不同的状态。在人与人沟通交流时，仪态与表情和手势等同样发挥着传递信息、表达感情的作用。不同国家、不同民族以及不同的社会历史背景，对不同阶层、不同特殊群体的仪态都有不同标准或不同要求。下面重点分析航空工作人员服务与管理过程中常用的站姿、行姿、鞠躬等仪态，这些非语言符号会直接或间接影响口语表达的效果。

相对于表情、手势等非语言符号，仪态在航空服务和管理中更重要，而且不像前者容易控制和隐藏，因此每位航空服务人员，尤其是客舱乘务员，都应当接受系统训练，具备

一定的仪态运用能力,更好地展示航空公司的良好形象。

（1）站姿。航空服务人员的站姿要求做到挺拔优美、自然得体。站立时,重心在两脚之间,挺胸收腹,两肩齐平下沉,两腿并拢,脚跟紧靠。站立时不得东倒西歪、斜肩、收颈、驼背、含胸,双手不得环抱于胸前或插在口袋里,不得倚靠支撑物。

（2）行姿。航空服务人员的行姿要求做到上身挺拔,保持头、颈、肩端正,目光平视或正视旅客;步态轻盈、步幅适中、动作协调。

由于客舱空间有限,服务人员在确保行走安全的前提下,要保持从容和坚定,给旅客正面、安全、专业的情感信息。行走时步幅过大、面无表情会被旅客理解为傲慢无礼;走路声音过大会引起旅客烦躁或影响旅客休息。

（3）鞠躬。在致歉、道谢、迎客、送客时常常会行鞠躬礼。鞠躬的基本要求是直立站定,以腰部为轴上体前倾,根据表达情感的深浅和沟通时的语境差异,选择15°、30°、45°、90°的鞠躬礼,一般迎客和送客时使用15°鞠躬礼,而道歉时幅度更大一些。

4. 触碰

客舱是一个相对密闭狭窄的空间,加之承载旅客的数量较多,人与人之间的肢体触碰是难免的,这种触碰是在无意识、无目的的状态下发生的,并不是为了传递信息和表达情感。绝大多数情况下,一种文化中人们的交流方式反映了在该文化下人们的态度和价值观,与鼓励情感外露的文化相比,强调抑制感情和强调社会地位的文化下人们身体接触较少。

客舱内航空服务人员的肢体触碰一般是用来传递信息的,如关爱、喜爱、鼓励等。不同文化背景的旅客对于肢体接触的接受程度存在差异,有些文化的特点是沟通时肢体触碰频繁,我们称之为触碰文化,反之则谓之非触碰文化。触碰文化的特点是注重身体接触,在沟通交流时双方的距离相对较近,触碰频繁,目光多为对视;非触碰文化的特点是身体接触较少,沟通时距离较远,目光接触较少。

5. 距离

跨文化背景下的客舱乘务员应懂得,保持合理的沟通距离将有助于实现服务目标。不同语境下,应具体问题具体分析。例如,沟通时,对于儿童旅客,工作人员可以选择蹲姿或半蹲姿,保持适当距离;而对于身体较虚弱的旅客,工作人员可适当靠近旅客进行沟通,注意保持平等视角和保证信息渠道畅通。

思考题

1. 跨文化航空播音与沟通的内涵是什么?
2. 在航空客舱服务过程中,跨文化沟通媒介语应用中第三方翻译介入的利和弊是什么?
3. 如何通过自身的努力,通过跨文化沟通提升中国形象的影响力和亲和力?
4. 影响航空服务中跨文化服务的因素有哪些?
5. 举例说明航空客舱服务过程中,文化差异和语言认知差异对服务质量的影响。
6. 航空服务人员应如何在工作中更好地诠释中华传统文化?

实训题

1. 角色扮演。航空服务者在特定场景，与来自不同民族或国家的旅客进行交流，扮演者依次练习：（1）使用对方母语进行交流与表达；（2）双方均使用非母语进行交流；（3）双方通过第三方翻译进行交流。

2. 在实训题 1 的基础上进行角色互换，练习站在对方的角度，设身处地地考虑对方的想法、思维的形成过程和切入点，实践跨文化交流的原则，体会如何在一定程度上形成双方的情感共鸣，进而完成有效沟通。

3. 设置场景，进行跨文化服务时口语和非语言表达的综合应用练习。

 荐读

1. 影片：《请党和人民放心》《航空百问》《中国机长》。
2. 电视剧：《逐梦蓝天》。

参 考 文 献

[1] 童兵，陈绚．新闻传播学大辞典[M]．北京：中国大百科全书出版社，2014．
[2] 张颂．播音创作基础[M]．3版．北京：中国传媒大学出版社，2011．
[3] 徐恒．播音发声学[M]．北京：中国传媒大学出版社，2006．
[4] 付程．实用播音教程：第2册：语言表达[M]．北京：中国传媒大学出版社，2002．
[5] 徐菲菲．民航客舱服务播音技巧[M]．武汉：华中科技大学出版社，2021．
[6] 吴弘毅．实用播音教程：第1册：普通话语音和播音发声[M]．北京：中国传媒大学出版社，2002．
[7] 中国传媒大学播音主持艺术学院．播音主持语音与发声[M]，北京：中国传媒大学出版社，2014．
[8] 中国传媒大学播音主持艺术学院．播音主持创作基础[M]．北京：中国传媒大学出版社，2015．
[9] 姚喜双．普通话口语教程[M]．北京：高等教育出版社，2009．
[10] 王浩瑜．跟我说普通话[M]．北京：中国传媒大学出版社，2009．
[11] 张涵．播音主持语音发声训练教程[M]．2版．北京：中国传媒大学出版社，2016．
[12] 胡黎娜．播音主持艺术发声[M]．2版．北京：中国传媒大学出版社，2019．
[13] 高长方，宋立．播音主持语音发声教程[M]．郑州：郑州大学出版社，2017．
[14] 洪涛，杨静．空乘人员仪态与服务礼仪训练[M]．北京：旅游教育出版社，2011．
[15] 闻闸．感知体验篇：播音心理学漫谈之一[J]．现代传播：中国传媒大学学报，1983：54-58．
[16] 白龙．播音发声技巧[M]．北京：中国广播电视出版社，2002．
[17] 高蕴英．教你播新闻[M]．北京：中国广播电视出版社，2005．
[18] 祁芃．播音主持心理学[M]．北京：中国传媒大学出版社，1999．
[19] 王璐，吴洁茹．语音发声[M]．3版．北京：中国传媒大学出版社，2014．
[20] 解为．"民航服务心理学"课程实施现状及基于职业能力提升的课改思路[J]．新课程研究，2016（8）：57-59．
[21] 李新宇．播音创作基础训练教程[M]．2版．北京：中国传媒大学出版社，2016．
[22] 张永洁，刘春蕾，李雅林．播音创作基础实训教程[M]．北京：中国广播影视出版社，2020．
[23] 施玲．播音创作基础实验课教材[M]．杭州：浙江大学出版社，2013．
[24] 贾宁，农必全．播音创作实用基础[M]．北京：高等教育出版社，2018．
[25] 俞虹．节目主持人通论[M]．2版．北京：中国广播电视出版社，2004．
[26] 应天常，王婷．主持人即兴口语训练[M]．北京：中国传媒大学出版社，2014．

[27] 周云. 主持人即兴口语表达[M]. 北京：中国传媒大学出版社，2016.

[28] 中国广播电视协会播音主持委员会. 陈醇播音文集[M]. 北京：中国广播电视出版社，2007.

[29] 中国传媒大学播音主持艺术学院. 广播节目播音主持[M]. 北京：中国传媒大学出版社，2015.

[30] 国家语言文字工作委员会普通话培训测试中心. 普通话水平测试实施纲要[M]. 北京：商务印书馆，2004.

[31] 洪涛，杨静. 空乘人员仪态与服务礼仪训练[M]. 2版. 北京：旅游教育出社，2014.

[32] 李勤. 空乘人员化妆技巧与形象塑造[M]. 北京：旅游教育出版社，2007.

[33] 王晋，郑丽. 基于霍夫斯泰德文化维度理论的民航飞行人员跨文化交际研究[J]. 民航学报，2019（4）：78-80.

[34] 贝内特. 跨文化交流的建构与实践[M]. 关世杰，何惺，译. 北京：北京大学出版社，2012.

[35] 马欣，白龙. 播音主持艺术语言表达[M]. 北京：科学出版社，2015.

[36] 吴郁. 主持人语言表达技巧[M]. 3版. 北京：中国广播影视出版社，2020.